Felice Benuzzi wurde am 16. November 1910 in Wien geboren und verbrachte seine Kindheit in Triest. Nach dem juristischen Staatsexamen trat er 1938 in den Kolonialdienst Italiens ein und ging nach Addis Abbeba. Nach der Rückeroberung Abessiniens durch die Alliierten im Jahr 1941 wurde er für fünf Jahre als Kriegsgefangener von den Briten interniert. Vom Lager am Fuß des Mount Kenia aus floh er mit zwei Mitgefangenen, um den zweithöchsten Gipfel Afrikas zu besteigen. Anschließend kehrte er ins Lager zurück und schrieb dort seine Erlebnisse nieder. Nach Kriegsende trat er in den Diplomatischen Dienst ein, 1976 ging er im Rang eines Botschafters in Ruhestand. Benuzzi setzte sich für Italiens Engagement bei der wissenschaftlichen Erforschung der Antarktis ein, die er mehrmals bereiste. Als passionierter Bergsteiger von Kindesbeinen an bestieg er nicht nur zahlreiche berühmte Gipfel auf der ganzen Welt, sondern verfasste auch Bergsteiger- sowie Reiseartikel und eine Bergführer-Biografie. Felice Benuzzi starb 1988.

FELICE BENUZZI

GEFANGEN VOM MOUNT KENIA

Gefährliche Flucht in ein Bergsteigerabenteuer

Aus dem Englischen von Ilse Rothfuss

NATIONAL GEOGRAPHIC

Ein Buch der Partner Goldmann und National Geographic Deutschland

Die italienische Originalausgabe erschien 1947
unter dem Titel »Fuga sul Kenya. 17 giorno di libertà«
bei L'Eroica, Mailand

Titelfoto: Lutz Bormann (oben), Getty Images, Joern Rynio (unten)
Alle weiteren Fotografien und die Aquarellzeichnungen stammen von
Felice Benuzzi, wenn nicht anders vermerkt.

Dieses Werk erscheint in der Taschenbuchreihe
NATIONAL GEOGRAPHIC ADVENTURE PRESS
im Goldmann Verlag, München.

1. Auflage August 2002, Taschenbuchausgabe

Diese Ausgabe folgt der englischen Ausgabe First Lyons Press Edition, 1999

Lektorat: Dr. Ilonka Kunow, München
Umschlaggestaltung: Petra Dorkenwald, München
Herstellung: Sebastian Strohmaier, München
Satz: Uhl + Massopust, Aalen
Druck und Bindung: Clausen & Bosse, Leck
ISBN 3-442-71168-1
Printed in Germany
Das Papier wurde aus chlorfrei gebleichtem Zellstoff hergestellt.

Inhalt

Einleitung

Felice Benuzzi machte 1938 seinen Abschluss an der juristischen Fakultät der Universität Rom, bewarb sich beim italienischen Kolonialdienst und wurde nach Äthiopien beordert, das damals von der italienischen Armee besetzt war. Aber der Zweite Weltkrieg machte Mussolinis Pläne, ein Kolonialreich in Ostafrika aufzubauen, schnell zunichte. Die Briten, die es sich zur Aufgabe gemacht hatten, Haile Selassie wieder auf den Thron zu verhelfen, eroberten das Land. Statt einer viel versprechenden Karriere als Beamter im Kolonialdienst fand sich der damals 31-jährige Benuzzi als Kriegsgefangener in einem abgelegenen britischen Lager am Fuß des Mount Kenia wieder.

Während der großen Regenzeit verdeckten die Monsunwolken, die vom Indischen Ozean hereindrängten, tagein, tagaus den Himmel, der so bleiern und düster war wie Benuzzis Stimmung. Doch eines Abends, als er aus seiner Baracke trat, riss die Wolkendecke über dem stacheldrahtbewehrten Lagerblock auf, und er erhaschte einen Blick auf die gewaltigen Massen des Mount Kenia, dessen scharfe Spitze sich wie ein großer, vorstehender Zahn abzeichnete. Die Gletscher schimmerten im Mondlicht, und während Benuzzi da stand und schaute, hatte er eine Eingebung, die »wie ein Blitz seinen abgestumpften Geist durchzuckte«. So begann eines der faszinierendsten, unvergleichlichsten Abenteuer unserer Zeit.

Gefangen vom Mount Kenia verbindet zwei große Themen der Abenteuerliteratur miteinander: Kriegsgefangenschaft und Flucht auf der einen und die bergsteigerische Herausforderung auf der anderen Seite. Anders als bei den meisten Bergsteigerbüchern geht es hier nicht um den üblichen Fahnen-Errichtungs-Rummel, angefeuert vom Nationalstolz, sondern um die Geschichte dreier Bergsteiger, die einen Gipfel zu bezwingen versuchen, um sich in ihrem Menschsein zu behaupten, und die sich zugleich für die Dinge stählen, die nach ihrem Abstieg auf sie warten.

Gefangen vom Mount Kenia gehört neben zwei andere Klassiker der Kriegszeit, *Sieben Jahre in Tibet* und *Der lange Marsch* ins Regal, wenn es sich auch durch eine Besonderheit deutlich von den anderen abhebt: Benuzzi und seine Kameraden wissen von Anfang an, dass die endgültige Freiheit unerreichbar ist. Was sie planen, ist im Wesentlichen ein Intermezzo: Wenn es vorüber ist, wird ihnen keine andere Wahl bleiben, als in den geisttötenden Trott des Barackenlebens zurückzukehren.

»Wenn man die Monotonie des Alltagslebens (im Gefängnis) durchbrechen will, muss man bereit sein, wieder Risiken einzugehen«, schreibt Benuzzi, während er mit seinen Kameraden die Flucht plant. Die Risiken sind real. Bei dem Versuch, aus dem Lager herauszukommen, laufen die drei Männer Gefahr, erschossen zu werden. In den ersten beiden Tagen müssen sie nachts marschieren, über bewirtschaftete Felder und an Siedlungen vorbei. Nachdem sie glücklich den Wald erreicht haben, jenseits der »menschlichen Gefahrenzone«, wie Benuzzi es nennt, wartet die »tierische Gefahrenzone« auf sie. Erst in der relativen Sicherheit der alpinen Tundra können sie aufatmen. Jeder Bergsteiger und Naturfreund, der diese Geschichte liest, wird Benuzzi aus tiefster Seele zustimmen, wenn er schreibt: »Die ganze Landschaft um uns herum spiegelte unser Glück wider … grüngoldene Sonnenstrahlen sickerten durch das Laubwerk … Glockenblumen, die nur darauf warteten, von einer Märchenfee geläutet zu werden … Andere Gefahren lauerten uns fraglos auf; aber nicht von Menschenhand, sondern von der Natur. … Wir waren … in einer Welt, die unberührt war von menschlichem Elend und voller Verheißung.«

Die Gefahren, die sie bestehen müssen, sind zugleich ihre größte Freude: Erlebnisse, die zu Erinnerungen gerinnen, von denen sie ein Leben lang zehren werden. Der Mount Kenia ist so. Ich war fünfunddreißig Jahre lang Bergsteiger, und ich hatte das Glück, in viele der abgelegensten und exotischsten Gegenden dieser Welt reisen zu können. Wenn mich jemand fragt, welches meine Lieblingstour sei, dann antworte ich ohne Zögern: »Der Mount Kenia.« Der Gipfel und die umliegenden Hochmoore und Wälder sind voll atemberaubender und bizarrer Kontraste: Elefanten, die bis auf Gletscherhöhe wandern, Heidekraut, das die Ausmaße von Bäumen erreicht, Eiszapfen, die sich über den Äquator spannen. Es ist ein Berg, der keinen leichten Zugang zu seinem Gipfel bietet: Die reguläre Route führt über zwanzig Abstürze, die nur angeseilt und mit schwierigen Felsklettertechniken bewältigt werden können. Aber der Mount Kenia hat mehr zu bieten als das. Der Aufstieg als solcher mag fantastisch sein, der Weg dorthin jedoch ist grandios. Er führt durch die unterschiedlichsten Vegetationszonen – Bambus, exotisches Rosenholz, Heide, Riesenlobelien und dinosaurierähnliche Kreuzkräuter. Im Wald werden die Sinne (oder sollten es zumindest) durch unsichtbar lauernde Gefahren geschärft, die von Kapbüffeln, Elefanten, ja sogar Löwen drohen.

Letzteres ist keine Übertreibung. Bei einem meiner Aufstiege (ich war viermal auf dem Berg) fiel ein Löwe eine Seilschaft an, die uns nur einen Tag voraus war, und zerrte einen Kletterer an seinem Bein aus dem Zelt. Das Opfer schrie, bis einer seiner Kameraden aus dem Nachbarzelt kam, einen Löffel und einen

Topf packte und auf den Löwen zustürzte, wobei er so viel Lärm wie nur möglich veranstaltete. Der Löwe ließ seine Beute fallen; der Mann war gerettet, für das Bein jedoch kam jede Hilfe zu spät. Bongo Woodley, der Aufseher des Mount Kenia Nationalparks, tauchte am nächsten Morgen mit einem großkalibrigen Elefantengewehr auf, das seinem Vater, der ebenfalls Wildhüter war, gehört hatte, und verschwand im Bambusdickicht. Drei Tage später kam er mit dem toten Löwen im Schlepptau zurück.

Es war auch Bongos Vater, der berühmte Bill Woodley und ehemalige Aufseher des Mountain Parks – wie der Nationalpark damals hieß –, dem der alternde Felice Benuzzi 1974 einen Nostalgie-Besuch abstattete. Benuzzi stand damals kurz vor seiner Pensionierung. Nach dem Krieg hatte er seine Laufbahn im diplomatischen Dienst wieder aufgenommen und als Botschafter in Europa, Australien, Pakistan und Uruguay gewirkt. Auf dem Rückweg von einer seiner Missionen legte er einen Zwischenstopp in Kenia ein, um an die Stätte seines Jugendabenteuers zu pilgern. Woodley setzte ihn in seine kleine Cessna und flog mit ihm an der alten Sägemühle vorbei, den Nanyuki River und das Hausburg Valley hinauf, um den Westhang des Batian herum zum Lenana, dem Untergipfel, den Benuzzi schließlich bezwungen hatte. Benuzzi erinnerte sich an jede Einzelheit der Landschaft und unterhielt Woodley mit der Geschichte seiner Eskapade.

Bis an sein Lebensende – er starb unerwartet 1988 – blieben seine Flucht aus dem Lager und sein Abenteuer auf dem Mount Kenia eine Quelle des Stolzes und der Inspiration für ihn. Stefania Benuzzi, seine liebenswerte, warmherzige Frau, die heute in Rom lebt, sagte über ihn:

»... der Krieg, das Gefangenenlager, der Berg: Das waren die drei entscheidenden Elemente in (Felices) Leben. Sein Drang, sich als Individuum zu behaupten, und seine Freiheitsliebe brachten ihn dazu, die Gefahren dieses Abenteuers auf sich zu nehmen. Als er ins Lager zurückkehrte, war er mit sich und seinem Leben im Reinen, und das Buch, das er schrieb, füllte seine Tage hinter Stacheldraht aus, bis der Krieg zu Ende war. Seitdem hat der Berg uns das ganze Leben hindurch begleitet. Wo immer wir waren, war auch der Mount Kenia.«

So wie der Berg Benuzzi nicht mehr losließ, schlug mich *Gefangen vom Mount Kenia* in seinen Bann, seit ich es vor vielen Jahren zum ersten Mal gelesen habe. Ich bin immer wieder beeindruckt, wie packend diese Geschichte bleibt, ein Abenteuer, das wie ein Testament der Freiheit ist, nach der es mich drängt, wann immer ich mich in die Berge wage.

Rick Ridgeway
Februar 1999

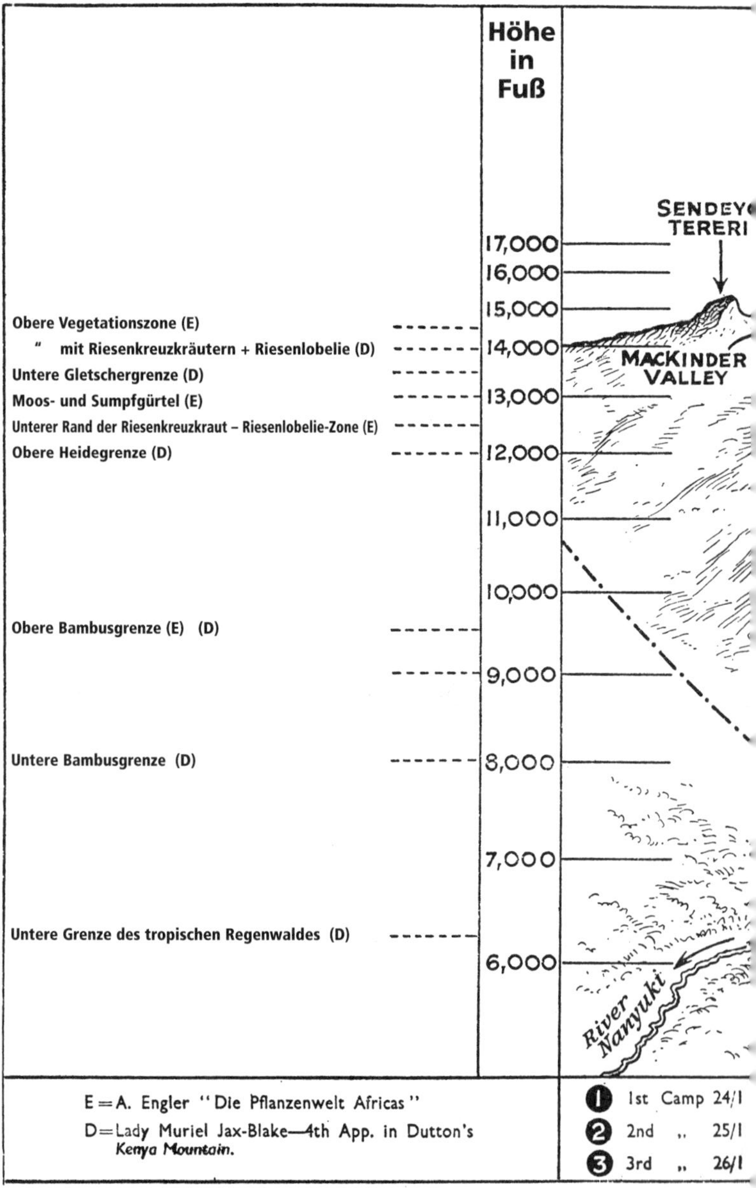
Höhe in Fuß
17,000
16,000
15,000
14,000
13,000
12,000
11,000
10,000
9,000
8,000
7,000
6,000
Obere Vegetationszone (E)
" mit Riesenkreuzkräutern + Riesenlobelie (D)
Untere Gletschergrenze (D)
Moos- und Sumpfgürtel (E)
Unterer Rand der Riesenkreuzkraut – Riesenlobelie-Zone (E)
Obere Heidegrenze (D)
Obere Bambusgrenze (E) (D)
Untere Bambusgrenze (D)
Untere Grenze des tropischen Regenwaldes (D)
SENDEY
TERERI
MACKINDER VALLEY
River Nanyuki
E = A. Engler "Die Pflanzenwelt Africas"
D = Lady Muriel Jax-Blake—4th App. in Dutton's Kenya Mountain.
1 1st Camp 24/1
2 2nd " 25/1
3 3rd " 26/1

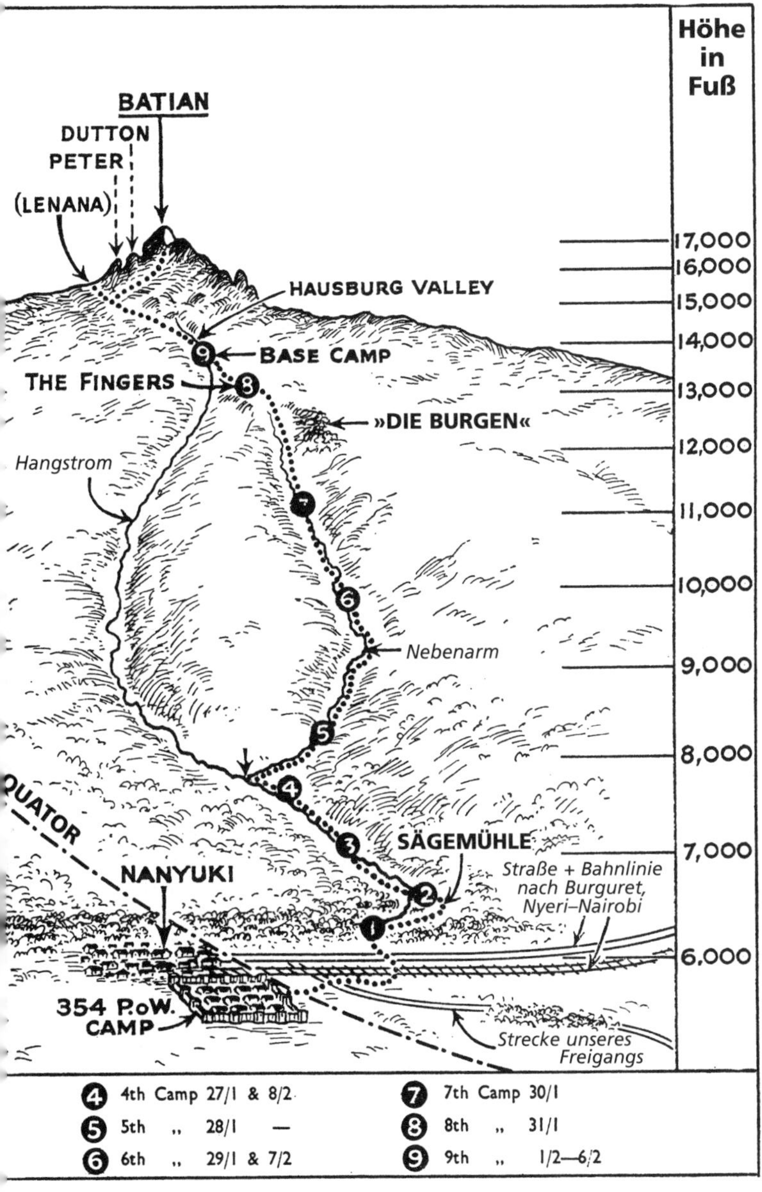
Höhe in Fuß
BATIAN
DUTTON
PETER
(LENANA)
HAUSBURG VALLEY
BASE CAMP
THE FINGERS
»DIE BURGEN«
Hangstrom
Nebenarm
QUATOR
SÄGEMÜHLE
NANYUKI
Straße + Bahnlinie nach Burguret, Nyeri–Nairobi
354 P.o.W. CAMP
Strecke unseres Freigangs
17,000
16,000
15,000
14,000
13,000
12,000
11,000
10,000
9,000
8,000
7,000
6,000
4 4th Camp 27/1 & 8/2
5 5th „ 28/1 —
6 6th „ 29/1 & 7/2
7 7th Camp 30/1
8 8th „ 31/1
9 9th „ 1/2—6/2

Kapitel I

Die Vision

Über das Leben in einem Kriegsgefangenenlager am Äquator und wie wir trotz aller Schwierigkeiten bei der Proviant- und Ausrüstungsbeschaffung eine Bergtour auf einen Fünftausender-Gipfel organisierten.

Im Kriegsgefangenenlager

Nach einer sechsunddreißigstündigen Fahrt hielt der Zug vor einem kleinen Bahnhof an, dessen Namen ich von unserem Viehwaggon-Abteil aus nicht lesen konnte.

Zu unserer Linken lag ein Wald aus bizarr geformten Dornbäumen mit glatten grünen Stämmen, rechts eine riesige Ebene mit endlosen Barackenreihen, deren Wellblechdächer in der Mittagshitze glänzten. Zwischen den Wachtürmen konnte man den Stacheldrahtzaun erahnen.

Es war ein Anblick, bei dem uns das Herz in die Hose rutschte. Wie gebannt starrten wir hinüber, aber niemand wagte es, die Frage laut auszusprechen, die sich jeder stellte: »Da drinnen also; aber für wie lange?«

Totenstille herrschte im Wagen, während die Männer ihre spärlichen Besitztümer zusammenrafften. Eine ebenfalls stumme Gefangenenkolonne aus den ersten Waggons reihte sich bereits draußen entlang der Gleise auf. Wir waren sicherlich über tausend in diesem Zug, und doch fiel kein einziges Wort.

Fliegen summten in der stickigen Luft. Im nahen Wald gurrten Tauben mit höhnischem Gleichmut.

Da wir im letzten Wagen gefahren waren, stellten wir uns am Ende der Kolonne auf, deren Spitze inzwischen die Hälfte der

Entfernung zum Lager zurückgelegt hatte. Dabei hatte sie so viel Staub aufgewirbelt, dass uns fürs Erste der deprimierende Anblick unseres Gefängnisses erspart blieb.

Endlich kam die Reihe an uns, und wir marschierten in Viererreihen los, die Köpfe gesenkt in der Mittagshitze: eine riesige Schlange, die langsam und träge im Staub dahinkroch, als wollte sie in die Ewigkeit marschieren.

An der Schwelle zum Lager hielt die Kolonne an und wir gingen einer nach dem anderen hinein. Diesmal war es, wie man uns gesagt hatte, das »endgültige« Lager. Was für ein schreckliches Wort, endgültig!

Keinerlei Vegetation kaschierte oder milderte den Stacheldrahtzaun. Kahl, fast verzweifelt, ragten die galgenähnlichen Pfosten zwischen den Drähten in den leeren Himmel auf.

»Warum hast du mich aufgeweckt?«

»Es ist halb sieben.«

»Aber der Appell ist erst um acht. Du hast mich um eine Stunde betrogen ...«

»Betrogen?«

»Hättest du mich schlafen lassen, dann wäre mir eine Stunde Gefangenschaft erspart geblieben.«

Eine Stimme kam vom oberen Ende der Baracke: »Vierter Mann für Bridge gesucht.«

Antwort vom anderen Ende: »Für einen halben Laib Brot kannst du mich haben.«

Anschlag an der Barackentür:

»Willst du eine lange und glückliche Gefangenschaft? Dann mach es wie meine Großmutter. Sie ist 110 Jahre alt geworden, weil sie ihre Nase nie in anderer Leute Angelegenheiten gesteckt hat.«

Menschen in einem Lager leben nicht. Sie vegetieren nur, oder, wie ein russischer Schriftsteller es ausdrückte: »Sie leben auf einer rein physischen Ebene.«

Aus Admiral Cagnis Expeditionstagebuch über das Barackenleben in der langen Polarnacht (1900, als er den nördlichsten Breitengrad erreichte, der bis dahin noch nie betreten worden war):

»Der Geist wird zusehends stumpfer und eine seltsame Gleichgültigkeit gegenüber allem Nicht-Materiellen und Nicht-Gegenwärtigen befällt das Denken.

Trotz des Lebens in Gemeinschaft fühlen sich die Männer merkwürdig isoliert von ihren Kameraden.

Jede Erinnerung an die Zeit, als wir ein weniger tierhaftes Leben führten, ruft Sehnsucht wach, und mit ihr ein fernes Echo des Leidens. Solange man alles vergisst und lebt wie ein Bär, hat man keinerlei moralische Ansprüche, die nicht befriedigt werden können.«

Diese Verhältnisse treffen voll und ganz auf unser Dasein als Kriegsgefangene zu.

Aber Admiral Cagni schrieb auch: »Ich würde es gerne den Spartanern gleichtun und alle meine schlechten Gewohnheiten ablegen. Nie in meinem Leben werde ich eine bessere Gelegenheit dazu haben als jetzt.«

Man kann nie allein sein. Du öffnest einen Brief (falls du das Glück hast, einmal alle Jubeljahre einen zu bekommen), und zehn Augenpaare starren dich an, zehn Münder bombardieren dich mit Fragen: »Irgendwelche Neuigkeiten?« »Gute Nachrichten?« »Geht es allen gut zu Hause?«

»Vielen Dank für eure freundliche Anteilnahme«, würdest du am liebsten sagen, »aber könnt ihr mich nicht wenigstens in Ruhe lassen, bis ich den Brief gelesen habe?«

Du machst deinen Koffer auf (falls du das Glück hast, einen zu besitzen), um deine paar Lumpen zu sortieren oder die schwarzen Käfer zu verscheuchen, die scharenweise die Baracken verpesten. Sofort umringen dich deine »Freunde« und rufen: »Sieh mal an! Du hast ja noch ein Paar Socken zum Wechseln!«

»Was ist das für ein Buch?«

»Darf ich mal das Foto anschauen?«, und so weiter.

Du kannst nicht einmal eine Melodie pfeifen (solltest du ausnahmsweise einmal in fröhlicherer Stimmung sein), ohne dass ein anderer Gefangener am Ende der Baracke einstimmt und dieselbe Melodie mitpfeift.

Nachts fällst du sofort in Schlaf, wachst aber nach ein paar Stunden wieder auf. Du bist so müde, dass du kaum die Augen aufbekommst; aber gleichzeitig bist du erschreckend klar und hellsichtig.

Dann liegst du da und erinnerst dich; Sätze, Stimmen, Gesichter tauchen so lebhaft vor dir auf, als würde der Film deines Lebens rückwärts ablaufen; als wärst du, Zuschauer und Handelnder zugleich, an der Entstehung eines sprechenden und musikalischen Bildes beteiligt. »Musikalisch« ist keine Übertreibung, denn viele Episoden haben einen musikalischen Hintergrund, und sei es nur ein abgeschmackter Gassenhauer, der kurze Zeit in Mode war. Für mich zum Beispiel ist das Jahr 1934 mit »Why«, der Sommer 1938 mit »Following the Fleet« verbunden, andere Jahre wiederum mit anderen Liedern.

Langsam naht die Dämmerung, und du fällst endlich in einen unruhigen Schlaf, der alles andere als erholsam ist.

Erinnern ist viel schlimmer als vergessen. Das ist nicht meine Entdeckung, sondern eine alte Weisheit aus der Zeit des griechischen Staatsmannes Themistokles. Einmal, so wird berichtet, kam ein Schulmeister zu ihm und verlangte eine Belohnung, weil er eine Methode ersonnen habe, mit der sich das Gedächtnis seiner Schüler erheblich verbessern ließe. Themistokles antwortete: »Du sollst deine Belohnung bekommen, wenn du eine Methode ersinnst, mit der die Menschheit lernt, wie man vergisst, nicht, wie man sich erinnert.«

Die einzige Beschäftigung dieser Heerschar von Gefangenen besteht darin, tagein, tagaus im Lager umherzuwandern – unser Lager hier fasst zehntausend Mann, es ist eine richtige Stadt. Sie gehen umher und bleiben stehen, wo andere versammelt sind und reden. Dort bleiben sie eine Weile und mischen sich in die Gespräche ein.

Worüber sie reden? Ein Pessimist pflegte zu sagen: »Fünfundsiebzig Prozent von allem, was im Lager geredet wird, sind Lügen, und zwanzig Prozent sind dummes Zeug. Nur die restlichen fünf Prozent sind Themen, über die es sich zu debattieren lohnt.« Manchmal frage ich mich, ob er wirklich der Pessimist war, als der er sich ausgab, und nicht eher ein Optimist.

Kein Wunder also, dass ein Gefangenenlager die ideale Brutstätte für die absurdesten Gerüchte ist, die auf rätselhafte Weise in Umlauf kommen, in der ungesunden Atmosphäre wild ins Kraut schießen, gierig diskutiert und schließlich unweigerlich geglaubt werden.

Jede Zerstreuung, jedes Schauspiel ist willkommen.

Einmal standen ein paar hundert Gefangene zwischen zwei Baracken zusammen. Ich ging hin, um nachzusehen, was ihre Aufmerksamkeit so fesselte. Sie beobachteten eine Katze, die mit einer Maus spielte. Es hätte ihnen nichts ausgemacht, stundenlang zuzusehen.

Manchmal, wenn der Weckruf ertönt und du die Augen aufmachst, nur um dich als Gefangener wiederzufinden, fehlt dir der Mut, dich dem neuen Tag zu stellen. Du machst die Augen wieder zu, in der Hoffnung, noch ein bisschen länger im Land der Träume verweilen zu können.

Keine Chance. Deine Kameraden sind schon auf. Carlo rasiert sich und pfeift Saint-Saens' *Danse macabre,* Türen werden geknallt, Kofferdeckel zugeschlagen. Es bleibt dir nichts übrig, als deine Kräfte zu sammeln, vom Bett aufzuspringen und dich mit deinem Gefangenendasein abzufinden.

Zu diesem Zeitpunkt zirkulieren noch nicht viele Bücher. Wann immer irgendein Fetzen in die Baracke eingeschleust wird, stürzen sich zwanzig lesehungrige Männer darauf. »Was ist das?« »Lass mich mal sehen!« »Nur ganz kurz – bitte.«

Sollte der Fetzen sich als Buch entpuppen – ein Buch in einem katastrophalen Zustand natürlich –, entbrennt ein wilder Kampf um die Erstleserechte. »Wenn du die ersten hundert Seiten gelesen hast, kann ich sie dann haben?«

»Ich bin Zweiter.«

»Bitte, ich war Erster, also ist er Zweiter und du nur Dritter.«

Es folgt eine endlose Streiterei.

Der Leser wendet im Allgemeinen ein: »Wie kann ich dir das Buch leihen, wenn ich es morgen früh um neun zurückgeben muss?«

»Das macht nichts. Ich bin ein Schnellleser.«

»Ich hab einen halben Liter Bratöl für meine Lampe aufgetrieben. Ich kann die ganze Nacht durchlesen. Gib es mir.«

Alles in allem ist es ein freudiger Kampf; solange er andauert, hat die Zeit wieder einen Wert.

Die Spezies Mensch in Reinkultur

»Naturforscher, die mit der Leitung von Tiergärten betraut sind, haben – wenn ich recht informiert bin – festgestellt, dass Gefangenschaft den Charakter von Tieren erheblich verändert. Niemand wird leugnen wollen, dass sie sich noch stärker auf den menschlichen Charakter auswirkt, der ja unendlich viel komplexer ist.«

Von dieser Prämisse ausgehend, diskutierten einige von uns, halb im Scherz, halb im Ernst, die Frage: »Was ist der Hauptunterschied zwischen dem *Homo Sapiens* und seiner aus jahrelanger Gefangenschaft hervorgegangen Subspezies, dem *Captivus vulgaris*, mathematisch ausgedrückt: Kriegsgefangener Nr. 00?«

Ich kann mich nicht an den gesamten Diskussionsverlauf erinnern, möchte aber von den Antworten, die mir am besten gefallen haben, die folgende wiedergeben:

»Der *Captivus vulgaris keniensis* ist keine Subspezies des *Homo Sapiens*, sondern eine Superspezies. Hier findet man die Menschheit in konzentrierter Form. Jeder Charakterzug wird verstärkt und verdichtet, im Guten wie im Schlechten, und zwar in einem Maße, wie es bei einem Leben in Freiheit niemals möglich wäre. Der *Homo Sapiens* in seiner reinsten Ausprägung ist also – der *Captivus vulgaris*, denn hier findet man, wie sonst nirgends auf der Welt, jeden nur denkbaren Menschentypus vertreten, eine wahre Fundgrube für die Wissenschaft. In keinem der vielen anderen Lager, die dieser Zweite Weltkrieg hervorgebracht hat, sind alle Berufs- und Altersgruppen so vollständig repräsentiert wie hier in Ostafrika. Das mag daher rühren, dass hier nicht nur Soldaten festgehalten werden, sondern eine gesamte männliche, aus Äthiopien deportierte europäische Population.«

Es gab in der Tat jede nur erdenkliche »Spezies« in den Lagern Ostafrikas – Alte und Junge, Kranke und Gesunde, Verrückte und Vernünftige, Leute aus jedem Winkel Italiens und Italiener, die in allen vier Ecken der Welt geboren waren, Männer jeglicher Berufsgruppe, Optimisten und Pessimisten, große Schweiger und zwanghafte Redner, großzügige Geister und solche, die alle

Niedrigkeit der Welt in sich vereinten, Männer, die sich um ihre eigenen Angelegenheiten kümmerten (leider die Minderheit!) und solche, die sich beim besten Willen nicht dazu bequemen konnten; es gab Mitgefangene, die links und rechts Vorteile einheimsten (von uns »Jagdhunde« genannt, denn dieses Tier ist vielleicht das gefräßigste aller afrikanischen Säugetiere), und solche, die mit nichts zufrieden waren, es gab echte Gentlemen und unverbesserliche Schurken.

Zwischen diesen Extremen waren die gewöhnlichen Durchschnittstypen angesiedelt, deren bloße Beschreibung jedoch ein ganzes Buch füllen würde.

Es gab fanatische Sonnenanbeter und Turner, Boxer, Volleyballer und Fußballer, Unermüdliche, die mit selbst gemachten Geräten stundenlang in der Sonne schwitzten und einen Tennisplatz aus dem Boden stampften, nur um in ein anderes Lager verlegt zu werden, ehe sie die Früchte ihrer Arbeit genießen konnten. Auf der anderen Seite gab es Gefangene, die nie von ihrer Pritsche aufstanden, aus Angst, sie könnten ihre Energie vergeuden, und die, sofern das möglich gewesen wäre, noch ihre intimsten Verrichtungen an andere delegiert hätten.

Es gab Männer, die den ganzen Tag studierten und für die die Gefangenschaft in gewisser Weise ein Segen war. Disreali sagte einmal über Hugo Grotius, der ebenso wie Marco Polo, Cervantes, Bunyan, Silvio Pellico und viele andere seine größten Werke im Gefängnis verfasst hat: »Andere Männer, die zum Exil oder zur Gefangenschaft verdammt sind, verzweifeln, falls sie es überleben; der Literat hingegen mag diese Zeit als die schönste seines Lebens ansehen.« Ich bin kein Literat, und deshalb betrachte ich die fünf Jahre, die ich in Gefangenschaft zubrachte, nicht als die schönsten meines Lebens; ich kann nur den Unterschied zwischen meinem geistigen Stand in den Jahren »vor Mount Kenia« und in den Jahren »nach Kenia« konstatieren, als ich damit beschäftigt war, diese Zeilen zu schreiben.

Die Männer, die ihre Zeit mit Studieren verbrachten, hatten meine volle Anerkennung. Einige von ihnen, die sich auf Prüfungen vorbereiteten oder ernsthaft eine Wissenschaft betrieben oder eine oder mehrere Sprachen lernten (wir hatten Lehrer unter uns, die Unterricht in nahezu allen Fächern erteilten), bildeten sich so nicht nur weiter, sondern verhinderten vor allem, dass ihr Geist abstumpfte oder Schaden nahm.

Skizzieren, Zeichnen und Malen waren äußerst populäre Betätigungen, sobald wir durch Pakete und später dank der freundlichen Hilfe des Christlichen Vereins junger Männer (CVJM) Ostafrikas über die nötigen Materialien verfügten. Künstler, die fähig waren, winzige, verblichene Fotos von Freundinnen oder Verwandten zu vergrößern, standen hoch im Kurs.

Auch Schauspieler, Unterhaltungskünstler und Musiker waren unter uns: Sie hätten ein eigenes Kapitel verdient, weil sie wahrhaft Wunder wirkten. Dank ihrer Fähigkeiten und ihres Einfallsreichtums verlebten wir so manchen unvergesslichen Abend.

Es gab Blechkünstler – nicht nur bloße Blechschmiede –, die aus leeren Kanistern Lampen, Schüsseln, Paraffinkocher, Bratpfannen, Becher, Spielzeug und Modelle jeglicher Art herstellten. Holzschnitzen war ebenfalls sehr *en vogue,* wobei alles Werkzeug auf selbst gemachten Schmiedeessen aus Altmaterial hergestellt wurde. Wer Uhren und Brillen reparieren konnte, erreichte den Gipfel des Ruhms. Aus leeren Kisten oder aus Bauholz, das man aus Lagerbeständen »organisierte«, wurden Musikinstrumente gemacht, und einige Gefangene erreichten eine solche Meisterschaft in dieser Kunst – im Instrumentenbau natürlich, nicht im »Organisieren«! –, dass ganze Orchester mit klangreinen Instrumenten ausgestattet werden konnten. Das spätere »Central Italian Orchestra of Nairobi« war zum Beispiel auf diese Weise ausgerüstet.

Es gab Kartenspieler und Glücksritter in Mengen. O mächtiger Ely Culbertson, jeder Kriegsgefangene sollte dir zu Ehren ein Marmordenkmal errichten, denn wie hätten tausende Männer die Jahre der Gefangenschaft ohne dich überstehen sollen? (Ely Culbertson war Wegbereiter des Kontrakt-Bridge und Gründer einer Bridge-Zeitschrift, Anm. des Verlags.) Fünfzehn oder zwanzig Rubber-Bridge-Spiele pro Tag, das war kein Rekord, sondern die durchschnittliche Spielezahl, auf die es mindestens zwanzig meiner Mitgefangenen brachten, die ich alle mit Namen nennen könnte.

Der Wetteinsatz bestand überwiegend aus Zigaretten; ich kannte jedoch Männer, die buchstäblich ihr letztes Hemd am Poker- oder Bakkarattisch verloren, und andere, die, nachdem sie alles Verfügbare verkauft hatten, gezwungen waren, für ihre Gläubiger Wäsche zu waschen und Schuhe zu putzen, um wenigstens einen Teil ihrer Schulden zu tilgen.

Eine Zeit lang wucherten abergläubische Vorstellungen aller Art so üppig wie der Lorbeerbaum im Lager. Hellseher, Astrologen und Wahrsager erlebten eine kurze Blütezeit. Auch der Spiritismus war vorübergehend sehr verbreitet. Der Geist des großen Napoleon höchstpersönlich wurde beschworen, um denjenigen, die daran glaubten, zu verraten, welche Seite den Krieg gewinnen würde und wann. Die Seelen zahlreicher jungfräulich verstorbener Tanten, rigide Wächterinnen der Familienmoral, mussten Überstunden machen; sie allein, so glaubte man, waren in der Lage, eventuelle Treuebrüche von Ehefrauen oder Bräuten aufzudecken.

Es gab hartgesottene Händler und Wucherer, die Geschäfte und Banken, Vermietungen und Verkäufe organisierten und hunderte Schillinge anhäuften – Reichtümer, die oft genug bei der erstbesten Durchsuchung konfisziert wurden, wenn man die Gefangenen in ein anderes Lager verlegte.

Es gab Männer mit unzähligen eingebildeten Wehwehchen, die die Krankenstuben belagerten und die Ärzte anflehten, ihnen den Vorzug vor anderen Gefangenen zu geben, die tatsächlich medizinische Betreuung brauchten.

Einer entwickelte sich zum Hygiene-Fanatiker und gab ein Vermögen für Toilettenpapier aus, mit dem er jede Türklinke umwickelte, ehe er sie anfasste. Er hoffte, auf diese Weise vor Infektionen verschont zu bleiben, aber ich weiß nicht – und wahrscheinlich wusste er es selber nicht –, vor welcher Krankheit er sich eigentlich so sehr fürchtete. Auf der anderen Seite gab es auch Mitgefangene, die nie in der Dusche gesehen wurden, noch nicht einmal zu Weihnachten oder anderen großen Feiertagen.

Selbst an gewöhnlichen Verbrechern mangelte es nicht, da ungefähr dreihundert »Gäste« des Akaki-Gefängnisses von den Besatzungsbehörden Äthiopiens befreit und anschließend in die Kenianischen Lager verfrachtet worden waren. Richter Pace aus Addis Abeba schlief – und er schlief tatsächlich! – in Block E, Lager 354, in einem Stockbett mit einem seiner »Kunden«, den er vor kurzem wegen Totschlags zu zehn Jahren Haft verurteilt hatte.

Den wohl bizarrsten Handel lieferte ein Hypnotiseur, der mit Tieren, hauptsächlich Hühnern, operierte. Die Sache verhielt sich folgendermaßen: Gegen Ende unserer langen Gefangenschaft im Lager 356 (Eldoret) war uns ein Freigang von drei Meilen erlaubt, auf dem wir manchmal Hühner von Einheimischen kaufen konnten. Der Hypnotiseur, der unter den Bridge-Stars des Lagers hoch im Kurs stand, wurde gebeten, dicht beim Käufer zu bleiben, und während der Handel im Gang war, hypnotisierte er in aller Stille eines der Hühner, das sofort in Schlaf fiel. »Und was möchten Sie für das hier?«, fragte der Käufer dann den Afrikaner und zeigte auf das hypnotisierte Huhn. Ohne Zögern antwortete dieser: »Fünf Schilling, so wie für die anderen auch.« »Aber sehen Sie denn nicht, dass es krank ist? Es sieht aus, als ob es gleich verendet.« Der Afrikaner, der um sein Geschäft bangte, verkaufte den Vogel bereitwillig für einen oder zwei Schilling. Der Hypnotiseur verlangte als einzigen Lohn eine Einladung zum Abendessen, bei dem er nach Kräften mithalf, seinen »Patienten«, gebraten und mit Kartoffeln serviert, zu verspeisen.

Eines Tages dann wurden wir nach Nanyuki, in das Camp 354 am Fuß des Mount Kenia, verlegt. Unser Zug – kein Viehwaggon dieses Mal – hatte unter Bewachung von fünf Uhr morgens bis elf Uhr vormittags auf dem Bahnhof von Nairobi Aufenthalt, wo er endlos hin- und herrangiert wurde, um irgendwelchen unerfindlichen Eisenbahner-Erfordernissen zu genügen.

Nach einem Jahr hinter Stacheldraht sahen wir zum ersten Mal wieder Menschen, die in Freiheit lebten, die kamen und gingen, wie es ihnen passte. Wir schauten uns fast die Augen aus, so als hätten wir das siebte Weltwunder vor uns.

Ein Mann kam aus einem Zug und kaufte eine Zeitung und ein Päckchen Zigaretten beim Tabakhändler. Er bezahlte mit klimperndem Münzgeld und ging davon. Einfach so! Bald hörten wir einen Automotor anspringen. Bei der bloßen Vorstellung, am Steuer eines Autos zu sitzen, wurde mir ganz schwindlig.

Wir sahen Frauen, jung und gut aussehend, in mittlerem Alter und ältlich. Unter ihnen waren zweifellos Bräute, Ehefrauen, Schwestern und Mütter, alle aus Fleisch und Blut, alle lebendig, nicht nur Phantome, so wie in unseren Träumen. Wir sahen Kinder, darunter niedliche kleine; eines wollte eine leere rote Zigarettenpackung auf dem Bahnsteig aufheben, ein anderes schlang seine runden Ärmchen um den Hals seines Papas, der gerade aus dem Zug stieg. Natürlich waren die paar Wörter, die sie zu stammeln vermochten, Englisch, aber aus der Ferne hätte es auch Italienisch sein können. Ihre Mimik, ihre Gesten waren nicht anders als die unserer eigenen Kinder, die jetzt in den Lagern von Äthiopien und Somaliland interniert waren.

Es war eine Tortur. Man wäre am liebsten aus dem Zug gesprungen, nur um sich zehn Minuten lang unter freien Menschen bewegen zu können. Ich möchte wetten, dass jeder von uns, während er aus dem Wagenfenster auf den überfüllten Bahnsteig starrte, Fluchtgedanken hegte, die allerdings schnell beiseite geschoben wurden.

Fluchtpläne spielen eine große Rolle im Denken eines Gefangenen. So hatte ich bei unserer Ankunft in Ostafrika ernsthaft überlegt, wie ich das nächste neutrale Territorium, Portugiesisch-Ostafrika, erreichen könnte, war aber zu dem Schluss gekommen, dass es, zumindest für mich, unmöglich war. Die Entfernungen, die man überwinden musste, waren riesig, es würde entsetzlich viel Geld kosten, man müsste irgendwie einen Wagen organisieren, Kenntnisse über das Land und seine wichtigsten Sprachen besitzen und Dokumente fälschen. Selbst wenn man es bis Portugiesisch-Ostafrika schaffen würde, stünde man vor dem noch größeren Problem, wie man von dort nach Hause kommen sollte. So ist es auch kein Wunder, dass von allen, die in den fünf Jahren unserer Gefangenschaft einen Fluchtversuch unternahmen, nur eine Gruppe von vier Offizieren ihr Ziel erreichte.

Mount Kenia

In der niedrigen Baracke aus geteerter Sackleinwand war die Nacht schnell hereingebrochen. Der Wind pfiff und der Regen donnerte auf das Wellblechdach. Das Lagergelände war ein einziger Sumpf. Bei jedem Schritt zog man an seinen Schuhen mehrere Pfund zähen Schlamms heraus.

An einem kleinen improvisierten Tisch zwischen zwei Pritschen saßen vier Gefangene und spielten im flackernden Licht einer Öllampe, die aus einer leeren Fleischdose fabriziert war, Bridge.

»Pech gehabt«, meinte einer der Spieler traurig und legte seine letzten Karten ab. »Das kommt davon, wenn du deine Trümpfe nicht ziehst«, antwortete sein Partner böse. »Aber hör doch. Wenn ich die Pik-Zehn zu meiner Linken gefunden hätte, statt zu meiner Rechten …«

Die Diskussion ging endlos weiter. Eine Bridge-Partie in einem Kriegsgefangenenlager endet unweigerlich im Streit.

Auf einer anderen Pritsche saßen zwei Männer, in Decken gehüllt, und lasen im Licht einer einzigen Lampe.

Am anderen Ende der Baracke herrschte Totenstille. Kein Licht war dort zu sehen, und doch war es noch viel zu früh zum Schlafen. Die Männer lagen wohl einfach in ihren Betten und hingen ihren Gedanken nach.

Ich saß auf meiner Pritsche; von den zwei Männern neben mir spielte einer mit einem Gegner auf dem Bett gegenüber Schach, das Schachbrett stand auf einem Hocker zwischen ihnen.

Ein Zug pfiff melancholisch.

Einer der Schachspieler schüttelte den Kopf: »Ich werde die Königin verlieren. Ich sehe keine Möglichkeit, wie ich sie retten könnte.« Der andere Bursche, der auf meinem Bett über das Schachbrett gebeugt saß, klappte sein Buch zu, behielt jedoch einen Finger zwischen den Seiten. »Lass mich mal sehen«, sagte er und studierte die Lage.

Der Zug pfiff wieder. Die Flamme der Öllampe rauchte und flackerte.

Von der Pritsche gegenüber den Schachspielern rief mich Umberto, von dem ich geglaubt hatte, er sei schon eingeschlafen, und flüsterte mir zu: »Ich bin so hungrig.«

»Wem sagst du das!«

Am nächsten Morgen, dem 13. Mai, wurde ich von Umberto aus dem Schlaf gerüttelt: »Schnell. Steh auf. Komm und schau dir den Mount Kenia an!«

»Wie sieht er aus?«

»Du wirst es ja sehen. Die Form erinnert an den Monviso,

von Turin aus gesehen, aber das hier ist noch viel eindrucksvoller.«

Weil Regenzeit war, hatten wir bisher noch keine Gelegenheit gehabt, mehr von dem Berg zu sehen als seinen riesigen, bewaldeten Sockel. Ich war so gespannt auf den Anblick, dass ich mich beim Anziehen beinahe in meinen Schnürsenkeln verhedderte.

»Mach schnell!«, rief Umberto von der Tür herüber, »bevor der Gipfel wieder hinter den Wolken verschwindet.«

Endlich erreichte ich die Tür, stolperte ein paar Schritte in den Schlamm hinaus, und dann sah ich es: einen unwirklichen Berg, der zwischen zwei dunklen Baracken aus einem wirbelnden Wolkenmeer aufragte – ein massiger blauschwarzer Zahn aus blankem Fels, mit azurblauen Gletschern gesprenkelt, streng und doch märchenhaft zart am nahen Horizont schwebend. Es war der erste Fünftausender-Gipfel, den ich je gesehen hatte.

Ich stand da und schaute, bis die Vision in den ziehenden Wolkenbänken verschwand.

Noch Stunden danach war ich wie vom Donner gerührt. Es war Liebe auf den ersten Blick.

Tag um Tag verging, einer trostloser als der andere, und der Berg blieb unter einer Decke aus Nebel und Wolken verborgen. Der kurze Blick, den ich vor ein paar Tagen erhascht hatte, kam mir jetzt wie ein ferner Traum vor. Das Gefangenenleben drückte mich nieder wie mit Bleigewichten. An eine Zukunftsperspektive war nicht einmal zu denken, nur die Gegenwart, düster und trostlos, existierte für uns.

Seit drei Monaten hatte ich keine Nachricht von meiner Familie erhalten, und meine Ängste wuchsen ins Uferlose, als ein Gerücht die Runde machte, dass unter den Kindern in den äthiopischen Evakuierungslagern die Masern wüteten. Es war nervenzermürbend. Die quälenden Sorgen, denen wir ausgeliefert, die Passivität, zu der wir verurteilt waren, die tödliche Monotonie der Regengüsse und vor allem das Gemeinschaftsleben, das man in dieser engen Baracke mit fünfundzwanzig oder dreißig ebenso reizbaren Mitgefangenen führen musste, konnten einen buchstäblich in den Wahnsinn treiben.

Dass man nie allein sein konnte, war vielleicht das Schlimmste für uns in diesem Zustand. Die Männer in meiner Baracke waren für sich genommen alles nette Burschen, wohl erzogen und besonnen, aber ich kann gar nicht sagen, wie sehr sie einem in der Masse auf die Nerven gingen! Jede noch so harmlose Handlung – wenn zum Beispiel jemand einen Nagel in eine Stange hämmerte, um ein Handtuch darüber zu hängen, oder eine Pritsche beiseite schob, um nach einem fehlenden Holzschuh zu suchen – brachte einen fast zur Weißglut.

Da wir immer in der Masse lebten, war es beinahe, als bangten wir um unsere Individualität. Manchmal wurde man von dem kindischen Drang gepackt, sich irgendwie zu behaupten indem man dummes Zeug brüllte, auf eine leere Dose hämmerte, auf jede nur denkbare Weise zeigte, dass man noch etwas anderes konnte als untätig herumzusitzen und zu warten. Ich habe miterlebt, wie Männer, die sonst völlig harmlos waren, von ihren Pritschen aufsprangen, auf die Dachstangen der Baracken kletterten und losbrüllten wie Affen, und ich konnte sie nur zu gut verstehen.

An dem fraglichen Abend hatte mich selbst das letzte Fünkchen Galgenhumor verlassen, und ich fühlte nichts als eine entsetzliche Leere in mir, so als wäre mir der Boden unter den Füßen weggezogen worden.

Die Vergangenheit war abgehakt; es gab nichts mehr, worüber man nachdenken, woran man sich klammern konnte. Ein normales Leben in der Zukunft schien so unerreichbar, so unmöglich, dass ich nicht einmal mehr die Kraft hatte, mich danach zu sehnen. Nur die Gegenwart existierte, unausweichlich, lastend. Für mich stand die Zeit still. Ich wusste jetzt, wie es sein muss, wenn man allmählich den Verstand verliert.

In der Lampe war kein Öl mehr, aber ich hatte sowieso keine Lust zum Lesen. Ich stand von meiner Pritsche auf und ging langsam aus der Baracke.

Umberto saß auf seiner Koje und legte seine tausendste Patience. Er hob den Kopf, als er mich sah.

»Wenn die hier aufgeht, werden wir nächstes Jahr alle in Freiheit sein.«

Ich konnte nicht einmal lächeln. Ich ging hinaus.

Es hatte zu regnen aufgehört und ein Chor von Grillen sang laut in der Nacht. Ein Gefangener ging schweren Schrittes zu den Latrinen und fluchte aus vollem Hals über den schlüpfrigen Schlamm.

Ich traf einen anderen Freund und nahm seine Einladung zu einer Schachpartie an. Ich verlor alle drei Spiele, und als ich in der Dunkelheit zu meiner Baracke zurückstapfte, war ich nicht besser gelaunt als vorher, obwohl ich im Allgemeinen kein schlechter Verlierer bin. Ich war so müde wie nach einem stundenlangen Gewaltmarsch. Ich hatte nicht einmal Hunger.

Als ich mich der Baracke näherte, hörte ich ein Hämmern. Ich fragte mich, wer sich da mitten in der Nacht zu schaffen machte und was er vorhatte. Ein seltsames Neidgefühl ergriff von mir Besitz. Dieser Gefangene hatte sich eine Aufgabe gestellt, was immer es auch sein mochte. Für ihn existierte die Zukunft, weil er ja seine Arbeit zu Ende führen wollte. Für eine Weile zumindest hatte er einen Ausweg aus der Gefangenschaft gefunden.

Der Nachthimmel war klar. Ein guter, erdiger Geruch hing in der Luft, wie ich ihn in Afrika selten bemerkt hatte. Ich sagte mir: »Es gibt eine Zukunft, du musst sie nur herbeizuführen wissen«, und: »Es liegt an dir«, als ich an derselben Stelle um die Baracke bog, an der ich den Mount Kenia zum ersten Mal gesehen hatte und wo ich seitdem immer einen Blick in Richtung Gipfel warf.

Jetzt war er wieder hervorgetreten, der Berg, und im Sternenlicht sah er noch verlockender aus als bei Tag. Die weißen Gletscher schimmerten in einem geheimnisvollen Licht und sein prachtvoller Gipfel ragte in den Himmel auf. Es war eine Herausforderung.

Ein Gedanke zuckte mir durch den Kopf.

»Was machst du denn da?«

»Ich warte auf den Mittag. Und du, worauf wartest du?«

»Auf das Ende des Krieges.«

Niemand lachte mehr über solche Witze, weil es längst nicht mehr witzig war. Es war bitterer Ernst geworden. Die Zeit war für einen Durchschnittsgefangenen nichts Kostbares mehr, das man nützen musste; die Zeit war ein Feind für ihn, aber auf mich traf das jetzt nicht mehr zu.

Ich bastelte bereits an einem geheimen Plan, der langsam konkrete Formen annahm.

Ein Gefangener des Ersten Weltkriegs schrieb in seinen Erinnerungen: »An der Front lebt man gefährlich, aber man leidet nicht; in der Gefangenschaft geht man keine Risiken ein, aber dafür leidet man.«

Wollte man der Monotonie des Lebens entkommen, dann musste man bereit sein, wieder Risiken einzugehen, man musste aus der Arche Noah ausbrechen, die einen vor den Gefahren des Krieges bewahrte, aber zugleich von der Welt isolierte, man musste von Neuem in die Sintflut des Lebens eintauchen. Wenn es keine Möglichkeit gibt, in ein neutrales Land zu flüchten oder unter falschem Namen im besetzten Somaliland zu leben, dann, so sagte ich mir, kann ich zumindest eine Unterbrechung dieser Eintönigkeit, dieser Karikatur des Lebens erzwingen. Mit anderen Worten: Ich würde aus dem Lager flüchten, den Mount Kenia besteigen und dann wieder zurückkommen.

Mir war von Anfang an bewusst, dass ich das niemals allein

schaffen würde; ich musste Weggefährten finden. Zum Beweis, dass wir den Gipfel erreicht hatten – falls wir es tatsächlich schaffen sollten –, würden wir dort eine Fahne hissen.

Auf Seite 108 einer zerfledderten Ausgabe von Steinbecks »Früchte des Zorns« fand ich den folgenden Abschnitt unterstrichen:

> »Man darf nicht dran denken, wann man rauskommt. Sonst wird man verrückt. Man darf nur an den einen Tag denken und den nächsten Tag und vielleicht noch an Samstag. Das ist alles, was man tun darf.«

Einer der Lagerinsassen hatte an den Rand geschrieben: »Ein guter Rat.«

Aber, mein unbekannter Bruder, hast du dir je den Unterschied zwischen einem Kriegsgefangenen und einem Mann überlegt, der wegen eines Verbrechens zu einer Gefängnisstrafe verurteilt ist? Letzterer kennt sehr wohl den Tag seiner Befreiung, mag seine Strafe noch so lang sein; wir dagegen wissen es nicht. Niemand kann sagen, wie lange dieser Krieg dauern wird, wie lange die Strafe sein wird, die wir abbüßen müssen.

Je mehr ich über den Fluchtplan nachdachte, desto deutlicher wurde mir bewusst, wie groß die Aufgabe war, die ich mir gestellt hatte. Würden wir in der Lage sein, ohne eine lange Anpassungsphase in der dünnen Luft in 5000 Meter Höhe zu klettern? Wie sollten wir den eigentlichen Aufstieg bewältigen? Wen sollte ich bitten, mich zu begleiten? Wie sollten wir aus dem Lager heraus- und wieder hineinkommen? Diese und andere Probleme hielten meinen Geist beschäftigt. Es war ein aufregendes Gefühl, in aller Heimlichkeit die ersten Einzelheiten meines Plans auszuarbeiten.

Das Leben gewann einen anderen Rhythmus, weil es ein Ziel hatte.

Ich begann mit meinen Vorbereitungen.

Als Erstes schrieb ich an meine Familie und bat darum, mir meine Stiefel und alle Wollsachen zu schicken, die nicht verkauft worden waren – Jacken, Hemden, Pullis und so weiter.

Ich hörte mit dem Rauchen auf. Da Zigaretten die normale Währung im Lager waren, konnte ich auf diese Weise meine Wochenration von 35 Stück zusammen mit den Zigaretten verwenden, die ich später in der Kantine kaufen durfte.

Ich verkaufte alles, was ich von meinen spärlichen Besitztümern entbehren konnte, um genug Bargeld für die wichtigsten Ausrüstungsgegenstände zusammenzubekommen. Meine Strategie war folgende: Es gab Mitgefangene im Lager, die trotz strengster Verbote Bargeld zurückbehalten hatten, und da sie verhindern wollten, dass es bei der nächsten Durchsuchung konfisziert wurde, setzten sie es in Essen oder Kleidung um. Zu diesem Zweck schickten sie Kommissionäre durch die Baracken, um das Geschäft nicht selber tätigen zu müssen. Die Kommissionäre, die weder diskret noch taktvoll waren, gingen in den Baracken herum und fragten: »Wer will etwas verkaufen?«, und sobald jemand ein Paket erhalten hatte, tauchten sie wie durch Zauberhand an dessen Pritsche auf. Es war jedoch kein Hexenwerk, da die Namen der glücklichen Empfänger am Schwarzen Brett des jeweiligen Blocks angeschlagen waren, zusammen mit der Uhrzeit, zu der die Pakete ausgegeben wurden, nachdem sie unter den Augen der Empfänger geöffnet und durchsucht worden waren.

Die Frage, wen ich als meine Weggefährten auswählen sollte, war die dringendste und zugleich die am schwierigsten zu lösende. Ich hatte mir ausgerechnet, dass eine Dreier-Mannschaft optimal sein würde; folglich musste ich zwei Männer finden, die bereit waren, das Risiko auf sich zu nehmen. Einer davon musste nicht unbedingt Bergsteiger sein, denn der eigentliche Aufstieg konnte zu zweit gemacht werden, während der Nicht-Bergsteiger im Basislager bleiben würde. Letzterer hatte vor allem die Aufgabe, auf dem Weg durch den Waldgürtel einen Teil der Nachtwachen zu übernehmen. Eine größere Mannschaft würde kürzere Wachzeiten bedeuten, aber auf der anderen Seite müssten wir dann erheblich mehr Proviant und Ausrüstung auftreiben.

Zufällig lernte ich einen Mann kennen, der als Bergsteiger bereits mehrere Erstbesteigungen in den Alpen vorzuweisen hatte. Eines Abends, als der Mount Kenia eine halbe Stunde vor Sonnenuntergang klar und majestätisch hervortrat, suchte ich ihn auf, deutete auf den prachtvollen Berg und bemerkte, als sei es die selbstverständlichste Sache der Welt: »Hast du je daran gedacht, abzuhauen und raufzuklettern?«

»Wenn sie uns mit Steaks füttern würden, dann würde ich es mir vielleicht überlegen«, antwortete er lachend.

Ich drängte ihn, seinen Standpunkt näher zu erläutern, und er sagte, in unserem unterernährten Zustand sei es unmöglich, das anstrengende Training zu absolvieren, das für die Besteigung eines so schwierig aussehenden Gipfels nötig wäre; außerdem sei es eine Tatsache, dass der Körper in großen Höhen nach kalorienreicher und vielseitiger Nahrung verlange, ganz abgesehen davon, dass wir niemals in der Lage sein würden, genügend Proviant und die nötige Ausrüstung aufzutreiben, geschweige denn, sie ohne Träger hinaufzutransportieren. Gute Seile, gute Steigeisen und gute Eispickel seien ohnehin unerreichbar für einen Gefangenen. Und so weiter. Das Wort »unmöglich« kehrte gebetsmühlenhaft wieder. Abschließend sagte er: »Es sieht verlockend aus, zugegeben, aber es wäre der reine Wahnsinn, ernsthaft darüber nachzudenken.«

Ich brach das Gespräch ab. Wir redeten nicht dieselbe Sprache.

Er war Realist und alles in allem hatte er Recht; ich dagegen war ein unverbesserlicher Idealist oder vielleicht auch ein Spinner, wie er meinte. In diesem Moment wurde mir klar, dass ich meine Weggefährten nur unter Verrückten finden würde, so wie ich einer war.

Ein, zwei Wochen lang beobachtete ich meine Kameraden unter dem Blickwinkel »Mount Kenia«. Ich stellte vertrauliche Nachforschungen über jeden an, der sich als ehemaliger Bergsteiger ausgab. Ich konnte ja nicht einfach fragen: »Wer möchte mit mir eine Tour auf den Mount Kenia machen?«

Es war hoffnungslos. Wenn jemand bestimmte Qualifikationen besaß, fehlten ihm wiederum andere. Schließlich vertraute ich mein Geheimnis Giovannino an, einem Gebirgsjäger, der in meiner Einheit im abessinischen Krieg gekämpft hatte, aber 1938 bei einem Autounfall schwer verletzt worden war und jetzt als Zivilist in Gefangenschaft lebte. Er war ein äußerst verlässlicher Bursche, und mehr als alles machte ihm der Gedanke zu schaffen, dass er niemals wieder in der Lage sein würde, einen Berg zu besteigen.

Gemeinsam legten wir eine Liste unverzichtbarer Werkzeuge an, und er gab mir einen Hinweis auf eine Flagge, die im Lager versteckt war und die ein Freund von ihm von Harare nach Kenia gebracht hatte. Vor allem jedoch beobachteten wir unsere Kameraden und er wurde mein getreuer Adjutant bei den Nachforschungen über die Bergsteigerkarrieren diverser Mitgefangener. Es war jedoch ein kompletter Fehlschlag.

Ohne – wie wir es scherzhaft nannten – »Plan zwei« aufzugeben, nämlich einen Bergsteiger zu finden, hatten wir schließlich Erfolg mit »Plan drei«, der darin bestand, einen Nicht-Bergsteiger als dritten Mann für unser Vorhaben aufzutun.

Wir konzentrierten unsere Aufmerksamkeit auf Mario, einen Polizeileutnant, der nicht nur ein guter Fußballspieler war, sondern auch eine hohe Auszeichnung für eine tollkühne Aktion mit einem kleinen Trupp Askaris hinter den feindlichen Linien erhalten hatte. Niemand bezweifelte seine ungewöhnliche Tapferkeit und Ausdauer, und er stand in dem Ruf, ein Glückspilz zu sein.

Ich suchte Mario auf und eröffnete ihm meinen Plan. Er war sofort Feuer und Flamme. Er stammte aus den Abbruzzen, der höchsten Gebirgsregion des Apennins, war also ein geborener Bergsteiger, obwohl er zugab, dass er keinerlei Erfahrung im eigentlichen Fels- oder Eisklettern hatte. Er wäre liebend gern dem Gipfel-Team beigetreten, erklärte sich aber schließlich bereit, den »dritten Mann« abzugeben und das Basislager zu halten.

Leider konnte auch er uns nicht weiterhelfen, was den zweiten Mann betraf, den wir so dringend brauchten. Es musste ein guter Bergsteiger sein, ein Mann mit Ausdauer, wortkarg und verlässlich. Schließlich würde unser Leben an ein- und demselben Seil hängen. Als ich Mario besser kennen lernte, wurde mir auch klar, dass unser »zweiter Mann«, wenn möglich, ein ruhiger und vernünftiger Zeitgenosse sein sollte; denn Marios einziger Fehler, sofern man von einem solchen sprechen konnte, war sein Übereifer. Der »zweite Mann« sollte, so sagte ich mir, ein Gegengewicht zu Marios überschäumendem Temperament bilden.

Mit Mario zusammen durchsuchte ich eine Müllkippe, die sich in der Nähe unseres Ein-Meilen-Freigangs bei einem Schild, das den Äquator markierte, befand. Dort würden wir sicherlich Eisen- und Aluminiumabfälle aller Art finden. Wir hatten vor, Eispickel aus Hämmern, die wir bis jetzt nicht »organisieren« konnten, und Steigeisen aus dem Material von der Müllkippe herzustellen. Wir konzentrierten unsere Aufmerksamkeit auf die Überreste eines Autotrittbretts und Schutzblechteile, die wir nach und nach ins Lager einschleusten. Eine Autoachse sollte zum Amboss umfunktioniert werden, denn wir wollten die Steigeisen fabrizieren, indem wir das Metall eigenhändig »kaltschmiedeten«.

Was wir dringend brauchten, waren ein Kaltmeißel und ein Hammer – das bedeutete, dass wir, zusammen mit den beiden, die zu Eispickeln umgearbeitet werden sollten, insgesamt drei Hämmer auftreiben mussten. Wir brauchten nur zwei Eispickel, da der dritte Mann keinen mitführen würde. Denn ein Eispickel in den Händen eines Unbefugten stellt oft, wie Ugo de Amicis zu sagen pflegte, die einzige Gefahr bei einer Gipfeltour dar.

Endlich ergab sich eine Gelegenheit, die Dinge zu beschaffen, die wir brauchten.

Damals wurden kleinere Instandhaltungsarbeiten im Lager von indischen Handwerkern ausgeführt, barfüßigen Burschen mit würdevollen Bärten, die ich mit besonderem Interesse beobachtete. Bald entdeckte ich, dass sie ihr Werkzeug während der Mittagspause in einem Schuppen ließen, dessen Tür manchmal offen blieb. So war es eines Tages ein Kinderspiel, in den Schuppen zu gehen, die beiden Hämmer – es gab nur zwei – und einen Meißel aufzulesen, unter meinem Hemd zu verstecken und lässig wieder hinauszuschlendern. Es war der erste Diebstahl, den ich bis dahin begangen hatte, und es war so unglaublich einfach gewesen, dass ich mich fragte, warum der einträgliche Beruf des Diebes nicht noch viel verbreiteter war auf der Welt.

Ein Hammer wurde bei Nacht in Marios Baracke geschmuggelt und von dort aus zum Kriegsgefangenenschmied, einem alten Bekannten Marios, der den Hammer auf seiner Esse in einen Eispickel verwandelte, nach einer groben Skizze, die ich für ihn gezeichnet hatte. Wir konnten nicht sofort mit der Herstellung der Steigeisen beginnen, weil wir noch immer keinen geeigneten Raum gefunden hatten, in dem wir ungestört arbeiten konnten.

Die Zeit verging schnell. Ende Juli war gekommen, und mit ihm eine Reihe wolkenloser Tage auf dem Mount Kenia. Der Anblick, den wir genießen durften, war grandios. Wir kannten bereits jede einzelne Linie der Felsen und Gletscher auf der Nord-

und Nordwestseite, und hatten jeden Einschnitt in den Kammlinien studiert, indem wir die Spur der ziehenden Wolken verfolgten. Es schien sehr, sehr schwierig, dort hinauf eine Route zu finden, aber niemand konnte wissen, ob die anderen Hänge sich nicht als noch schwieriger entpuppen würden.

Wir befürchteten, dass eine Fahne, die den schweren Schneestürmen auf dem Gipfel ausgesetzt war, nicht länger als ein paar Wochen oder vielleicht nur einige Tage überleben würde. Folglich verfasste ich eine Botschaft, die wir in einer Flasche am Fuß der Fahnenstange zurücklassen wollten.

Ich tauschte Brot gegen Zigaretten ein, um meine Rationen aufzustocken, und befolgte ein genau festgelegtes tägliches Trainingsprogramm. Mario setzte seine Fußballspiele und Fußmärsche fort. Wir vermieden es, zusammen gesehen zu werden und trafen uns nur bei Nacht. Es war ein großer Spaß.

Die Vorräte, die wir Stück für Stück zusammentrugen, wuchsen stetig unter unseren Pritschen. Wir wollten im September aufbrechen, sobald die Regenzeit aufhörte und unsere Ausrüstung fertig war – und vor allem, wenn wir den »zweiten Mann« gefunden hatten.

Ungefähr zur selben Zeit – Ende Juli – wurde ich in einen eben erst erweiterten Block verlegt, und es wurde schwieriger, Mario zu treffen. Ich konnte ihn nur tagsüber sehen, denn bei Nacht waren die Blöcke abgesperrt. Meine Kontakte mit ihm wurden daher spärlicher.

In meiner neuen Baracke lernte ich einen Arzt kennen, der mir vorher nicht aufgefallen war, weil er sehr zurückgezogen lebte und mit nur wenigen Mitgefangenen vertraut war.

Eines Tages brachte jemand, an den ich mich nicht erinnere, ein Buch in unsere Baracke, dem ich ein paar kostbare Informationen über den Mount Kenia entnehmen konnte. Es war Pater Cagnolos Werk »The Akikuyu«, das von den Bräuchen und dem Land der Kikuyu handelte, einem Stamm, der in den zentralen

Hochländern Kenias und weiter im Norden an den Westhängen des Berges angesiedelt war.

Aus dem Buch und der beigefügten Karte, auf der 1 cm 80 km entsprach, erfuhr ich folgende interessante Punkte:

1. Der große Sockel, auf dem die höchsten Gipfel ruhen, hat einen durchschnittlichen Radius von ungefähr 32 Kilometern. Das entsprach auch mehr oder weniger der Luftlinien-Distanz, die wir bei unserer Flucht überwinden mussten, wenn wir uns zuerst durch bewirtschaftete Felder und dann durch dichten Urwald schlugen, ehe wir die eigentliche Gipfelbesteigung in Angriff nahmen. Auf diesen rund 30 Kilometern würden wir ungefähr 3.350 Meter aufsteigen müssen.
2. Zwei Gipfel wurden in dem Buch erwähnt: der Batian, den wir vom Lager aus sehen konnten, wurde mit 5.194 m als der höhere, der Lenana mit 4.955 m als der niedrigere angegeben; Letzterer war für uns unsichtbar, da er vom Batian verdeckt wurde.
3. Auf der Karte wurde nur eine Route durch den Wald zu den Gipfeln aufgezeigt. Sie ging von Chogoria auf den Osthängen aus, direkt gegenüber Nanyuki. Diese Route hatten einige der italienischen Patres von der Consolata Mission in Nyerere genommen, als sie am 31. Januar 1933 den Lenana bestiegen und dort ein Kreuz errichtet hatten, ein Geschenk des Papstes an die Mission.
   Warum die Patres das Kreuz auf dem Lenana und nicht auf dem Batian errichtet hatten, ging aus dem Buch nicht hervor, aber mir erschien es nur logisch; der Batian war viel schwieriger zu besteigen als der Lenana. Diese Annahme wurde durch eine Fotografie in dem Buch bestätigt, auf der sowohl der Lenana als auch der Batian von Osten her zu sehen waren. Die Hänge des Lenana waren sanft, obwohl selbst ein leichter Aufstieg in dieser Höhe am Äquator extrem anstrengend sein

würde. Der Batian dagegen ragte als riesige, kompakte Felswand auf, fraglos noch unbezwingbarer als die Nanyuki-Seite. Wir würden zunächst den Batian in Angriff nehmen, entschied ich, und falls das nicht zu schaffen war, würden wir den Lenana »machen«.

4. Die Karte zeigte die Quellen einer Reihe von Flüssen, die in den Gletschern des Mount Kenia entsprangen und sich wie die Speichen einer Radnabe nach unten zogen. Einer dieser Flüsse, der Tana, ist einer der größten Ströme von Ostafrika. Der Maßstab der Karte war zu klein, um daraus entnehmen zu können, ob der Nanyuki River, der denselben Namen trug wie das Dorf in der Nähe unseres Lagers, tatsächlich in den Gletschern in Gipfelnähe entsprang; ich hielt das jedoch für sehr wahrscheinlich.
   Da wir bei unserem Aufstieg keine bekannten Pfade nehmen konnten, war ich der Meinung, dass es einen Versuch wert war, dem Nanyuki River stromaufwärts bis zu seiner Quelle zu folgen. Die Route mochte lang sein, aber andererseits blieb uns so die größte Sorge aller Flüchtenden in Afrika erspart – nämlich die Notwendigkeit, Wasser zu finden.
5. Die Hauptregenzeit in diesem Teil Ostafrikas dauerte von Ende April bis Anfang September; die kleine Regenzeit von Anfang November bis Ende Dezember. Deshalb hatten die Patres den Januar für ihren Aufstieg auf den Lenana gewählt.
   Ich hielt es für vernünftig, ihrem Beispiel zu folgen und unseren Plan entsprechend zu ändern. Auf diese Weise würden uns noch sechs Monate bleiben, um unsere Ausrüstung zu vervollständigen, die beste Absicherung gegen einen kompletten Fehlschlag.
6. Ein Großteil der mythischen Vorstellungen der Kikuyu war mit dem Mount Kenia verbunden. Das hatte natürlich keine Auswirkungen auf unser Vorhaben, aber ich zumindest fand es höchst interessant. Für die Kikuyu ist der Mount Kenia der

Thron Gottes, dessen Bett aus einem sehr feinen weißen Pulver namens »ira« gemacht ist – dem Schnee. Weiß ist daher eine heilige Farbe, die von Medizinmännern getragen wird, wenn sie sich für rituelle Feste schmücken, oder von Kindern bei einer Initiationszeremonie.

Mir fiel auf, dass mein neuer Barackenkamerad Giuàn, der Arzt, großes Interesse an dem Buch zeigte, vor allem an den Fotos des Mount Kenia.

Während ich eine Skizze nach einem der Fotos anfertigte, auf dem der Lenana und der Batian von Osten her zu sehen waren, kamen wir auf das Bergsteigen zu sprechen. Nach und nach wurde mir klar, dass Giuàn vielleicht der Mann war, den ich bislang vergeblich gesucht hatte.

Ich redete mit ihm über unseren Plan und wartete gebannt, wie er reagieren würde. Anders als Mario brach er nicht sofort in Begeisterung aus; stattdessen stellte er genaue Fragen zu den Einzelheiten unseres Plans. Ich drängte ihn nicht, bei unserem Vorhaben mitzumachen, aber, wie ich gehofft hatte, brachte er ein paar Tage später von sich aus das Gespräch auf eine mögliche Teilnahme. Ich war hoch erfreut und erleichtert, obwohl ich zu diesem Zeitpunkt noch nicht ahnen konnte, was für ein Glückstreffer es war, dass ich mit ihm Kontakt aufgenommen hatte. Er erwies sich nicht nur als denkbar bester Kamerad für ein Abenteuer, wie es uns bevorstand, sondern ich hatte in ihm zugleich einen Freund fürs Leben gefunden.

Gemeinsam studierten wir den Berg immer und immer wieder, und er bestätigte meinen Eindruck, dass er schwer zu besteigen sein würde. Von Osten sah es noch schlimmer aus, nach dem Foto, das ich aus Pater Cagnolos Buch abgezeichnet hatte. Der Südhang blieb uns unbekannt, bis wir aus einer gänzlich unerwarteten Quelle Informationen darüber erhielten.

Wir horteten so viel Essen wie nur möglich, das wir entweder

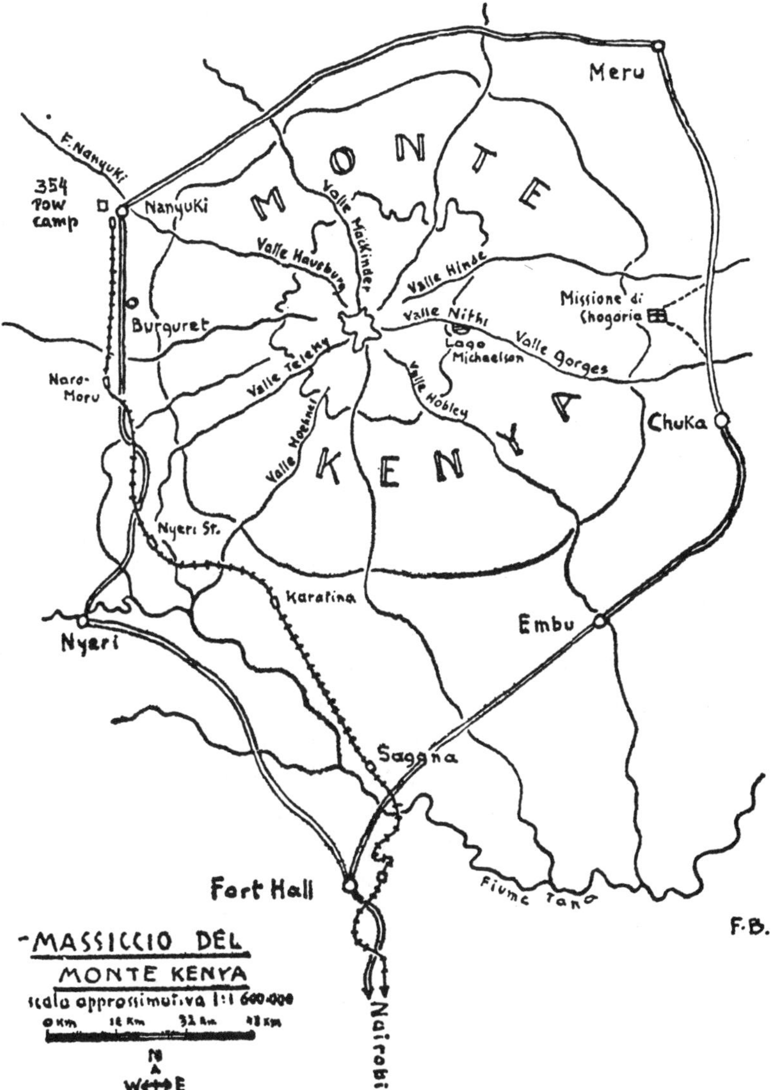

MONTE KENYA
Meru
F. Nanyuki
354 POW camp
Nanyuki
Valle Mackinder
Valle Hausburg
Valle Hinde
Missione di Chogoria
Burguret
Valle Nithi
Lago Michaelson
Valle Gorges
Valle Teleki
Naro-Moru
Valle Hobley
Valle Hoehnel
Chuka
Nyeri St.
Karatina
Embu
Nyeri
Sagana
Fort Hall
Fiume Tana
F.B.
MASSICCIO DEL MONTE KENYA
scala approssimativa 1:1 600.000
Nairobi
N
W
E
S

von unseren eigenen Rationen abzwackten oder von anderen Gefangenen eintauschten. Eines Tages wurden »Kenylon«-Fleisch- und Gemüsekonserven an uns ausgegeben, mit denen dieses Lager bisher nicht beliefert worden war. Auf den Dosen klebte ein Etikett, auf dem der Mount Kenia aus einem Blickwinkel zu sehen war, den wir nicht kannten. Es konnte sich unserer Meinung nach nur um eine Aufnahme des Bergs von Süden oder eher noch Südsüdwesten handeln. Leider sahen die Gipfel aus diesem neuen Blickwinkel ebenso unbezwingbar aus wie die Nordhänge, und es waren sogar noch mehr Gletscher eingezeichnet.

Wir setzten unser Training und das Sammeln von Proviant und Ausrüstung fort, während wir uns allmählich Gedanken machten, wie wir den Weg zum Nanyuki River finden sollten, dem wir bis zu den Gletschern folgen wollten.

Einmal im Monat wurden Gefangene, die eine Zahnbehandlung brauchten, in einem Sammeltransport in das Lager 359 in Burguret geschickt, das ungefähr 30 Kilometer von Nanyuki entfernt lag. Zufällig hatte ich einen bösen Zahn, den ich vor unserer Flucht in Ordnung bringen lassen wollte, und meldete mich daher für den nächsten Transport an.

Ich wurde mit ein paar anderen Gefangenen und einer Eskorte in einen offenen Lastwagen verfrachtet, und los ging's. Auf der ganzen Fahrt studierte ich sorgfältig die Landschaft und versuchte, mir die wichtigsten Markierungen einzuprägen. Ich konnte sogar eine Fluchtroute von unserem Lager zum Waldrand ausarbeiten.

Während ich im Lager von Burguret darauf wartete, dass ich auf den Folterstuhl des Zahnarztes geholt wurde, kam ich mit ein paar Burschen ins Gespräch, die ich vorher nicht gekannt hatte, und fragte sie über den Wald auf den unteren Hängen des Mount Kenia aus, da das Burguret Camp näher am Berg lag als das Nanyuki Camp.

Die Geschichten, die ich zu hören bekam, verursachten mir eine Gänsehaut. Kriegsgefangene sind dafür bekannt, dass sie aus jeder Mücke einen Elefanten machen und haarsträubende Schauermärchen erfinden, aber selbst wenn man das in Rechnung stellte, würde unser Marsch durch den Wald noch schlimm genug sein. Die Gärten außerhalb des Lagers, so hatte ich erfahren, waren schon mehrfach von Nashörnern und Büffeln heimgesucht worden. Ein Gefangenen-Holztrupp, der im nahen Wald arbeitete, war auf dem Weg dorthin von einer Herde Elefanten angegriffen worden, und einer der Männer, der sich leichtsinnigerweise den Tieren näherte, um ein paar Elefantenbabys in ihrer Mitte anzuschauen, war von der Mutter gepackt und gegen einen Baum geschmettert worden; er war auf der Stelle tot.

Wenige Tage nach meinem Zahnarztbesuch in Burguret erschien ein Artikel im *East African Standard*, der die Geschichten über die vielen wilden Tiere, die man um den Mount Kenia herum findet, zumindest teilweise bestätigte.

In dem kurzen Bericht war zu lesen, dass ein unbekannter Major versucht hatte, die nördlichen Gletscher zu erreichen, um zu fotografieren. Zusammen mit einem anderen Offizier war er vom *Brigands Retreat Rest Camp*, der »Räuberklause« aufgebrochen – was sich auch ohne weitere Erklärung finster genug anhörte –, um einer Riesenantilopenspur zu folgen. Gegen Mittag hatten sie die Zunge eines Gletschers namens Kolbe erreicht. Dort wurden sie von einem Schneesturm überrascht, schafften es jedoch, bis vier Uhr desselben Tages zu ihrem Basislager zurückzukehren. Obwohl sie Träger dabeihatten, waren sie so erschöpft, dass sie vierzehn Stunden am Stück durchschliefen. In ihrer Abwesenheit hatten die Träger, die im Camp zurückgeblieben waren, den Angriff einer Büffelherde abgewehrt und zwei der Tiere erschossen.

In bergsteigerischer Hinsicht enthielt dieser Bericht nichts Neues, außer der Tatsache, dass in dieser Höhe selbst Bergsteiger, die von Trägern begleitet wurden und als freie Menschen lebten, an die Grenzen ihrer Kräfte kamen. Nicht gerade erfreuliche Aussichten. Was uns aber noch weniger gefiel, war die Geschichte mit den Büffeln. Wir waren nicht auf eine Begegnung mit ihnen erpicht, denn Büffel werden von vielen Sportjägern als das gefährlichste Großwild Ostafrikas eingestuft. In einem späteren Bericht von Hugh Copley aus seinem Buch »The Game Animals of East Africa« (1944, S. 6), las ich, dass auf den Hängen des Mount Kenia ein Büffel nach einem erbitterten Kampf sogar einen Löwen, den »König des Tierreichs«, getötet hatte. Bei den Galla in Westabessinien wird nicht umsonst ein Mann, der einen Büffel getötet hat, höher geschätzt als einer, der einen Löwen erlegt hat, und die Gräber ihrer Häuptlinge und berühmten Jäger werden nur mit Büffeltrophäen geschmückt.

Nein, auf eine Büffelherde zu stoßen, war keine verlockende Aussicht, zumal wir völlig unbewaffnet sein würden.

Im Oktober kam eine Ausgabe des *East Africa Annual*, 1942–43, in unser Lager. Darin fanden wir zu unserem Entzücken einen Artikel des Oberstleutnants C. H. Stockley, der endlich Licht auf einige Eigenschaften des Bergs warf, den wir besteigen wollten. Er enthielt äußerst nützliche Informationen über die Vegetation und Fauna dieser Region, insbesondere über die Vegetationszonen, mit deren Hilfe wir, so hofften wir jedenfalls, ungefähr abschätzen konnten, welche Höhe wir jeweils erreicht hatten:

> »Durch heftige Stürme, die die Spalten und Geröllhalden des Mount Kenia mit Schnee bedecken, werden die offenen Moore unter der 15 000 Fuß-Grenze (etwa 4.500 m) unter Wasser gesetzt; diese Moore sind mit großen Büscheln rauen Grases bewachsen, die das Gehen zu einer elenden Schinderei machen. Sie werden von massiven, über einen Meter starken Knorzen aus Wurzeln und Erde abgelöst, sobald die Baumgrenze erreicht ist. Die Moore sind mit fast zwei Meter hohen Riesenlobelien und dem noch höheren

Kreuzkraut diverser Arten gesprenkelt, während sich an ihren unteren Rändern ein etwa 150 Meter breiter und bis viereinhalb Meter hoher Heidebaumgürtel anschließt, mit Büscheln von bis zu zwei Meter hohen Immortellen dazwischen. Es handelt sich um dieselbe Heideart, aus der in Europa Bruyèrepfeifen gemacht werden, aber aus unerfindlichen Gründen sind die Wurzeln hier wirtschaftlich wertlos.

Unter der Heide liegt ein etwa dreihundert Meter breiter Bambusgürtel, dann folgen die zauberhaften Kampferbäume und noch weiter unten die Zedern, mit anderen Waldbäumen dazwischen, in deren Unterholz sich eine zwei Meter hohe Nessel verbirgt, die sich als peinvollste aller vegetabilen Schmerzverursacher entpuppt, sofern man das Pech hat, sich auf sie zu setzen; ich kann ein Lied davon singen.

Warum der Mount Kenia eine solche Fülle von Riesengewächsen produziert, entzieht sich meiner Kenntnis, obwohl man mir sagte, dass sie das Resultat tropischer Lichteinstrahlung in großer Höhe seien – wodurch ich aber auch nicht klüger bin als vorher.

(...) Was das Großwild angeht, so wandern Büffel bis auf 14 000 Fuß (4.270 m) hinauf, während das Nashorn gern in der Baumheide ruht. Als wir auf 11 000 Fuß (4441 m) am oberen Rand der Baumgrenze waren, sichteten wir eine Herde Elefanten, die auf dem gegenüberliegenden Hang, gleich jenseits eines kleinen Tales, einen Nachmittag lang graste. Am Morgen waren sie immer noch da und standen in einer offenen Grasmulde, die weiß vom Raureif war: ein bizarrer Anblick, da Elefanten und Frost im Allgemeinen nicht zusammengehen.«

Ein paar Tage später, als ich die Anzeigen des *East African Standard I* durchblätterte, fiel mir eine Zeile ins Auge, die mir noch mehr zu denken gab:

»Nashorn-Ausguck Miniatur-Baumhotel in Mount Kenia Forest. Sichtungen mehrerer Nächte: Dreißig Elefanten, fünf Nashörner, vierzig Büffel; beste Zeit gegen Vollmond… Nanyuki.«

In Europa würde man vergeblich nach einer Anzeige dieser Art suchen! Alles in allem kamen wir zu der Überzeugung, dass die Geschichten, die mir die Gefangenen im Lager von Bulguret erzählt hatten, nicht völlig aus der Luft gegriffen waren, und dass der gefährlichste Teil unseres Unternehmens vermutlich der Marsch durch den Waldgürtel sein würde.

Ungefähr zur selben Zeit erlaubte uns Carlo, ein ehemaliger Provinzgouverneur von Abessinien, dem ein eigener kleiner Raum im Lager zugewiesen worden war, sein Reich zu benützen, damit wir ungestört unsere Steigeisen fabrizieren konnten. Sollte ihn jemand nach dem seltsamen Hämmern fragen, so würde er behaupten, dass er heimlich an einem Rundfunkempfänger arbeitete.

Inzwischen hatte ich mein Geheimnis Umberto anvertraut, der seit unserem ersten Gefangenschaftstag ein enger Freund von mir war und mich an jenem Maimorgen, der mir jetzt schon so fern schien, zum ersten Mal auf den Mount Kenia aufmerksam gemacht hatte. Er war einmal ein guter Bergsteiger gewesen, aber wegen seiner schlechten Gesundheit hatte ich ihn nie als möglichen Partner in Erwägung gezogen. Da er ein geschickter Mechaniker und absolut zuverlässig war, wusste ich, dass sich seine Hilfe noch als unbezahlbar erweisen konnte.

Wie ich bereits erzählte, hatten Mario und ich Stahl von den Schutzblechen und Trittbrettern eines Autowracks auf der Müllkippe vor unserem Lager gesammelt. Ich hatte außerdem aus einer Sendung, die für die Ummauerung eines Bäckerofens im Lager bestimmt gewesen war, zwei 1,2 cm dicke Stahlstangen

»organisiert«. Hammer und Meißel hatten wir zur Hand. Feilen und Bohrer konnten wir uns für ein paar Zigaretten pro Abend von einem Mann ausleihen, der sich darauf verlegt hatte, Zigarettenanzünder im Lager zu fabrizieren.

Umberto und ich begannen mit der Arbeit an zwei Steigeisen. Mit dem Kaltmeißel schnitten wir vier große und vier kleine X-förmige Platten aus den Stahlblechen, von denen das größere unter den Sohlen und das kleinere unter den Absätzen unserer Kletterstiefel befestigt werden sollten. In die Enden dieser vier X-Arme bohrten wir jeweils ein Loch:

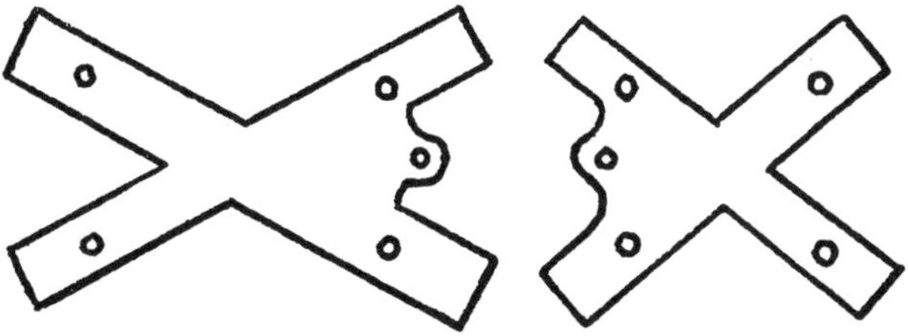

Die Arbeit ging nicht ohne Unfälle vonstatten. Zweimal zerbrach ein Drillbohrer, und es kostete mich meine ganze Überzeugungskraft, den Besitzer dazu zu bringen, dass er uns seinen dritten und letzten überließ.

Ein anderer Unfall hätte schlimmer ausgehen können: Ein winziger Stahlsplitter geriet in Umbertos linkes Auge, woraufhin ich ihn sofort ins Lagerspital bringen musste, um den Splitter entfernen zu lassen. Es kam zu einer Entzündung der Iris, sodass Umberto zehn Tage mit der Arbeit aussetzen musste. Ich weiß nicht, ob ein anderer an seiner Stelle nach diesem Unfall an unseren Steigeisen weiter gearbeitet hätte; ich hätte es nur zu gut verstanden, wenn er Giuàn und mich samt unseren Steigeisen zum Teufel gejagt hätte. Umberto tat jedoch nichts dergleichen. Kaum hatte er keine Beschwerden mehr und konnte wieder normal sehen, stürzte er sich von neuem in die Arbeit.

In Umbertos Abwesenheit hatte ich sechsunddreißig Eisenspitzen vorbereitet – für jedes Loch, das wir in die X-Arme gebohrt hatten, eine – und die Köpfe zurechtgefeilt, wie unten abgebildet:

(a)  (b) 

Wir konnten also die verschiedenen Teile zusammenfügen, sobald Umberto wieder arbeitsfähig war. Die Spitzen wurden kalt in ihre Löcher gehämmert und die Enden der Arme umgebogen, damit die Verbindungsringe darin eingehakt werden konnten (siehe Skizze b). Diese Ringe hatte ich aus dem Stacheldraht des Lagerzauns geschnitten, nachdem ich die Stacheln entfernt hatte. Es war eine Ironie des Schicksals, dass derselbe Stacheldraht, der uns gefangen hielt, zum Gelingen unseres Fluchtplans beitragen würde.

Endlich hatten wir die Ringe eingepasst, je einen in jeden der vier X-Arme und einen weiteren, der den Sohlen- und Absatzteil miteinander verbinden sollte.

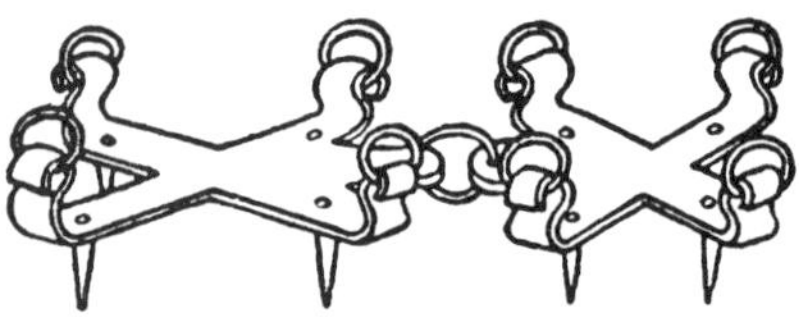 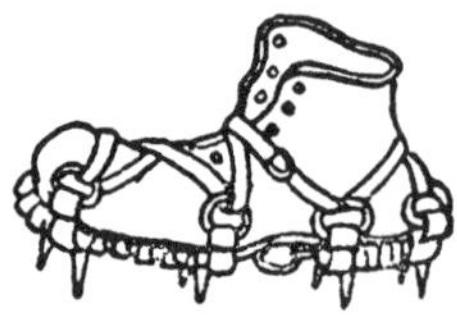

Durch die Ringe zogen wir Schnüre, mit denen die Steigeisen an unseren Kletterstiefeln befestigt werden sollten. Die Steigeisen waren perfekt auf unsere Stiefel zugeschnitten und alles ging nach Plan. Wir waren so stolz auf unsere Arbeit, dass wir sie am liebsten im ganzen Lager herumgezeigt hätten.

Eines Tages, als ich in der Baracke des Schneiders war, um mir den Kletteranzug anpassen zu lassen, der aus zwei Decken für mich genäht wurde, kam ein Gefangener herein und brüllte:

»Sie sind alle geschnappt worden. Jetzt sitzen sie im Bau.«

»Wer?«, fragte ich, da ich nichts von einer kürzlichen Flucht gehört hatte.

»Mario und seine Bande.«

»Mario!«, rief ich und fiel aus allen Wolken. Ich sollte bald erfahren, was passiert war.

In der vergangenen Nacht hatte eine Gruppe von zehn Männern einen Boten zu Mario geschickt und ihn fragen lassen, ob er nicht mit ihnen fliehen wollte. Sie machten ihm weis, dass zehn Meilen vom Lager entfernt ein Lastwagen auf sie wartete, der sie nach Mogadischu bringen würde. Mario willigte ein und ging mit ihnen.

Die elf Männer marschierten durch die Nacht. In der Dämmerung hielten sie bei einem kleinen Bach, um zu trinken und die Nacht abzuwarten, ehe sie weitergingen. Sie gestanden Mario, dass die Geschichte von dem Lastwagen eine Erfindung gewesen sei und dass sie ihn »gekidnappt« hätten, um einen buscherfahrenen Anführer zu haben, aber ganz klar ist mir die Geschichte bis heute nicht. Gegen acht Uhr jedenfalls entdeckten die Männer, dass sie sich für ihre Verschnaufpause ausgerechnet eine Stelle unter einem Hang ausgesucht hatten, auf dem eine Einheit der »King's African Rifles« lagerte. Sie wollten sich unbemerkt davonschleichen, was bei einer so großen Gruppe nicht einfach war. Der Letzte schließlich machte zu viel Lärm, wodurch er die

Aufmerksamkeit eines Askaris auf sich zog, der zum Bach heruntergekommen war, um Wasser zu holen. Der Askari rief ein paar von seinen Kameraden herbei, um der Sache auf den Grund zu gehen. Langer Rede kurzer Sinn, um zehn Uhr waren Mario und seine sieben Gefährten wieder zurück im Lager.

Ich war außer mir vor Zorn. Wie konnte Mario nur so dumm sein und auf die Geschichte mit dem Lastwagen hereinfallen? Warum hatte er sich so schnell entschlossen, mich im Stich zu lassen und mit anderen Leuten zu fliehen, die er kaum vom Sehen kannte?

Am folgenden Tag, als ich ihn im Arrestzellenblock bei seinem einstündigen Hofgang sah, gestikulierte er mir von weitem zu. Zuerst ignorierte ich ihn, aber später näherte ich mich dem Draht. Er entschuldigte sich, sagte mir, dass er der Verlockung, in Somalia auf freiem Fuß zu leben, einfach nicht hatte widerstehen können, weil das natürlich viel besser sei als ein bloßer Ausflug auf den Berg, für den er bei der Rückkehr unweigerlich bestraft werden würde.

Geschehen ist geschehen, also fragte ich: »Brauchst du irgendwas?«

»Nein, danke.«

»Wie viele Tage haben sie dir aufgebrummt?« »Achtundzwanzig.«

»Soll ich dir ein Buch bringen?«

»Nein, danke. Ich habe schon was zu lesen. Ein Freund hat mir *Sapri: the Tragic Expedition* von Leo Pollini geschickt.«

Als Mario in seinen Block zurückkehrte, vermied er es tunlichst, Fragen über den Lastwagen zu beantworten, der ihn angeblich hätte nach Mogadischu bringen sollen. Wahrscheinlich tat es ihm Leid, dass er sich zum Anführer dieser »tragischen Expedition« hatte machen lassen.

Nun, zumindest hatte er nichts von den Vorräten mitgenommen, die er für den Mount Kenia gesammelt hatte, hatte seine ungebremste Abenteuerlust bewiesen – zu ungebremst für meinen Geschmack –, und gab sich große Mühe, seinen Fehler wieder gutzumachen, indem er noch härter arbeitete als vorher. Innerhalb weniger Tage präsentierte er uns zwei fachmännisch gearbeitete eisenbeschlagene Griffe für die beiden Eispickel, außerdem drei Stangen mit eisernen Spitzen, die als Zeltstangen und als Fahnenstange Verwendung finden sollten.

Eines Abends, als alle menschlichen Bewohner meiner Baracke bei einer Theatervorstellung in einem anderen Block weilten, befestigten Umberto und ich an seinem Griff den Eispickel, der aus dem Hammer geschmiedet worden war.

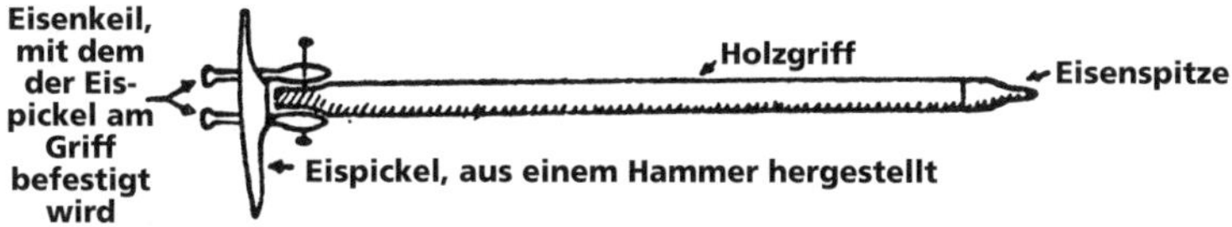

Um keinen Verdacht zu erregen, hatten wir Giuàn gebeten, ins Theater zu gehen.

Wenn ich ganz ehrlich sein soll, muss ich zugeben, dass es Momente gab, in denen der Gedanke an unser bevorstehendes Abenteuer mir Angst machte. Manchmal, wenn ich in einer kalten, regnerischen Nacht spät in meine Baracke zurückkehrte, stellte ich mir vor, wie es sein würde, draußen im dunklen, nassen Urwald zu liegen, todmüde, vom Hunger geschwächt, durchnässt bis auf die Knochen, ständig in Gefahr, von wilden Tieren angegriffen zu werden. Dieser Aussicht hielt ich die warmen Decken in meiner Koje entgegen, die vertraute Öllampe und das gute Buch, das ich gerade angefangen hatte.

In solchen Augenblicken überwog der Gedanke an die Sicherheit, die ein geregeltes, wenn auch unerfreuliches Leben bot – jener Geist, der den Kanarienvogel zu seinem Käfigdasein verdammt, ein angeborener Hang, den Weg des geringsten Widerstands zu gehen.

Wenn ich dagegen beim Morgenappell in der Reihe stand und der Batian-Gipfel mir mit seinen schimmernden Gletschern zuwinkte, wäre ich manchmal am liebsten auf der Stelle losgestürmt, mitten hinein ins Abenteuer.

So sind wir armen Sterblichen nun einmal, voller Widersprüche, eine Mischung aus Schatten und Licht, Ängsten und Begeisterungsfähigkeit.

Wenn ich mir manchmal das Geschwätz der anderen Gefangenen anhörte, hatte ich das Gefühl, dass wir nicht mehr dieselbe Sprache redeten. Es gab jedoch auch Momente, in denen sie mir aufrichtig Leid taten, weil sie sich mit diesem Stillstand begnügten, diesem Pseudoleben, anstatt ein Projekt im Kopf zu wälzen, so wie wir.

Weihnachten kam, unser zweites Weihnachten hinter Stacheldraht, und mit ihm der Dezember-Vollmond. Im Licht des Januar-Vollmonds würden wir aus dem Lager fliehen und uns zum Fluss durchschlagen.

Ich hatte ein paar Pakete bekommen, die ich vor acht Monaten angefordert hatte, und ich hatte alles verkauft, was ich nicht für die Expedition brauchte. Was wir mitnahmen, war sorgfältig verstaut worden.

Der Jahreswechsel hatte prachtvolles Wetter gebracht. Eine frische Brise wehte von morgens bis abends und ganze Tage lang blieb der Mount Kenia ohne ein einziges Wölkchen. Mich beschlich manchmal der leise Verdacht, dass wir die beste Kletterzeit verpassten.

In dem großen, rechteckigen Hof des C-Blocks war ein Altar errichtet worden. Er wurde mit Fahnen und grünen Zweigen geschmückt. Zwei starke Lampen hüllten den Schauplatz der Mitternachtsmesse in ein warmes, heimeliges Licht.

Tausende Männer schauten schweigend zu. Ein Orchester, ausgerüstet mit Instrumenten, die aus Keksdosen fabriziert waren, spielte Händels Largo und das *Ave Maria* von Schubert und von Gounod.

Beim Abendmahl wollte es der Zufall, dass Giuàn, Mario und ich nahe beeinander knieten, obwohl keiner von uns gewusst hatte, dass die anderen beiden an der Mitternachtsmesse teilnehmen würden. Ich nahm es als gutes Omen.

Gesucht:
Dritter Mann für Mount-Kenia-Expedition

Wir hatten beschlossen, am Sonntag, den 24. Januar zu fliehen, aber am Neujahrstag erlebten wir eine böse Überraschung, nach der wir beinahe die ganze Sache abgeblasen hätten. Ein Befehl wurde ausgegeben, dem zufolge Polizeioffiziere in Zukunft als Militärangehörige und nicht als Zivilisten behandelt werden sollten und daher binnen einer Frist von acht Stunden in das Lager von Eldoret verlegt werden mussten.

Ich bekniete Mario, der mit finsterem Gesicht seine Sachen für die Verlegung packte, dass er jemand anderen unter seinem Namen nach Eldoret schicken möge. Solche Dinge hatte es oft genug gegeben und manchmal konnte man einen Ersatz für Zigaretten im Wert von dreißig Schilling bis zwei Pfund kaufen. Aber Mario war überzeugt, dass er damit nicht durchkommen würde. Seit seinem Fluchtversuch im Oktober war er dem britischen Blockoffizier persönlich bekannt.

»Da siehst du mal wieder«, verkündete ich selbstgerecht, »dass du mit dieser dummen Eskapade wirklich alles verdorben hast.«

Mario senkte den Kopf, übergab mir die Vorräte, die er gesammelt hatte, und den zweiten Eispickel, der am Vortag fertig geworden war, dann schloss er sich der Gruppe an, die für den Transport nach Eldoret bereitstand.

So kam es, dass Giuàn und ich vierundzwanzig Tage vor dem geplanten Termin verwaist zurückblieben. Da saßen wir nun auf unserem Proviant und unserer Ausrüstung, alles fix und fertig, doch ohne die leiseste Ahnung, wie wir einen Ersatz für Mario finden sollten.

Es gab ein Schwarzes Brett im Lager, auf dem die absonderlichsten Aufrufe zu lesen waren: »Habe heute Morgen in den Duschen von Block A Zahnbürste in Blechbecher verloren. Bitte behalte den Blechbecher, aber gib die Zahnbürste ihrem rechtmäßigen Besitzer zurück, dem Soundso in Baracke Soundso.« Oder: »Habe gestern ein Handtuch verloren, das sich vermutlich von der Wäscheleine in der Nähe von Baracke 23 losgerissen hat. Zwanzig Zigaretten Belohnung.« Oder: »Tausche Militärjacke und -hose in sehr gutem Zustand gegen neuwertigen Zivilanzug ein.« (Neben diese Anzeige hatte irgendein Witzbold geschrieben: »Tausche Taschentuch in sehr gutem Zustand gegen die Peterskirche in Rom.«)

Wir hätten einen Aushang machen können: »Dritter Mann für Mount-Kenia-Expedition gesucht«. Wahrscheinlich hätte niemand diese Anzeige ernst genommen, aber falls wir doch Verdacht erregt hätten, wäre alles umsonst gewesen.

Wieder suchte ich Rat bei Giovannino, dem verkrüppelten Ex-Gebirgsjäger. Wir hielten eine lange Beratung ab und gingen seinen gesamten Block Baracke für Baracke durch, aber es lief immer auf dasselbe hinaus: Wenn jemand bestimmte Qualifikationen mitbrachte, wies er in anderer Hinsicht gravierende Defizite auf.

Die Tage vergingen. Endlich, am fünften Januar, schickte Giovannino eine Nachricht in meine Baracke: »Bitte komme sofort nach der Rundfunkübertragung mit Doktor zum Tee.« Wir gingen hin. Ich war noch nie so gespannt auf eine Teegesellschaft gewesen wie in diesem Fall.

Während Giovannino den Tee in unsere Blechbecher goss (zu den Teekränzchen im Lager brachte jeder seinen eigenen Becher, einen Löffel und Zucker mit), studierte ich schweigend die beiden anderen Burschen, die er eingeladen hatte. Sie sahen prächtig aus, zu prächtig. Wo in aller Welt sollten wir genug Essen für solche Muskelpakete auftreiben, wenn wir nicht die Lagervorräte des Quartiermeisters plündern wollten?

Giovannino reichte den Becher als Erstes dem Burschen, der neben dem Fenster am Kopfende seiner Pritsche saß. Wie zuvor ausgemacht, war es das Zeichen, dass er »unser Mann« war.

»Was ist dein Lieblingssport?«, fragte ich, um ein Gespräch in Gang zu bringen. »Boxen.« Ich schauderte. »Gewichtsklasse?«, fragte ich. »Mittelschwer«, verkündete er stolz und nippte an seinem Tee. Sein Kamerad warf ein: »Er war Landesmeister von Eritrea in seiner Gewichtsklasse.« »Unsere armen Vorräte!«, dachte ich.

Ich setzte meine scheinheilige Fragerei vor. »Er« war achtundzwanzig Jahre alt und gelernter Schuster. Er war im Veneto, in einem Tal im Apennin geboren und hatte in einem Gebirgsjägerregiment gedient.

»Ich habe mich als Schuster auf Kletterstiefel spezialisiert«, erklärte er. Wahrhaftig, Giovannino hätte es nicht klüger einfädeln können! Zuerst hatten wir einen Arzt aufgetan, der für unsere Gesundheit verantwortlich war, und jetzt auch noch einen Burschen, der sich um das Wohlergehen unserer Schuhe kümmern konnte. Wenn das keine geniale Organisation war!

Wir redeten über Sport. Der Mann trainierte für einen Boxwettkampf, der im März von der Wohlfahrtsorganisation des Lagers abgehalten werden sollte. Er klagte, dass er chronisch hungrig sei, obwohl er als Block-Schuhmacher »Arbeiterrationen« bekam anstelle der normalen Gefangenenrationen.

Giovannino stand an der Barackentür Wache. Ich flüsterte Giuàn zu: »Und?«

»Mangels etwas Besserem ...«

»Also gut. Ich spreche mit ihm.«

Während Giuàn und Giovannino sich lesend stellten, ließ ich die Bombe vor dem ahnungslosen Schuster hochgehen. Er parierte den Schlag mit einer Unerschütterlichkeit, die jedem Ringchampion Ehre gemacht hätte. Er willigte ein, mit uns zu kommen. Er war bereit, einen heiligen Eid zu schwören, dass er unser Vorhaben streng geheim halten und kein Wort über unsere Fluchtpläne verlauten lassen würde. Er gestand uns, dass er nur die Lumpen besaß, die er am Leib trug, und keinen Pfennig in der Tasche hatte. Wir würden ihn mit allem versorgen müssen. Sicher, wir hatten noch Marios Sachen, aber es waren ausschließlich Essensvorräte. Kleider oder Schuhe waren natürlich nicht dabei.

»In Ordnung«, sagte ich, »wir werden alles für dich auftreiben. Komm morgen früh in meine Baracke, dann machen wir zusammen eine Liste, was du alles brauchst. Vielen Dank fürs Erste, und vor allem: Mund halten!«

Dann eilten wir im Laufschritt zu unserer Baracke zurück, um nicht zu spät zum Appell zu kommen.

Am nächsten Morgen, die Blöcke waren kaum geöffnet worden, kam der gute Giovannino zum Tor hereingehinkt. Mir schwante Übles: In seiner ganzen Haltung spiegelte sich die Niederlage wider.

»Der Schuhmacher?«, fragte ich im ersten unbewachten Moment.

»Aus, Ende«, sagte er mit tragischer Stimme, als handle es sich um den Tod eines engen Freundes.

»Aus, wieso? Jetzt rede doch, Mann!«

In seinem farbigen venezianischen Dialekt erklärte Giovannino, dass der Schuster mangels Mut ihn vorgeschickt hatte, um uns mitzuteilen, dass er »es sich anders überlegt« habe.

»Aber warum, um Himmels willen? Hätte er nicht gleich sagen können: Tut mir Leid, ich kann nicht?«

»Er sagt, er hat zu viele Schuhe zum Reparieren da.«

»Hat er die über Nacht bekommen?«

»... und einen wehen Fuß.«

»Aber nicht beim Boxen!«

»Du weißt doch, wie manche Leute sind«, sagte Giovannino abschließend; er war untröstlich, dass er uns auf eine falsche Fährte gebracht hatte. Ich versicherte ihm, dass es nicht seine Schuld sei und dass wir jederzeit gerne zu einer anderen Teezusammenkunft kommen würden, dass er weiterhin Erkundigungen einziehen möge und dass wir seine Bemühungen sehr zu schätzen wüssten. Armer Giovannino, er war so aufgebracht, als sei er selber derjenige gewesen, der im letzten Moment unseren Plan durchkreuzt hatte.

Die Tage vergingen ereignislos.

Giuàn und ich diskutierten bereits, ob wir das Datum unseres Aufbruchs verschieben oder die Expedition lieber im Alleingang machen sollten. Wir waren jedenfalls weiter denn je davon entfernt, Unterstützung durch einen »dritten Mann« zu erhalten.

Etwa um diese Zeit bekamen wir weitere Hinweise darauf, dass der Mount Kenia ein äußerst schwer zu bezwingender Berg war.

Ein Freund von uns hatte in seinem Weihnachtspaket ein Buch mit dem Titel *Scalatori* erhalten, das 1942 erschienen war und eine Reihe von Berichten über klassische Besteigungen enthielt, die von italienischen Kletterern gemacht worden waren. Unter anderem enthielt das Buch einen Auszug aus der Geschichte des ersten Aufstiegs auf den Mont Blanc über den Innominata-Grat, den die Brüder G. F. und G. B. Gugliermina, begleitet von dem Bergführer Joseph Brocherel, 1902 gemacht hatten. In diesem Bericht erzählt G. Gugliermina, wie Brocherel an einem besonders schwierigen Punkt des vereisten Felsens angekommen war und ausgerufen hatte: »Das ist ja schlimmer als der Kenia!«

Und das war leider alles, was er dazu sagte. Welch ein Jammer, dass alpine Bergführer so wortkarg sind!

Während Giovannino unermüdlich nach neuen »Teegästen« Ausschau hielt, feuerte ich einen Schuss ins Dunkle ab, indem ich einen Gefangenen ansprach, der zumindest zwei Qualifikationen – körperliche Robustheit und viel Geld – mitbrachte, denn er war ein »Roter Oktober«-Mann.

Der Ausdruck verlangt einige Erläuterungen, da er sich auf militärische und politische Zusammenhänge bezieht, die ich bisher übergangen habe, hier jedoch kurz ansprechen muss, um ein paar unorthodoxe Gegenstände, die einige Mitgefangene damals im Gepäck trugen, zu erklären.

Die Handwerker einer großen Reparaturwerkstatt in Addis Abeba hatten sich freiwillig von den Besatzungsbehörden in die Nähe oder direkt nach Nairobi versetzen lassen, wo sie weiter für die britische Armee arbeiteten. Dort wurde ihnen nicht nur ein gewisses Maß an Freiheit zugestanden, sondern auch weitaus bessere Rationen als in den Kriegsgefangenenlagern. Ich glaube nicht, dass sie jemals durchsucht wurden. Bei den anderen Gefangenen galten sie natürlich als Verräter oder nicht viel besseres als das.

Im Sommer 1942, als die Truppen der Achsenmächte bis Stalingrad und El Alamein vorstießen, entschieden sich viele dieser Handwerker für die relative Sicherheit eines regulären Kriegsgefangenenlagers und wurden demzufolge in das Lager für zivile Kriegsgefangene in Nanyuki verlegt. Auch hier wurden sie nicht durchsucht oder die Durchsuchungen wurden nur äußerst nachlässig gehandhabt. Auf jeden Fall hatten sie eine luxuriöse Ausrüstung und eine Menge Geld. Um Zusammenstöße mit Gefangenen zu vermeiden, die seit der Besetzung Äthiopiens hinter

Stacheldraht lebten, wurden sie in eine getrennte Baracke gelegt, die sofort den Spitznamen »Roter Oktober« erhielt, nach der berühmten Fabrik in Stalingrad, einem Bollwerk des sowjetischen Widerstands. Die Männer wurden überall nur »Roter Oktober«-Leute genannt.

Inwieweit ihr Verhalten von politischen Überzeugungen diktiert wurde, wie einige von ihnen behaupteten, kann ich nicht sagen. Möglicherweise verbarg sich hinter ihren politischen Idealen lediglich der Wunsch, gut zu leben, aber da ich mit den wenigen unter ihnen, die ich kennen lernte, nie über Politik sprach, weiß ich es nicht.

Einer von ihnen, ein junger Mechaniker in einer prächtigen Lederjacke, den ich seit seiner Ankunft hier kannte, weil er ein guter Fußballer war, sollte mein Opfer werden.

Nachdem ich die Angelegenheit mit Giuàn besprochen hatte, redete ich mit diesem Mann, und er willigte ein, mit uns zu kommen. Er hatte fast alles, einen Rucksack, wollene Unterwäsche, eine Taschenlampe und so weiter. Nur die Stiefel fehlten ihm, aber er war bereit, sie von seinem eigenen Geld zu kaufen.

Am nächsten Morgen kam mein »Roter Oktober«-Mann in aller Frühe zu mir in die Baracke und sein mürrisches Gesicht sprach Bände. Er hatte mir am Vortag nicht erzählt, so erklärte er, dass er bereits ein paar anderen Kameraden versprochen hatte, mit ihnen nach Italienisch-Somaliland zu fliehen, wo sie unter einem falschen Namen leben wollten. Er habe gehofft, dass sie ihn seines Versprechens entbinden würden, erklärte er weiter, aber sie hätten sich geweigert. Jetzt tue es ihm Leid, sehr Leid, aber er könne seine Kameraden einfach nicht im Stich lassen.

Ich antwortete, indem ich auf einen gewissen Schuhmacher und Boxer anspielte, der, nachdem er sich die Gefahren einer Mount-Kenia-Expedition vor Augen geführt hatte, mit ähnlichen Ausreden gekommen war. Der Mechaniker, wohl etwas gekränkt über meine Anspielung, wollte seinen guten Willen unter Beweis stellen und versicherte mir, er sei bereit, uns in jeder anderen Hinsicht zu helfen. Er könne uns mit einer Summe von mehreren hundert Schilling unter die Arme greifen und uns aus seiner Ausrüstung oder der seiner Freunde alles leihen, was wir benötigten.

Wir lehnten seine finanzielle Hilfe unumwunden ab, sagten jedoch, dass wir die in Aussicht gestellten Gegenstände gerne annehmen würden, und fragten, was uns der »Rote Oktober« in dieser Hinsicht zu bieten habe. »Meine Lederjacke«, bot er als Erstes an. »Nein, danke, Kleider haben wir genug.« »Ein paar Wollpullis.« Wir lehnten auch das ab. Dann tat er ganz geheimnisvoll und flüsterte: »Ich könnte euch einen 9 mm Revolver beschaffen und ein Fernglas.« Hier war erst einmal Schluss mit unserem »Nein, danke« und wir baten um ein paar Stunden Bedenkzeit.

Giuàn und ich waren uns sofort einig, dass wir den Revolver nicht wollten, auch wenn es, wie unser »Roter Oktober«-Mann gesagt hatte, »Munition in rauen Mengen gab«. Die Gründe für unsere Ablehnung waren vielfältig:

1. Gegen Löwen und Leoparden, ganz zu schweigen von Büffeln, Nashörnern oder Elefanten war ein Revolver praktisch wertlos. Man musste entweder ein Gewehr mitführen oder gar nichts.
2. Wir flohen nicht, um für immer freizukommen. Wir hatten vor, ins Lager zurückzukehren und wieder als Gefangene zu leben. Deshalb wäre es unsinnig gewesen, uns mit einem Revolver zur Wehr zu setzen, falls wir geschnappt würden. Ein solcher Akt würde uns in weitaus größere Schwierigkeiten bringen als nur achtundzwanzig Tage Zellenhaft.
3. Wenn wir einen Revolver mitführten, würde uns das vielleicht zu unbedachtem Handeln verleiten. Wir wären also in größe-

rer Gefahr, als wenn wir uns einfach mit der gebotenen Vorsicht bewegten.

Das Fernglas hingegen nahmen wir an und sie brachten es uns noch am selben Tag. Es war ein gut erhaltenes Zeiss-Gerät mit Vergrößerungsfaktor sechs. Nach dem Ausflug gab ich es dem Besitzer zurück, der übrigens nie versucht hat, nach Italienisch-Somaliland zu fliehen. Ganz im Gegenteil kehrten er und die anderen Leute vom »Roten Oktober« kurz danach wieder an ihre Arbeit in der Werkstatt von Nairobi zurück. Inzwischen war Tripolis gefallen.

Wir konnten zu diesem Zeitpunkt nicht wissen, ob sich der Feldstecher bei unserem Vorhaben als nützlich erweisen würde oder nicht, aber da wir überzeugt waren, dass wir ein Zauberglas in Händen hielten, konnten wir es kaum erwarten, den Mount Kenia ins Visier zu nehmen. Das Problem war nur, einen Ort zu finden, an dem wir den Feldstecher ungestört benutzen konnten.

Schließlich gelang es mir, mich in das Büro des britischen Blockoffiziers einzuschließen, während er beim Mittagessen war. Ich schnitt Löcher in die Sackleinenwand des Raums und stellte das Fernglas ein.

Es war fantastisch, den geheimnisvollen Berg sechsfach vergrößert zu sehen! Wie die Verkörperung aller Schönheit lag er vor mir, jedes Eispartikelchen in der Mittagssonne funkelnd. Der Heim- und der Forelgletscher, die offenbar an der Westwand hingen, traten am deutlichsten hervor.

Ich konnte mich kaum satt sehen an der Szenerie und skizzierte wie im Rausch.

Dann folgte wieder eine ereignislose Zeit. Von einem dritten Mann war weit und breit nichts zu sehen. Giovannino hielt eine weitere Teegesellschaft ab und präsentierte uns einen unscheinbaren Büroangestellten, achtundzwanzig Jahre alt, der, wie er behauptete, ein paar Gipfel in den Westalpen erklommen hatte, aber nach einem kurzen, belanglosen Gespräch wusste ich, dass er auf keinen Fall der Mann war, den wir suchten.

Wir waren bereits entschlossen, notfalls allein loszugehen, als Giuàn sieben Tage vor unserem Aufbruch seinerseits einen Schuss ins Dunkel riskierte. Es handelte sich um einen alten Freund von Giuàn, den wir nie als möglichen Kandidaten in Erwägung gezogen hatten, weil er kein Athlet war und auch nicht in besonders guter Verfassung. Er hatte noch nie einen Berg bestiegen. Der einzige Grund, warum wir es mit ihm versuchen wollten, war die Tatsache, dass er allgemein als Spinner verschrien war, und Verrückte waren genau das, was wir brauchten. Giuàn machte jedenfalls einen Vorstoß und es war ein Treffer.

Ich redete mit dem Mann, der ehrlich begeistert war, aber ich bezweifelte, ob es lange vorhalten würde. »Ich glaube schon, dass es vorhält«, meinte Giuàn, der den Burschen kannte. Und er behielt Recht.

Enzo war fünfunddreißig Jahre alt, verheiratet, ein sehr guter Bridgespieler und Kettenraucher. Wie sich herausstellen sollte, ließ Enzo uns nicht im Stich. Seine Ausdauer und Schlagfertigkeit kann man gar nicht genug loben – und er war ein echter Kamerad. Sein schlechter Gesundheitszustand war ein Nachteil, gewiss, aber ohne ihn und seine fröhliche, unbeschwerte Art wäre unser Ausflug nur halb so schön gewesen.

Da es unmöglich war, in sieben Tagen ein Paar neue Stiefel einzulaufen, ohne Blasen zu bekommen, ließ er die Sohlen seiner Straßenschuhe mit groben Schuhnägeln beschlagen und nähte selber ein Paar hohe Gamaschen aus einem Stück gelben Segeltuchs. Er beschaffte sich eine Axt und ein kleines Messer und »organisierte« von irgendwoher einen »panga«, ein großes Buschmesser, das in den Lagern dazu benützt wurde, das Gras entlang der Stacheldrahtzäune zu schneiden. Er fertigte Handschuhe, eine Mütze und viele andere Artikel an. Er vollbrachte wahre Wunder in den sieben Tagen, die uns noch blieben.

Am Abend des 23. Januar waren wir alle bereit. Nur der nächste Morgen existierte für uns. Die Gegenwart erschien uns bedeutungslos, absurd. Wir hatten die erste Runde gegen die Zeit gewonnen.

Draußen

Die Frage, wie wir hinauskommen sollten, hatten wir bei der Vorbereitung unserer Expedition ebenso gründlich durchdacht wie jeden anderen Punkt.

Es war keine große Sache, aus einem ostafrikanischen Kriegsgefangenenlager zu flüchten, viel einfacher vermutlich als in Europa. Andererseits fiel ein entflohener Gefangener in Europa unter der einheimischen weißen Bevölkerung nicht sonderlich auf, die Straßen und Eisenbahnverbindungen waren besser, und die Entfernungen, wenn man beispielsweise von einem bestimmten Punkt in Italien ins nächste neutrale Land, die Schweiz, entkommen wollte, waren viel geringer.

In Ostafrika war es umgekehrt. Es war extrem schwierig, sich in diesem riesigen Land durchzuschlagen, in dem der europäische Bevölkerungsanteil vor dem Krieg weniger als zwanzigtausend betragen hatte und in dem ein Weißer, der mit einem Rucksack unterwegs war, sofort Verdacht erregen würde – er konnte genauso gut ein Schild mit der Aufschrift »Entflohener Kriegsgefangener« vor sich hertragen. Die Behörden wussten das ebenso gut wie wir.

Die ostafrikanischen Lager wurden von afrikanischen Truppen bewacht. Das war sowohl ein Nachteil als auch ein Vorteil für die Gefangenen. Schwarze Wachposten verhalten sich nicht, wie Weiße es tun würden; sie reagieren anders und sie haben ein anderes Pflichtgefühl. Traurige Unfälle, wie sie in den ostafrikanischen Lagern vorkamen, wären von europäischen Wachen verhindert worden; letztere hätten das Leben hinter den Zäunen zwar weniger gefährlich, unsere Flucht jedoch weitaus schwieriger gemacht.

Die afrikanischen Wachen ließen sich leicht mit ein paar hundert Zigaretten, einer Flasche selbst gemachtem Brandy oder einer Hand voll Münzen bestechen. Ich weiß von Fällen, in denen sie den Gefangenen sogar halfen, die Drähte hochzuheben, damit sie durchschlüpfen konnten, ohne hängen zu bleiben. Bei europäischen Wachen hätte unser Plan, am hellen Mittag zum Lagertor hinauszumarschieren, niemals funktioniert.

Wir verwarfen den einfachen Weg, die Wachen zu bestechen, nicht nur, weil es eine unwürdige Fluchtmethode, sondern weil es auch zu riskant war. Wir hätten ausnahmsweise auf einen unbestechlichen Wachposten treffen können! Wir einigten uns also auf eine Strategie, die in den Augen der Afrikaner keinerlei Zweifel an der Legalität unserer Handlungen lassen würde – das heißt, wir würden das Tor, das von unserem Block zum Gemüsegarten führte, mit einem nachgemachten Schlüssel öffnen, wenn das britische Personal beim Mittagessen war.

Als ich Giuàn kennen lernte, hatte er gerade ein etwa dreißig Quadratmeter großes Stück Land zugewiesen bekommen, auf dem er Tomaten und anderes Gemüse anpflanzte; außerdem hatte er die Genehmigung erhalten, einen kleinen Werkzeugschuppen zu bauen, in dem er sich während der schlimmsten Tageshitze ausruhen konnte. In diesem Schuppen gruben wir ein etwa ein Meter tiefes Loch, in dem wir nach und nach unsere Ausrüstung aufstapeln wollten. Später entdeckten wir ein paar weiße Ameisen in dem Schuppen, sodass wir dieses Vorhaben aufgaben und unsere Sachen einfach in den Tomatenbeeten versteckten. Wir legten ein Tomatenbeet für Giuàns Ausrüstung an, eines für Enzos und eines für meine. Selbst bei Dunkelheit würden wir alles problemlos finden. Wir inspizierten unser Versteck regelmäßig. Die weißen Ameisen verschmähten offenbar unsere Ausrüstung und konzentrierten ihre Aufmerksamkeit auf die Holzstangen des Schuppens. Da gerade Trockenzeit war, mussten wir nicht befürchten, dass unsere vergrabenen Schätze von Regengüssen aufgeweicht werden würden.

Den Torschlüssel hatte der britische Blockoffizier in Verwahrung. Er sperrte das Tor für jeden Gefangenen auf, der einen »Gemüsegartenpass« vorweisen konnte. Wenn der britische Offizier nicht im Dienst war, wurde das Tor von dem Wachposten auf dem nächsten Wachturm kontrolliert. Die Wachen waren daran gewöhnt, dass hin und wieder ein Gefangener einfach das Tor aufsperrte und in die Gärten hinausging, da der britische Offizier manchmal den Schlüssel herausgab, wenn er das Tor nicht selber öffnen wollte.

Das Problem war nur, dass wir einen Schlüssel nachmachen mussten, damit wir hinausgelangen konnten, sobald der Dienst habende britische Offizier am Sonntag, den 24. Januar, zum Mittagessen gehen würde. Wir hatten uns auf den Sonntag geeinigt, weil es an diesem Tag keinen Nachmittagsappell gab.

Es dauerte zwei Monate, bis wir den Nachschlüssel fertig hatten. Als Erstes musste ich einen Abdruck besorgen, und ich wartete wochenlang, bis sich eine Gelegenheit dazu bot. Eines Tages endlich, als der britische Offizier anderwärts im Block beschäftigt war und die Schlüssel auf seinem Tisch zurückgelassen hatte, ging ich in sein Büro und machte auf ein paar Teerbrocken mehrere gute Abdrücke. Ein Mechaniker fertigte danach einen Schlüssel an. Es war übrigens nicht unser »Roter Oktober«-Mann, von dem vorher die Rede war. Ich hatte den Mechaniker schon vor der Gefangenschaft gekannt. Er fragte mich nie, warum ich diesen Schlüssel haben wollte – was bei einem Kriegsgefangenen geradezu an ein Wunder grenzte.

Als der Augenblick gekommen war, den Schlüssel auszuprobieren, war ich schrecklich aufgeregt. Es war ein ruhiger Sonntagnachmittag, und weder britisches Personal noch Gefangene waren in Sicht. Ich lehnte mich lässig an das Tor und manövrierte mit der rechten Hand, die hinter meinem linken Ellbogen verborgen war, den Schlüssel. Ich behielt den Wachposten scharf im Auge, jederzeit bereit, mich auf den Boden zu werfen, um den Kugeln zu entgehen, falls er misstrauisch werden und das Feuer eröffnen sollte. Meine Nerven waren zum Zerreißen gespannt.

Der Wachposten rührte sich nicht; der Schlüssel leider auch nicht.

Ich schwitzte. Ich brach fast den Schlüssel im Schlüsselloch ab. Es funktionierte nicht. Ich vermutete, dass die Bartzacken zu lang waren.

Der Mechaniker kürzte sie um einen Millimeter und ich versuchte es erneut. Der Wachposten war genauso geistesabwesend wie beim letzten Mal und ich genauso erfolglos. Auf jeden Fall verschaffte mir der Schlüssel eine Menge Aufregung.

Nach vier oder fünf Fehlschlägen, die sich über Monate hinzogen, kam ich endlich auf die geniale Idee den Schlüssel zu ölen. Als ich ihn das nächste Mal ins Schlüsselloch steckte, hörte ich das ersehnte »Klick« und spürte eine vollständige Umdrehung. Der Schlüssel funktionierte. Und er funktionierte auch, als ich ihn anders herum drehte. Der Wachposten schaute mir gleichmütig zu. Wenn er gewusst hätte, wie ich in diesem Augenblick triumphierte!

Der große Tag, Sonntag, der 24. Januar, war gekommen. Unsere Ausrüstung war draußen. Eispickel, Zeltstangen und Fahnenstange hatten wir in Bambusbündeln, die für die Gartenzäune verwendet wurden, versteckt und hinausgeschmuggelt.

Um 12.05 verließ der Dienst habende britische Offizier seinen Posten. Um diese Stunde waren die Gefangenen im Block alle beim Essen. Umberto ging mit dem Schlüssel in der Hand auf das Tor zu. Er hatte vorsichtshalber ein Khakihemd, Shorts und Strümpfe angezogen. Zufällig hatte er in etwa dieselbe Statur wie der Offizier. Falls der Wachposten ihn nicht hatte weggehen sehen, würde er Umberto vermutlich mit ihm verwechseln. Wenn er dagegen gesehen hatte, wie der Offizier weggegangen war… nun, dieses Risiko mussten wir eingehen.

»Los! Schnell!«, rief Umberto auf Englisch drei Burschen zu, die Gefangenenkleidung trugen und Schaufeln in der Hand hatten. Er machte das Tor auf. Der Schlüssel drehte sich mühelos.

Die drei Gefangenen marschierten hinaus. Umberto machte das Tor wieder zu, versperrte es und ging weg.

Wir verschwanden in die Gemüsegärten. Es war so leicht gewesen, dass wir es kaum fassen konnten, tatsächlich draußen zu sein. Wir mussten am Abend noch die äußere Grenze der Gärten überwinden, die, wie wir gehört hatten, regelmäßig von Patrouillen abgeschritten wurde, aber der wichtigste Schritt war getan.

Wir machten uns im Garten zu schaffen, bis die Wachen um ein Uhr abgelöst wurden. Dann legten wir uns in den Schuppen und warteten auf die Nacht.

Das Warten zog sich endlos hin. Wir hatten reichlich zu essen und literweise Wasser zu trinken, wobei wir natürlich nicht die Vorräte anbrachen, die wir auf die Expedition mitnehmen würden. Wir hatten uns in den acht Monaten Vorbereitungszeit die passendsten Bücher zum Lesen aussuchen können. Ich las *Escaping Club* von dem Royal-Air-Force-Offizier Evans, während Giuàn in Tanesinis Biografie des verstorbenen Dolomitenführers Tita Piaz, *The Devil of the Dolomites*, vertieft war.

Enzo schlief oder stellte sich schlafend. Sein Verhalten erschien nicht nur mir merkwürdig, sondern auch Giuàn, der ihn schließlich fragte: »Geht's dir nicht gut?« Zuerst behauptete Enzo, er habe nichts, aber als Giuàn ein Thermometer aus seiner Tasche zog, gab er zu, dass er in den letzten beiden Tagen Fieber gehabt hatte. Er hatte so viel Chinin geschluckt, dass er, wie er es ausdrückte, »die Engel singen hörte«, aber das Thermometer zeigte, dass er immer noch 38,3°C hatte.

»Ist dir klar, dass die Mount-Kenia-Tour in deinem Zustand dein Tod sein kann?«, fragte Giuàn.

»Das ist schon in Ordnung. Ich habe ein Testament in der Baracke zurückgelassen«, antwortete Enzo.

Ich lächelte, weil ich es für einen Scherz hielt. Aber es war kein Scherz, wie mir bald klar wurde.

Giuàn fuhr fort: »Du bist alt genug, um zu wissen, was du tust. Es ist deine Entscheidung; aber ich muss dir als Freund und als Arzt dringend raten, nicht mit uns zu kommen.«

»Ich habe mich bereits entschieden«, entgegnete Enzo. »Ich komme mit.«

Gegen vier Uhr nachmittags, als es kühler wurde, schlief Enzo ein.

»Was sollen wir mit ihm machen?«, fragte ich Giuàn.

»Nun«, sagte er, »entweder er erholt sich oder es wird ihm noch schlechter gehen und er wird möglicherweise sterben. Ich glaube, dass er es schafft, aber heute Nacht werden wir langsam gehen müssen.«

»Das ist unmöglich«, drängte ich, »zumindest, bis wir den Wald erreicht haben.«

»Na gut, dann muss er eben marschieren. Er wird schon sehen, dass er zurückbleibt, wenn er's nicht tut.«

Giuàn hatte Recht. Enzo marschierte.

Die Nacht brach herein und wir gruben unsere Schätze aus und packten unsere Rucksäcke.

Wir waren ziemlich niedergeschmettert, als wir feststellten, dass unsere Vorräte nicht hineinpassten und dass wir zusätzlich noch einen kleinen, aber schweren Proviantsack mitschleppen mussten. Wir trösteten uns jedoch mit dem Gedanken, dass unser Abenteuer endlich begonnen hatte.

Kapitel II

Der Weg

Wie wir nach unserer Flucht aus dem Gefangenenlager vor einem Militärlaster, einer weißen Kuh und einem Traktor Reißaus nahmen.

24. Januar

In stockdunkler Nacht begannen wir unseren Marsch. Ich übernahm die Führung, gefolgt von Enzo und dann von Guiàn, der den Sack mit den Essensvorräten trug, die in unseren prall gefüllten Rucksäcken keinen Platz mehr gefunden hatten.

»Nur weg«, war mein einziger Gedanke bei diesen ersten Schritten in unser Abenteuer hinein. Je schneller wir die weite Ebene überquerten, wo wir noch immer in Schussweite der Wachen waren, desto besser.

Wir bewegten uns so geräuschlos wie möglich, und ich hoffte von ganzem Herzen, dass der Wolkenhimmel nicht plötzlich aufriss. Es wäre eine Katastrophe gewesen, wenn die Wachen uns gesehen hätten. Ein Fehlschlag zu diesem Zeitpunkt hätte wahrscheinlich nicht nur eine gut gezielte Kugel bedeutet, sondern acht vergeudete Monate, gefolgt von dem endlosen, leider völlig gerechtfertigten Gespött unserer Mitgefangenen, die jeden Fluchtversuch für puren Wahnsinn hielten.

Als wir die ersten Dornbüsche erreichten, atmeten wir auf und ließen unsere Lasten fallen. Der erste Schritt, und keineswegs der ungefährlichste, war getan; weder Schüsse noch Trillerpfeifen waren zu hören gewesen.

Wir rückten uns gegenseitig die Rucksäcke zurecht, die so

schwer waren, dass der Träger nicht allein damit zu Rande kam, und dann waren wir bereit für den Weitermarsch.

Eine Brise, die vom Lager her wehte, fuhr durch den Busch. Das Dorngestrüpp ratterte leicht, und wir hörten die Klänge einer Ziehharmonika, die den Tango spielte:

> »Without a word –
> You have told me: I love you …«

Für uns war es wie eine Stimme aus einer anderen Welt, die uns Lebewohl sagte – einer Welt, aus der wir uns bereits ausgeschlossen fühlten, zu der wir nicht länger gehörten und zu der jede Verbindung abgerissen war.

Der Proviantsack wanderte von Giuàns Hand in meine. Mit dem Eispickel in meiner Rechten ertastete ich so gut ich konnte Löcher, Baumstümpfe und die Zweige von Dornbüschen, was mir jedoch nicht immer glückte, sodass mir alle paar Minuten ein Zweig das Gesicht verschrammte oder die Mütze herunterstreifte.

Das Gewicht meines Rucksacks war unerträglich, aber wir konnten keine Zeit damit vergeuden, unsere Lasten besser zu verteilen, denn wir waren in Eile. Wir wollten die Eisenbahnlinie und die Hauptstraße überqueren, ehe der Mond aufging.

Armer Enzo! Da er nun einmal mitgekommen war, Krankheit hin oder her, verboten wir ihm das Husten, unter der Androhung, dass wir ihm sonst unsere Eispickel über den Schädel hauen würden. Diese Drohung könne ihn nicht schrecken, konterte Enzo, weil sein Kopf, wie wir sicher schon bemerkt hätten, viel härter sei als unsere selbst gebastelten Eispickel, die dabei höchstens zu Bruch gehen würden. Er hielt sich jetzt dicht hinter mir, und vor lauter Anstrengung, seinen Husten zu unterdrücken, entfuhr ihm ein dumpfes Grunzen.

Als wir das Dorngestrüpp hinter uns hatten, kamen wir in offenes Grasland hinaus, das wir unserem Plan zufolge durchqueren mussten, indem wir parallel zur Eisenbahnlinie marschierten; die Frage war jedoch, wie sollten wir im Dunkeln einen Parallelkurs zu etwas halten können, das sich unseren Blicken entzog? Es waren weder Sterne noch das Aberdare-Massiv am westlichen Horizont zu sehen.

Immer wieder sprang ein Hase oder ein Schakal direkt vor meinen Füßen auf, sodass ich erschreckt zusammenfuhr und Enzo wiederum, der mir dicht auf den Fersen folgte, in meinen Rucksack knallte. »Tut mir Leid«, flüsterte er dann, »ich kann keinen Zentimeter weit sehen.« »Psst«, war meine unweigerliche Antwort.

Ich hatte keinerlei Orientierungsmöglichkeit und musste unwillkürlich an die misslungenen Fluchtversuche denken, über die an den langen Abenden im Lager geredet wurde. Einmal war ein Trupp Flüchtlinge buchstäblich einer Patrouille in die Arme gelaufen, die sie in der völligen Dunkelheit nicht bemerkt hatten. Eine andere Gruppe war in stockdunkler Nacht mehrmals im Kreis gelaufen und wurde schließlich im Morgengrauen geschnappt, erschöpft und verängstigt, ganz in der Nähe der Stelle, von der sie aufgebrochen waren. Als ich diese Geschichten zum ersten Mal gehört hatte, war ich skeptisch gewesen, aber jetzt glaubte ich alles.

Endlich spürte ich blanke Erde statt des hohen Grases unter meinen Füßen. Ich wusste jetzt, dass wir auf einem Pfad waren, der die Eisenbahnlinie im rechten Winkel kreuzte, und so konnte ich unsere Marschroute entsprechend korrigieren. Bald überquerten wir den Fahrweg, der zu einer Farm führte. Auf diesem Gelände kannte ich jeden Stein, da die Gefangenen hier ihren täglichen Freigang machen durften. Zu unserem großen Entzücken war niemand auf der Straße, trotz der frühen Stunde und der Tatsache, dass heute Sonntag war. Sobald wir die Telegrafenstangen in den Himmel aufragen sahen, hielten wir in sicherer Entfernung von der Straße an, um Rast zu machen. Im Flüsterton tauschten wir endlich unsere ersten Eindrücke von der Flucht aus. Enzo erhielt die Erlaubnis zu husten, »allerdings ohne allzu viel Lärm zu machen«; aber er hustete kein einziges Mal – jetzt erst recht nicht, sagte er sich wohl. Giuàn flüsterte mir zu, es sei ratsam, etwas langsamer zu gehen.

Während unserer Rast klarte der Himmel auf und die Sterne traten hervor, jetzt, da wir sie zur Orientierung nicht mehr brauchten. In der Ferne war das Donnern des Abendzugs zu hören. Wir hatten keine Zeit zu verlieren, denn wir wollten die Bahnlinie überqueren, ehe der Zug durchkam.

Ich reichte Giuàn den verhassten Proviantsack und näherte mich der Bahnlinie. Alle drei schafften wir es, die Nebengräben ohne Sturz zu überspringen und die Gleise zu überqueren, ohne dass unsere genagelten Stiefel oder Eispickel weithin hörbar über das Stahl schepperten. Auf der anderen Seite erreichten wir ein mit Gestrüpp bewachsenes Tal, in dessen Schutz wir auf die Hauptstraße gelangen wollten.

Das Donnern des Zuges wurde immer lauter und endlich brauste er durch das Tal. Im nächsten Moment – wir waren immer noch dicht an der Bahnlinie – flutete der grelle Lichtschein der Lokomotivscheinwerfer über uns hinweg. Wir hielten an und ließen uns langsam zu Boden sinken, bis wir auf unseren Rucksäcken lagen. Ich nützte die Gelegenheit, um einen Blick auf meine Uhr zu werfen. Der Zug war pünktlich auf die Minute aufgetaucht, was für uns keine große Bedeutung hatte, aber es sagte mir auch, dass wir erst fünfzig Minuten marschiert waren, und ich war bereits so müde, als seien wir seit Stunden unterwegs.

Sobald das rote Schlusslicht des Zugs in der Ferne verschwunden und das Donnern zu einem leisen Dröhnen verebbt war, gingen wir weiter.

Der Mond würde unserer Berechnung nach um 21.35 Uhr aufgehen; zu diesem Zeitpunkt mussten wir die Hauptstraße überquert haben. Wir hatten keine Zeit zu verlieren.

Unser Marsch durch das Gestrüpp in der stockdunklen Nacht war ein Albtraum. Noch nie in meinem Leben war mir der englische Spitzname für die Dornbüsche – »wait a bit« »immer mit der Ruhe« – so treffend erschienen.

Außer den Letzteren lauerten unzählige Fallen jeglicher Art und Größe auf uns – tief eingetretene Viehpfade, Löcher unterschiedlichster Ausmaße, dornige Aloen und dergleichen mehr.

Zum Glück klarte der Himmel rasch auf und schließlich zeichnete sich der gletschergekrönte Mount Kenia scharf und deutlich vor dem sternfunkelnden Hintergrund ab. Ich war froh, dass wir jetzt eine Orientierung bei unserem Marsch durch den Busch hatten, fragte mich aber, ob wir es jemals schaffen würden, unsere riesigen Rucksäcke auf diese fernen Gipfel hinaufzuschleppen.

Etwa zwanzig Minuten nachdem der Zug durchgekommen war, bemerkte ich mit wachsendem Unbehagen, dass der Himmel auf der östlichen Seite des Berges heller und heller wurde, und die Straße war immer noch nicht in Sicht. Wir konnten es auf keinen Fall riskieren, die Hauptstraße an einem Sonntagabend im hellen Mondlicht zu überqueren, und so beschleunigte ich meinen Schritt.

Wir waren nicht viel weiter gekommen, als der Mond aufstieg. Er war voll und rot, und mir schien, als blickte er mit leisem Spott auf uns herab. Ich war entsetzt. Meiner Uhr nach war es erst 21.25. Blieb nur die Frage, ob meine Uhr falsch ging oder ob ich mich verrechnet hatte, da der Fehler auf keinen Fall beim Mondliegen konnte. Und doch, so überlegte ich fieberhaft, waren unsere Berechnungen kinderleicht gewesen. Wir hatten beobachtet, dass der Mond jeden Abend fünfzig Minuten später aufging. Gestern war er um 20.45 aufgegangen, also musste er heute …

»Hörst du denn nicht, verdammt noch mal? Ein Auto! Ein Auto!«, schrie Enzo hinter mir aus vollem Hals. Im selben Moment erfasste ein Lichtschein die Bäume, die nur dreißig oder vierzig Meter zu meiner Linken standen. Ich warf mich zu Boden und zerkratzte mir die Nase an einem Dornenzweig, als uns die großen, leuchtenden Scheinwerfer eines Autos erfassten. Nur ein paar Meter von mir entfernt – so nahe war ich der Straße gekommen, ohne es zu merken –, legte der Fahrer einen anderen Gang ein, und ich schauderte, weil ich dachte, er würde anhalten; aber er raste in Richtung Nyeri weiter. Im hellen Mondlicht konnte ich das Nummernschild lesen. Es war ein Militärauto, und hätte Enzo mich nicht rechtzeitig aus meinen Gedanken gerissen (die bei Uhren und Mondaufgangszeiten weilten), dann wäre in den Annalen des African Department for Prisoners of War in Nairobi der bizarre und bislang unerhörte Fall aufgetaucht, dass ein Militärwagen von einem entflohenen Kriegsgefangenen gerammt wurde.

Die Lawine von Schimpf und Hohn, die jetzt auf mich niederging, war unbeschreiblich, wobei Enzo sich ganz besonders hervortat. Ich hätte selber gern ein paar Kraftwörter beigesteuert, so wütend war ich auf mich; ich hatte jedoch keine Gelegenheit dazu, da meine Freunde nichts ungesagt ließen.

Als der berechtigte Sturm der Entrüstung endlich über meinem schuldigen Haupt verebbt war, bat ich tief zerknirscht um Verzeihung und schlug vor, dass wir jetzt schleunigst aufstehen und die Straße überqueren sollten. Das taten wir auch, und zwar mit äußerster Vorsicht – was mich an das alte Sprichwort von dem Bauern erinnerte, der die Stalltür zumacht, nachdem der Fuchs die Hühner geholt hat.

Es sei hier noch angemerkt, dass meine Uhr, als wir achtzehn Tage später ins Lager zurückkehrten, nur dreißig Minuten nachging. Ich hatte sie am Vorabend unserer Flucht nach dem Zeitsignal im Radio gestellt. Möglicherweise war ein Sandkörnchen der Grund für die zehn verlorenen Minuten. Die andere Möglichkeit wäre, dass sich unser Horizont, da wir seit unserer Flucht aus dem Lager zwei bis drei Meilen zurückgelegt hatten, ein bisschen verlagert hatte. Ansonsten habe ich bis heute keine Erklärung für den Fehler in unseren Berechnungen.

In raschem Tempo überquerten wir eine ziemlich breite Lichtung auf der anderen Seite der Straße, hinter der wir uns wie Kartoffelsäcke in den Schatten des erstbesten Dornbaums plumpsen ließen.

Es wäre blanker Undank gewesen, wenn wir uns beklagt hätten; schließlich waren wir an den Wachen im Lager vorbeigekommen und hatten die Eisenbahnlinie und die Hauptstraße samt Militärauto überquert, ohne angehalten zu werden.

Enzo war natürlich völlig am Ende. Wir wickelten ihn in eine Decke und gaben ihm Limonade mit viel Zucker und zwei Aspirintabletten. Er schlief sofort ein. Giuàn, der im Mondlicht das Thermometer ablas, sagte: »Sein Fieber ist gesunken.« Bescheiden wie immer verzichtete Giuàn auf jeden weiteren Kommentar; dabei hätte er stolz auf das Resultat der unkonventionellen Behandlungsmethode sein können, die er seinem Patienten in Form unseres nächtlichen Gewaltmarsches hatte angedeihen lassen. Als der Patient um 22.30 Uhr unsanft geweckt wurde, um besagte Behandlung fortzusetzen, murrte er nicht. Schließlich war er aus freiem Willen mit uns gekommen.

Eine Zeit lang gingen wir wieder durch Buschland, aber der Marsch war nun viel leichter, da der Mond hell am Himmel stand und wir es uns leisten konnten, einigermaßen gemächlich zu wandern.

Später kamen wir in eine flache Ebene, in der das Gras erst vor wenigen Tagen abgebrannt worden war, und wir mussten uns keine Gedanken mehr machen, wo wir unsere Füße hinsetzen sollten. Die Luft war frisch, wir hatten das Ziel, auf das ich zusteuerte, deutlich sichtbar vor Augen, die größte Gefahr war vorüber; das Gehen hätte ein Vergnügen sein können, wären da nicht unsere schweren Rucksäcke gewesen. Alle zwanzig Minuten mussten wir rasten. Enzo stand kurz vor dem Zusammenbruch.

Wir suchten gar nicht erst nach geeigneten Rastplätzen; wann immer ich das ersehnte Zeichen –»Jetzt!« – gab, ließen wir uns einfach von unseren Lasten zu Boden ziehen. Zum Glück blieben uns böse Überraschungen erspart, wie sie ein anderer Gefangener auf seiner Flucht erlebt hatte: Er hatte sich eines Nachts völlig erschöpft auf einen Erdhügel gesetzt, der den Eingang zu einer Wildschwein-Behausung verbarg. Das ungeschlachte Tier, das nicht weniger erschrocken war als unser Gefangener, sprang schnaubend heraus und rannte ihn um.

Lange Zeit gingen wir auf verbranntem Boden, vertrauten Markierungen folgend, wie zum Beispiel einem einzelnen Baum, einer Ansammlung von Hütten oder Zäunen. Endlich kamen wir an einen Drahtzaun. Wir konnten es kaum fassen, dass er nicht mit Stacheln bewehrt war! Abgesehen von dieser Besonderheit war der Zaun so fest gespannt, dass die Drähte aufschluchzten wie Geigensaiten, als wir mit unseren Rucksäcken daran vorbeistreiften.

Diese ungewöhnliche musikalische Darbietung rief wütendes Hundegebell zu unserer Linken hervor, in das sofort andere Hunde rechts von uns einstimmten. Wir waren in der Nähe eines Bauernhauses.

Zuerst mussten wir frisch gepflügtes Land überqueren, aber nach kurzer Zeit machten wir am Rand einer Blumenwiese Rast; die kleinen Gänseblümchen waren offen und schimmerten schneeweiß im Mondlicht.

Als wir unseren Weg durch die Wiese fortsetzten, starrte uns ein Buschbock einen Augenblick an, dann stob er davon und stieß einen Schrei aus wie ein verängstigter Säugling.

Die Luft war kälter geworden. Ohne es zu merken, hatten wir Höhe gewonnen und die Spitzen des Aberdare-Massivs waren in wollige, silbrig schimmernde Wölkchen gehüllt. Ich wurde schläfrig.

Wir kletterten über einen weiteren Zaun am anderen Ende des

Feldes und marschierten über eine Stunde auf offenen Grasflächen weiter, wie zuvor mit regelmäßigen Ruhepausen dazwischen.

»Sind das Eingeborenenhütten?«, fragte Enzo plötzlich und zeigte auf eine Ansammlung von schwarzen Buckeln in der Nähe des Waldrands. Ich spähte so angestrengt hinüber, dass meine Augen tränten.

»Ich würde sagen, das sind die ersten Baumgruppen.«

»Wenn das stimmt«, fügte Giuàn hinzu, »dann sind wir fast da.«

Tatsächlich tauchten wie Inseln in der rauen See des Elefantengrases die ersten Gehölze auf, riesige Olivenbäume, die ein dichtes Gestrüpp umgab. Wir standen vor den Ausläufern des Waldes, der sich über 25 bis 30 Kilometer auf den unteren Hängen des Mount Kenia ausbreitet.

Es war nach Mitternacht. Wir hatten die »menschliche« Gefahrenzone in nur vier Stunden hinter uns gebracht, was ein recht gutes Ergebnis war. Nichtsdestoweniger näherten wir uns jetzt der »tierischen« Gefahrenzone, und wir hielten es für geraten, uns vorsichtig von einer schützenden Baumgruppe zur nächsten zu bewegen.

Als wir ein besonders einladend aussehendes Wäldchen erreicht hatten, beschlossen wir, ein paar Stunden Rast zu machen, statt die ganze Nacht weiterzumarschieren, wie wir es ursprünglich geplant hatten. Giuàn sagte, dass Enzo unbedingt ein paar Stunden Schlaf brauchte. Gegen Tagesanbruch wollten wir weitermarschieren und den Fluss suchen, der uns helfen sollte, unseren Weg durch den Wald zu den Gipfeln hinauf zu finden.

Wir einigten uns, dass ich die erste Wache übernehmen würde. Langsam wanderte ich um die Bäume herum. Meine Kameraden schliefen. Ich hatte mir den Eispickel unter den Arm geklemmt. Er war meine einzige Waffe in einem Land, das vor dem Krieg in aller Welt als Paradies für Großwildjäger gegolten hatte.

Die kleinen Blätter des alten Olivenbaums zitterten in der sanften Brise und schimmerten wie Silber im Mondlicht.

Um drei Uhr weckte ich Giuàn, und wir packten unsere Rucksäcke um, damit wir nicht länger den lästigen Proviantsack mitschleppen mussten.

Während ich in meinen wasserdichten Schlafsack kroch, begann Giuàn seine Wache; er hielt den Eispickel fest in seiner Hand – mit einem Ausdruck der Freude und Zuversicht, wie mir schien. Sanft glitt ich in die Tiefen des Schlafs, voller Vertrauen in das Gelingen unserer seltsamen Expedition und in meine Kameraden, mit denen ich die kommenden Prüfungen bestehen würde.

25. Januar

Um 4.45 Uhr waren wir bereits unterwegs. Enzo, der jetzt völlig fieberfrei war, fühlte sich ausgeruht und kräftig.

Wir bewegten uns weiter von einer Baumgruppe zur nächsten, um uns so wenig wie möglich in der offenen Elefantengrasebene zu zeigen, die immer noch im hellen Mondlicht lag.

In einem der Gehölze musste ich ein großes Loch umgehen, vielleicht zehn Meter breit. Wir fragten uns, ob es eine Falle war, und wenn ja, für welche Tierart – denkbar wären Elefanten, Nashörner, Büffel gewesen. Wir ließen uns jedoch nicht von dieser Spekulation aufhalten.

Ein Stück weiter entfernt erreichten wir einen Fahrweg, der unsere Route kreuzte. Wir bemerkten die tiefen Abdrücke von Autoreifen. Zur Linken führte der Weg offensichtlich nach Nanyuki, aber zur Rechten …?

Wir wandten uns nach rechts, da es in dieser Richtung tiefer in den Wald hineinging. Um keine Stiefelabdrücke auf der staubigen Straße zu hinterlassen, marschierten wir auf dem Gras am Rand.

Es war sehr kalt, obwohl noch kein Anzeichen der nahenden Dämmerung am Himmel zu sehen war.

Ungefähr hundert Meter vom Fahrweg entfernt, brachte uns ein verdächtiges Blitzen zwischen den Bäumen abrupt zum Stehen. Ein Wellblechdach schimmerte im Mondlicht. Als wir uns vorsichtig näherten, erkannten wir einen Bungalow, der von einem Zaun aus hohen, dicken Pfosten umgeben war. Aus Angst, dass die Hunde in diesem Anwesen uns hören und verraten könnten, rannten wir buchstäblich den Weg hinauf.

Bald nachdem wir an dem Haus vorbei waren, bog die Straße für unseren Geschmack ein bisschen zu weit nach rechts ab, und da wir immer noch hofften, dass wir den Fluss vor der Dämmerung erreichen würden, entschlossen wir uns, die Straße zu verlassen und nach links in den Wald zu gehen.

Wir überquerten die Straße im Rückwärtsgang. Ich muss gestehen, dass diese übertriebene und sicher auch kindische Vorsichtsmaßnahme meine Idee war. Der Wahrheit halber sei auch hinzugefügt, dass meine Kameraden zwar meinem Beispiel folgten, aber keineswegs von der Notwendigkeit dieser Aktion überzeugt waren. Trotzdem hatten wir die größte Freude daran, unser Abenteuer bis ins Letzte auszukosten!

Nach einer kurzen Rast – wir waren ungefähr eine Stunde marschiert – betraten wir den Wald, der wie eine schwarze Wand vor uns aufragte.

Unsere erste Begegnung mit dem tropischen Regenwald war eine Katastrophe. Das Unterholz war so dicht, dass es erhebliche Anstrengung kostete, auch nur ein paar Meter voranzukommen, und – was noch schlimmer war – wir machten einen Höllenlärm dabei. Stockdunkel wie es war, zertraten wir jeden trockenen Zweig in Reichweite unserer Füße, rutschten in die tiefsten Löcher und hielten uns mit den Händen an den zahllosen Schlingpflanzen fest, die ihre plötzliche Bewegung, wie Notrufsignale in einem Zug, an ferne Rankenschwestern und Zweige übertrugen. Mit einem Wort, wir hatten so etwas wie ein Erdbeben unter den schlafenden Bäumen ausgelöst. Nach kurzer Zeit waren wir völlig durchgeschwitzt und hatten es so gründlich satt, unsere Rucksäcke, Mützen und vor allem uns selber aus den tausenderlei Fangarmen der Natur zu befreien, dass wir kleinlaut den Rückzug antraten.

Von jetzt an folgten wir einer Reihe willkommener Lichtungen, wobei wir den Wald zu unserer Linken und den Weg rechts von uns liegen ließen und uns an den Sternen orientierten. Wir hatten keinen Zweifel, dass unser Kurs richtig war, aber als die Sterne im Osten langsam verblassten, war von dem Fluss noch immer nichts zu hören. Und doch, das wussten wir, konnte er nicht weit entfernt sein.

Von Busch zu Busch stolperten wir im trüben Dämmerlicht weiter.

Plötzlich, als ich aus dem Schutz eines Gebüschs heraustrat, stieß ich beinahe mit einer Kuh zusammen, die friedlich wiederkäute. Ich schreckte so heftig zurück, dass meine Kameraden glauben mussten, ich hätte dem Tod persönlich ins Auge geblickt oder zumindest einem Rudel Löwen oder einem Trupp Militärpolizei.

Wir hielten einen kurzen Kriegsrat ab. Die Kuh war mit Sicherheit nicht allein, sondern gehörte zu einer Herde, die von einem oder mehreren schwarzen Hirten gehütet wurde, wahrscheinlich junge Burschen oder *mtotos*. Die *mtotos* (genauer gesagt: *watotos*) standen bei freiheitshungrigen Gefangenen in dem Ruf, schon mehr als einen gut organisierten Fluchtversuch vereitelt zu haben. Auf der anderen Seite hielt sich die Kuh – oder die Kühe –, mit oder ohne *watoto*, zweifellos in Wassernähe auf. Konnten wir es riskieren, jetzt danach zu suchen?

Es war inzwischen hell geworden, selbst im Unterholz. Wir waren bisher vorsichtig gewesen und wollten es auch weiterhin bleiben. Wir suchten uns ein Versteck, in dem wir den ganzen Tag verbringen konnten, um erst bei Nachteinbruch weiterzugehen. Wir fanden eines ein paar hundert Meter von der Kuh entfernt, gut geschützt durch dichtes Gebüsch ringsum, und ließen uns dort häuslich nieder.

Die Sterne waren verschwunden. Hier und da übte ein Vogel leise seinen Part für die bevorstehende Morgensymphonie.

Giuàn und Enzo nickten ein. Ich blieb wach.

Schummriges Licht sickerte durch die Äste. Die dunkle Masse der Bäume hatte sich bereits in ein Gewirr von einzelnen Zweigen aufgelöst. Langsam wurde jedes einzelne Blatt sichtbar. Das Grau verwandelte sich in Violett, das Violett in Rot und dann in Grün. Die Vögel stimmten mit einem machtvollen Crescendo ihre Hymne an den neuen Tag an.

Wir mussten einen ganzen Tag totschlagen, zwölf kostbare Stunden mit Herumliegen vergeuden! Es war ein schrecklicher Gedanke, und ich bereute schon fast unseren Entschluss, die Nacht abzuwarten.

Es war atemberaubend, wie schnell die Sonne am Horizont aufstieg. Gebannt verfolgte ich das ständig wechselnde Spiel der Lichtstrahlen, die auf die langsam zurückweichenden Schatten in dem dichten Unterholz fielen.

Plötzlich stieg der Wunsch in mir auf, die seltsamen Gestalten zu skizzieren, die von Licht und Schatten auf die bemoosten Stämme und die Vorhänge aus Ranken und Zweigen gezaubert wurden. Zeit genug hatte ich. Ich spitzte meinen Bleistift mit einer Rasierklinge an und lehnte mich an einen morschen Stamm. Es war ziemlich unbequem. Ich musste zuerst einen Dornenzweig beiseite ziehen. Ich zog, aber der Ast war auf rätselhafte Weise mit dem Gebüsch verbunden, in dem Giuàn und Enzo schliefen; die Folge war, dass der Busch in Bewegung geriet und Giuàn hochschreckte.

»Was ist los?«

»Sei still. Ich bin's bloß.«

»Du? Red keinen Blödsinn. Der ganze Busch wackelt. Wie willst du das von deinem Platz aus anstellen?«

Ich erklärte es ihm. Giuàn war nicht erbaut von meinen Bemühungen, in bequemerer Lage zu zeichnen. Schließlich drehte er sich auf die andere Seite und fragte mit bereits schläfriger Stimme: »Wie spät ist es?«

»Acht Uhr.«

»Erst acht?«, sagte er, zog sich die Decke über den Kopf und schlief wieder ein.

Es war immer noch nass hier unten. Ich fand keine bequeme Stellung, in der ich mit meiner Skizze beginnen konnte. Oder war ich zu nervös? Oder war die Aufgabe, die ich mir gestellt hatte, zu schwierig? Wie auch immer, zu guter Letzt gab ich es auf und legte mich wieder hin. Ich streckte meine langen Beine aus, sorgfältig darauf achtend, dass ich nicht etwa ein weiteres Alarmsignal auslöste.

Die Zeit verging entsetzlich langsam. Hoch oben zwischen den goldenen Blättern sprang ein winziger Vogel mit smaragdgrünem Gefieder von Zweig zu Zweig. Als er endlich wegflog, konnte ich das Schwirren seiner Flügel hören. Ich wurde auf einmal furchtbar schläfrig. Ein anderer Vogel pfiff eine lupenreine chromatische Tonleiter aus zwölf absteigenden Tönen. Ich zählte mit, immer und immer wieder. Dann blieb alles stumm.

War ich wirklich eingeschlafen? Was war das? Ein Rascheln in den toten Blättern, ein knackender Zweig? War jemand im Anmarsch? War es ein Mensch oder ein Tier? Ohne aufzustehen, wandte ich mich in die Richtung um, aus der die Geräusche gekommen waren; jetzt verstummten sie abrupt. Ich war nervös. Ich konnte nichts als Stämme sehen, Zweige, Unterholz, Schatten und Lichtbahnen, in denen Myriaden winziger Partikelchen tanzten. Die Zeit verging, aber wie lange es währte, konnte ich nicht sagen, weil ich nicht auf die Uhr sehen wollte. Ich verbot mir auch das Trinken, obwohl ich einen unangenehmen Geschmack im Mund hatte, ein bisschen wie nach einer durchzechten Nacht. Ich wollte nicht mehr schlafen.

So kam es, dass meine Gedanken ins Lager zurückkehrten. Ich versuchte mir das Gesicht des britischen Verbindungsoffiziers vorzustellen, der für unseren Block verantwortlich war, wenn ihm der Brief überreicht wurde, den wir für ihn zurückgelassen hatten.

Wir hatten geschrieben:

»Sir,

wir haben Sie nicht im Voraus von unseren Absichten in Kenntnis gesetzt, wohl wissend, dass Sie versuchen würden, uns davon abzubringen. Wir verlassen das Lager und werden voraussichtlich in vierzehn Tagen zurück sein. Dann werden wir Sie über unsere Aktion informieren und Sie werden diese sicherlich billigen. Wir versichern Ihnen hiermit in aller Form, dass wir für unsere Flucht nicht die Pässe missbraucht haben, die von der britischen Lagerleitung an uns ausgegeben wurden. Um jedweden Verdacht in dieser Hinsicht auszuräumen, fügen wir die besagten Pässe, auf unsere Namen ausgestellt, bei.

Wir bedauern sehr, Ihnen Unannehmlichkeiten bereitet zu haben, und verbleiben, Sir, etc. etc.«

Wir waren stolz auf unser hochtrabendes bürokratisches Machwerk, aber der Hauptgrund, warum wir diesen Brief geschrieben hatten, war ein anderer: Wir wollten nicht, dass unsere Mitgefangenen ihre Pässe einbüßten, mit denen sie das Lager verlassen und ein Stück in die Gemüsegärten gehen konnten. Wie wir später hörten, wurden nach unserer Flucht trotzdem alle Pässe in Block A eingezogen, was uns aufrichtig Leid tat.

Und was würden unsere Mitgefangenen sagen?

»Das wundert mich gar nicht«, so die Leute, die immer alles wussten, noch bevor es passiert war. »Ich hab gleich gemerkt, dass sie was im Schilde führen – mir bleibt so was nicht verborgen.«

Die Großspurigen, die immer über alles erhaben waren, würden sagen: »Diese Idioten! Ist ihnen nichts Besseres eingefallen?«

Wenn es irgendwann durchsickerte, dass wir auf den Mount Kenia entkommen waren, würden die Kommentare noch drastischer ausfallen. Ich konnte es buchstäblich hören: »Habt ihr schon mal solche Idioten erlebt? Riskieren eine Kugel in die Rippen, bloß um da oben vor Kälte zu krepieren oder von wilden Tieren zerfetzt zu werden!« Und einer von der rührseligen Sorte würde hinzufügen: »Dabei sind sie doch alle drei verheiratet und zwei von ihnen haben Kinder!«

Ein Neunmalkluger würde bemerken: »Ich kann es ja noch verstehen, wenn jemand abhaut, um sich nach Mogadischu oder in neutrales Gebiet wie Portugiesisch-Ostafrika durchzuschlagen. Unmöglich? Ganz meine Meinung. Aber zumindest hätte man dann die Hoffnung, in Freiheit leben zu können, anstatt von vornherein zu wissen, dass man wieder ins Lager zurückkommt und seine Strafe absitzen muss.«

So vergnügte ich mich eine Weile mit der Vorstellung, wie uns die Kameraden aus den Baracken kritisierten und verurteilten. In einem Kriegsgefangenenlager ist jede Neuigkeit ein Geschenk des Himmels. Eine geheimnisvolle Flucht wie unsere würde für die unverbesserlichen Klatschbasen das gefundene Fressen sein.

Plötzlich hörte ich Stimmen, menschliche Stimmen. Ich drückte mich instinktiv flach auf den Boden. Es waren zwei Männerstimmen, die in einer Sprache redeten, die ich für Kikuyu hielt. Sie konnten nicht weiter als zweihundert Meter von unserem Versteck entfernt sein. Sie riefen, wahrscheinlich um sich zu begrüßen. Dann entfernten sie sich, einer nach Nanyuki, der andere bergaufwärts.

Wir waren anscheinend in der Nähe eines Pfades oder eines Fahrwegs. Wohin führte dieser Pfad, nachdem er in den Wald mündete? War es der »Gentleman's-Pfad«, auf den Giuàn und ich bei unserem Erkundungsmarsch vor ein paar Monaten gestoßen waren? Damals, es war Ende September, hatten Giuàn und ich den Plan gefasst, einen Tag lang »die Luft der Freiheit zu schnuppern« und dabei einen Blick auf die Gegend zu werfen, die wir in der ersten Nacht unserer endgültigen Flucht durchqueren wollten.

Wir wussten zufällig, dass die Lagerleitung Pässe an zwei harmlose Kriegsgefangene ausgegeben hatte, die Gras zum Besenbinden »in den Sümpfen« schneiden sollten – ein wunderbar vager Ausdruck. Für uns bedeutete es, dass wir unseren Fluss in Augenschein nehmen konnten, wenn wir ihn zwischen den beiden Appellen um acht Uhr morgens und vier Uhr nachmittags erreichen würden. »In den Sümpfen« wurde unser Motto.

Für ein paar Päckchen Zigaretten waren die Besitzer der Pässe bereit, uns diese zu vermieten, unter der Bedingung, dass wir zwei große Bündel Gras zum Besenbinden mitbrachten. Mit Hilfe der Pässe gelangten wir durch das Haupttor hinaus. In den Gemüsegärten tauschten wir unsere Kriegsgefangenenkluft gegen Khakihemden, die wir zuvor hinausgeschickt hatten, und dann zogen wir los. Nachdem wir die Straße und die Bahnlinie überquert hatten, schnitten wir zwei Stecken zurecht und befestigten Schmetterlingsnetze daran, die wir aus den Moskitonetzen reicher Mitgefangener genäht hatten. Danach schlenderten wir gemächlich dahin, als wären wir zwei friedliche weiße Siedler auf Urlaub, die Jagd auf den *Papilio mackinoni* oder *Papilio dardanus* machten.

Nach zwei Stunden Marsch, bei dem wir vorsichtshalber Wege und Pfade gemieden hatten, erreichten wir den Waldrand und notierten jeden Markierungspunkt sorgfältig auf einem Blatt Toilettenpapier. (In dieser Nacht hatten wir für dieselbe Route mit unserem kranken Freund und den höllisch schweren Rucksäcken genau doppelt so lang gebraucht.) Von dort aus gingen wir über eine halbe Stunde lang durch den Wald und erreichten einen Steilhang, an dessen Fuß wir den Fluss hörten, der mit einem dichten Geflecht aus Schlingpflanzen überwuchert war.

Auf dem Rückweg eilten wir so sorglos dahin, dass wir, als wir aus dem Wald auf einen Fahrweg herauskamen, auf einen Mann stießen, einen Weißen, der kaum fünfzehn Meter entfernt auf uns zukam. Er war nicht allein, sondern hatte zwei Afrikaner im Schlepptau, die – oh, Schreck! – den wohlbekannten blauen Drillich der kenianischen Polizei trugen.

Wir waren so verblüfft, dass wir einen Augenblick wie angewurzelt stehen blieben. Dann tat ich so, als hätte ich einen besonders faszinierenden Schmetterling erspäht, eine Unterart, die vielleicht die ganze Entomologie revolutionieren würde: Ich streckte meinen rechten Arm mit dem Netz aus, überquerte den Pfad nur wenige Schritte von dem Mann entfernt, der wahrscheinlich nicht weniger erschrocken war als wir, und rannte in den Wald hinein, dicht gefolgt von Giuàn.

Nein, wir rannten nicht, wir flogen!

Nach dieser kuriosen Begegnung waren wir so früh zurück, dass wir nicht nur unsere Hemden wechseln konnten, sondern auch noch die Zeit fanden, in der Nähe der Lagerzäune zwei riesige Bündel rauen Grases zu schneiden. Mit diesen Bündeln im Arm tauchten wir triumphierend im Lager auf, rechtzeitig zum Appell.

Wir haben uns nie die Mühe gemacht, bei den Passbesitzern nachzufragen, ob das Gras, das wir ihnen mitgebracht hatten, auch zum Besenbinden taugte.

Falls der Weg in der Nähe unseres Verstecks nun tatsächlich der »Gentleman's-Pfad« war, konnten wir nicht weit vom Fluss entfernt sein. Aber wohin führte dieser Pfad? Woher war der Gentleman gekommen? Vielleicht von einer Siedlung im Waldesinneren? In jedem Fall also ein Hindernis, das wir noch an diesem Abend in Angriff nehmen mussten. Es hatte keinen Zweck, das Problem theoretisch zu lösen.

Tauben gurrten. Das Leben im Urwald ging weiter wie immer. Die Stunden zogen sich endlos hin. Ich wurde mit den verschiedenen Vogelstimmen vertraut. Eine erinnerte mich an das Stakkato-Pfeifen des Zeitsignals von Radio Rom; ich glaubte beinahe, die vertraute Stimme zu hören: »Beim Signalton war es elf Uhr mitteleuropäische Zeit.«

Eine andere Stimme klang, als würde jemand ein Vogeltrillern nachahmen. Bald hatte ich Gelegenheit, den Besitzer dieser skurrilen Stimme in Augenschein zu nehmen. Es war ein Stelzvogel mit langen Beinen und einem langen Schnabel, der mit langsamen, trägen Flügelschlägen über uns hinwegstrich. Seine Gestalt war ebenso befremdlich wie seine Stimme; er erinnerte mich an die stilisierten und ziemlich futuristischen Reiher-Silhouetten, wie man sie auf manchen Luftpostbriefmarken sieht. Ich wusste nur nicht mehr, ob es österreichische oder tschechoslowakische waren.

Gegen Mittag konnte ich die Untätigkeit nicht länger ertragen und kletterte auf einen Olivenbaum, um mich ein bisschen umzuschauen, aber es war nichts zu sehen als Bäume, Bäume und nochmals Bäume.

Bald danach verzehrten wir unsere erste Mahlzeit an diesem Tag. Da wir einen ganzen Tag verloren hatten und möglichst viel Proviant sparen wollten, bekam jeder von uns nur ein hart gekochtes Ei, zwei kleine Kräcker und eine drittel Dose Cornedbeef. Wir genehmigten uns nur ein paar Schluck Wasser, weil wir nicht wussten, wann wir den Fluss erreichen würden und ob er in der Trockenzeit überhaupt Wasser führte. Das war das Hauptproblem, zu dem meine Gedanken immer wieder zurückkehrten: der Fluss; aber wir redeten untereinander nicht darüber, erstens weil es keinen Sinn hatte, und zweitens weil wir aus Sicherheitsgründen ohnehin nur das Nötigste redeten.

Langsam begann die Sonne ihren Abstieg.

Ich stopfte ein Loch in meiner Hose und leerte anschließend meinen Rucksack, um meine Sachen besser zu verstauen und »Inventur« zu machen:

a) Bergsteiger- und Campingausrüstung

1. Ein Sisalseil, etwa zwanzig Meter lang und 1,25 cm dick, das heißt, zu dünn und zu kurz, um bei einer schwierigen Kletterpartie verlässlich zu sein. Da wir nichts Besseres gefunden hatten, führte jeder von uns ein Seil mit, damit wir notfalls mit einem Doppelseil klettern konnten, wie wir es dann ja auch taten.
   Es waren Seile, die im Lager ausgegeben wurden, um Seilroste an den Bettgestellen zu befestigen.
2. Ein dünnes Seil, etwa 10,5 m lang und 6 mm dick, aus dem wir bei Bedarf Seilringe für Doppelseil-Abstiege machen würden. Ursprünglich war dieses Seil ein Bettrost gewesen. Man kann sich kaum vorstellen, wie viel Mühe es mich gekostet hat, die fünfzig, ich wiederhole: fünfzig festen Knoten zu lösen.
3. Ein wasserdichter Schlafsack, von einem Freund für die Expedition geborgt.
4. Eine Zeltplane der britischen Armee, die zugleich als Regenumhang und als Zeltboden verwendet werden konnte. Das war vielleicht der einzige Ausrüstungsgegenstand, der ordnungsgemäß ausgegeben worden war – wenn auch nicht an mich, sondern an einen anderen Gefangenen, der bei Straßenarbeiten »draußen« gewesen war. Ich erwarb die Plane durch Tausch.

5. Zelt samt Pflöcken und Seilen. Unser Zelt war ursprünglich eine Bodenplane aus italienischen Armeebeständen gewesen, die wir durch Tausch erworben hatten. Nachdem es in der Mitte gefaltet worden war, sodass zwei gleich lange rechteckige Seiten entstanden, nähte ich aus einer zweiten Bodenplane zwei Dreiecksteile für die Vorder- und Rückseite. Das Dreieck für die Rückseite wurde rundum festgenäht, während das vordere Dreieck als Tür dienen sollte. Die Innenkanten des Zelts verstärkte ich auf ganzer Länge mit einem 25 cm überlappenden Streifen aus der zweiten Plane, um das Zelt abzudichten. Ich weiß nicht, wie viele Nadeln ich beim Nähen des Zelts zerbrochen habe, da ich in der Stille der Nacht im flackernden Licht einer Dosen-Öllampe arbeiten musste. Der Faden, der mir zur Verfügung stand, war so schlecht, dass ich ihn mit Pech einschmieren musste. Im Gegensatz zu Nadel und Faden musste ich das Pech nicht »organisieren«, denn davon hatten wir mehr als genug. Bei heißem Wetter tropfte es vom Dach und durch die Jutewände der Baracke auf alles herunter – Decken, Laken (was ich nicht einmal hatte), Kleider und Haare.
   Die zwei eisenbeschlagenen Zeltstangen waren mit der Fahnenstange zusammengebunden und wurden von Enzo getragen, der keinen Eispickel dabeihatte.
   In einer Generalprobe, die um Mitternacht im Lager hinter den Latrinen stattfand, hatten wir das Zelt erstmals aufgestellt, natürlich bei völliger Dunkelheit, was an sich schon ein Abenteuer gewesen war.
6. Eine Aluminium-Wasserflasche, die ungefähr vier Liter fasste, »für die Dauer der Expedition« geborgt. Die graue Flaschenhülle bestand aus den Überresten der Decken, aus denen unsere Kletteranzüge und Handschuhe genäht worden waren. Die Flasche besaß eine Filtervorrichtung im Schraubverschluss, die sich als der einzige Gegenstand unserer ge-

samten Ausrüstung entpuppte, der vollkommen nutzlos war. Der Filter bestand aus zwei Stücken Drahtnetz, die wir auf der berühmten Müllkippe in der Nähe des Lagers gefunden und desinfiziert hatten, mit mehreren Schichten Kohlekomprettenpulver und Verbandsmull dazwischen.

7. Ein Kochtopf mit Deckel aus italienischen Armeebeständen, den ich seit dem ersten Durchgangslager besaß.
8. Ein Alkoholkocher, der nur benützt werden sollte, wenn kein Feuerholz zur Verfügung stand. Er war im Lager aus leeren Marmeladendosen fabriziert worden und wurde im Kochtopf mitgeführt, in den er genau hineinpasste. Stofffetzen aus einem alten Handtuch gaben die Dochte ab.
   (Die Gegenstände Nr. 3 – 8 waren, zusammen mit den Steigeisen, deren Geschichte ich bereits an anderer Stelle erzählt habe, außen am Rucksack befestigt und wurden als »Oberdeck« bezeichnet.)
9. Ein Zwei-Liter-Kanister mit vergälltem Alkohol, aus dem Lagerspital in Raten und mit Hilfe der abwegigsten Tricks »organisiert«. Er sollte für den Kocher verwendet werden. Leider war uns nicht klar, oder vielleicht hatten wir es auch vergessen, wie schnell Alkohol verdunstet, denn sonst hätten wir Paraffin genommen.
10. Ein Kanister mit gehärtetem Schafsfett zur Imprägnierung der Stiefel, das wir in der Lagerküche »organisiert« hatten. Geschickt wie ich nun einmal bin, brachte ich es bei der Kochprozedur fertig, die Hälfte der kochenden Masse zu verschütten, sodass das heiße Fett auf meine Beine spritzte. Die Narben habe ich heute noch.
11. Siebzig rote Papierpfeile, die Giuàn und mir höchstwahrscheinlich das Leben gerettet haben. Ich hatte sie aus den Seiten eines Übungshefts, das mir in einem Paket geschickt worden war, ausgeschnitten und mit einem Lack, den ich mir für ein paar Stunden aus Lagerbeständen geborgt hatte, rot ge-

färbt. Wie oft wurde ich von meinen Kameraden gefragt, was die vielen roten Papierpfeile zu bedeuten hätten, die ich auf meinem Bett zum Trocknen ausgebreitet hatte! »Mehr Flagge zeigen«, sagte ich dann, und sie trollten sich und schüttelten mitleidig den Kopf über den armen Irren.

12. Felskletterschuhe mit Schnursohlen. Wie sich herausstellte, waren sie unbrauchbar auf dem Fels, der dem Granit in den Westalpen ähnelte, gaben jedoch äußerst bequeme Pantoffeln in den Ruhepausen ab, wenn wir unsere schweren, durchgeweichten Stiefel auszogen. Die Kletterschuhe waren folgendermaßen gemacht: Als Erstes zogen wir ein paar Sisalsäcke auf, die wir für etliche Zigarettenpäckchen von der Küche bekommen hatten. Die Fäden wurden miteinander zu einem Seil verzwirbelt, das in Wasser eingeweicht, geschlagen und zwischen zwei Stangen unseres Stacheldrahtzauns gestreckt wurde. Zum Schluss wurde das Ganze in Form einer Sohle zusammengenäht. Das Oberteil wurde von einem Lagerschuhmacher aus einem Quadratmeter alten Segeltuchs gemacht. Letzteres hatten wir gegen eine beträchtliche Menge Zigaretten von einem Gefangenen eingetauscht, der auf einer Schrotthalde arbeitete.
13. Taschenlampe mit vier Ersatzbatterien. Jeder von uns hatte eine eigene Taschenlampe mit Ersatzbatterien, die ebenfalls von »draußen« kamen, die wir aber bar bezahlen mussten. Da ich zum Glück zwei oder drei Pakete von zu Hause bekommen hatte, konnte ich etwas Bargeld für Dinge, die von »draußen« beschafft werden mussten, zusammensparen, indem ich alles verkaufte, was ich nicht für die Mount-Kenia-Expedition brauchte.
14. Taschenmesser mit Dosenöffner und Schraubenzieher. Ein Besitz, den ich von Anfang an über jede Durchsuchung hinweg gerettet habe.
15. Krimskrams wie Sonnenbrille, Schnürsenkel, etwa fünfzig

Meter Schnur, fünf Kerzen, Eisen- und Kupferdraht unterschiedlicher Dicke und Länge für Reparaturen; Teelöffel und Suppenlöffel, aber keine Gabel, ein Becher, zwölf Schachteln Streichhölzer, Stifte, Zeichen- und Schreibpapier, ein Kompass – Geschenk eines Freundes zu diesem Anlass.

16. Die Skizze, angefertigt nach einem Foto in dem Akikuyu-Buch, das die Gipfel von Osten zeigte; desgleichen das *Kenylon* Cornedbeef-Etikett und die Skizze, die ich mittels Feldstecher von den Gipfeln angefertigt hatte. Ich hatte aus demselben Buch auch eine Karte des Bergs kopiert, aber da sie im Maßstab von etwa 1 cm zu 40 km war, sagte ich mir, dass sie uns ungefähr so viel nützen würde wie beispielsweise ein Telefonbuch von Rom oder die Genfer Kriegsgefangenen-Konvention. Ich ließ sie im Lager zurück.
17. Der Feldstecher.

b) Kleidung

- Zwei Jacken, zwei Pullis, acht Taschentücher, zwei Paar Baumwollsocken, ein Wollschal, alles aus einem Paket von zu Hause.
- Eine leichte weiße Mütze, aus einem Handtuch aus italienischen Armeebeständen geschneidert.
- Drei Paar Wollsocken: eines regulär ausgegeben, eines gegen ein Handtuch aus einem Paket und eines gegen G. B. Shaws »Heilige Johanna« eingetauscht.
- Handschuhe, selbst genäht aus den Resten der Decken, aus denen mein Kletteranzug gemacht worden war.
- Diverses wie Seife, Wasch- und Rasierutensilien; weißer, schwarzer und khakifarbener Faden; Knöpfe; Nadeln; Sicherheitsnadeln, die von den Windeln meiner kleinen Tochter stammten und die ich in der Tasche gehabt hatte, als ich zum Kriegsgefangenen erklärt wurde; Sonnencreme, von Giuàn, dem Hautspezialisten zusammengerührt.
- Ich trug meine Kletterstiefel (gegen ein paar Stulpenstiefel

eingetauscht, die ich in einem Paket bekommen hatte und die einem Gefangenen, der demnächst auf einer Farm arbeiten sollte, wie angegossen passten), drei Paar normale Socken, mein Kriegsgefangenenhemd, Shorts und meinen Kletteranzug, der aus einer Jacke, Knickerbockern, Wickelgamaschen und einer Schildmütze mit Ohrenklappen bestand. Der Anzug war von dem Mann gemacht worden, der als der beste Schneider von Gondar galt, auch wenn seine Adresse momentan Block D, Baracke 11 lautete. Ich hatte ihm zwei von den drei grauen Decken gegeben, mit denen wir ausgestattet worden waren, außerdem Faden, den ich in der Lagerkantine gekauft hatte, und Knöpfe von der italienischen Bodenplane, die ich für unser Zelt verwendet hatte. Für die Taschen verwendete er das Leinen eines Kissenbezugs, Letzteres ein glorreiches Überbleibsel der Mitgift meiner Frau. Da ich mir kein zusätzliches Material für ein Innenfutter leisten konnte, musste es ohne gehen. Der Schneider wurde mit diversen Artikeln im Wert von dreißig Schilling und einer reichlichen Menge Zigaretten bezahlt.

c) Essen

Wir waren bei unseren Berechnungen von 2000 Kalorien pro Tag und Mann für zehn Tage ausgegangen.

- Vier Dosen Cornedbeef, von unseren Rationen abgezweigt. Giuàn führte vier weitere Dosen mit, Enzo zwei.
- Vier Pfund Marmelade, Anfang 1942 in der Kantine gekauft, als alles noch leichter zu bekommen war.
- Ungefähr zwei Pfund Reis, von unseren Rationen aufgespart. Giuàn trug einen Sack mit etwa vier Pfund Weizenmehl, »draußen« gekauft.
- Eine Dose Butter, »draußen« gekauft. Giuàn führte einen Glasbehälter mit einem weiteren halben Pfund Butter mit, das noch eine traurige Rolle bei unserem Abenteuer spielen sollte.

- Ungefähr acht Unzen (etwa ein halbes Pfund) Sultaninen.
- Eine Flasche Bovril-Fleischextrakt, »draußen« gekauft.
- Acht Tafeln Schokolade, »draußen« gekauft. Giuàn hatte etwa die gleiche Menge einer im Lager fabrizierten Schokolade dabei, die von einem Konditor aus Zucker, Kakao und Milch zusammengerührt worden war.
- Zwei Pfund Kräcker, die wir uns mühelos vom Mund absparen konnten, weil sie ziemlich muffig schmeckten.
- Zwei Pfund Kekse, vom Konditor gemacht. Giuàn und Enzo trugen jeder ungefähr zehn Pfund gewöhnliche Kräcker vom selben Mann.
- Eine Flasche Brandy, in einer der vielen Schwarzbrennereien im Lager aus Ananas hergestellt. Die Flasche sollte mit einer kurzen Botschaft und unseren Namen darin auf dem Gipfel des Mount Kenia zurückgelassen werden.
- Zwei Pfund Zucker, mühsam von unseren Rationen abgezweigt. Giuàn hatte dieselbe Menge dabei.
- Zwei Pfund Zucker und Erdnuss-Toffee, vom Konditor gemacht.
- Zwei Pfund Gerstenzucker, von mir selber aus unseren Rationen hergestellt.
- Zehn gekochte Eier. Zehn weitere trug Giuàn, und Enzo zwanzig. Alle Eier waren mit einer dünnen Kruste Maismehl umhüllt. Es hätte Verdacht erregt, wenn wir einfach vierzig Eier gekocht hätten, also gaben wir ein bisschen Maismehl ins Wasser, um die Eier zu kaschieren.
- Giuàn schleppte daneben noch zwei Pfund Milchpulver, eine Achtzehn-Unzen-Dose Ovomaltine (510 g), die wir »draußen« gekauft hatten, und eine Dose mit ungefähr zwei Pfund Olivenöl mit, von einem Gefangenen eingetauscht, der das Öl in einem Paket aus Somalia bekommen hatte.
- Fast hätte ich den letzten Artikel vergessen. Ganz unten in meinem Rucksack saß ein schwarzer Käfer, einer von den Tau-

senden und Abertausenden, die unsere Baracken verseuchten und die wir unter ihrem somalischen Namen *barambara* kannten. Dieses Exemplar hatte offenbar beabsichtigt, als blinder Passagier mit uns auf den Mount Kenia zu reisen. Es bezahlte diese Unverfrorenheit mit dem Tod unter meiner Stiefelsohle. »Kein überflüssiges Gewicht«, kommentierte Enzo.

Und schließlich noch die Eispickel, deren Geschichte ich bereits erzählt habe. Bei dem bloßen Gedanken an das riesige Warenlager, das ich so viele Tage lang auf meinen Schultern den Berg hochschleppen musste, zittern mir jetzt noch die Knie.

Giuàn und Enzo waren genauso voll gepackt wie ich. Außer den aufgezählten Gegenständen hatte jeder von ihnen eine Wolldecke dabei, die noch voluminöser als mein Zelt und mein Schlafsack war. Giuàn hatte als Arzt der Gruppe ein paar Erste-Hilfe-Sachen und ein Thermometer dabei, während Enzo zwei Brotlaibe, das Buschmesser, die kleine Axt und zehn Päckchen Zigaretten mitschleppte, gegen die ich heftig protestiert hatte, die aber gegen Ende dieser Geschichte eine wichtige, vielleicht sogar entscheidende Rolle spielen sollten.

Um mit Enzo zu sprechen: Wir waren so schwer beladen wie Packesel.

Enzo war jetzt fieberfrei und fühlte sich kampfbereit und voller Energie, sehr zu unserer Freude und letztlich dank Giuàns guter Betreuung. Er hustete auch nicht mehr, was ein großes Glück war, falls wir an einem bewohnten Ort vorbeikommen sollten.

Um fünf Uhr aßen wir je ein Ei und teilten einen halben Laib Brot unter uns auf; dann machten wir uns zum Weitermarsch fertig.

Kurz nach halb sechs brach ich zu einem Erkundungsgang auf, weil ich vor Ungeduld fast platzte. Durch das Gebüsch robbend, erreichte ich »das Wäldchen der weißen Kuh«, das jetzt verlassen war. Am anderen Ende bemerkte ich einen Fahrweg. Ich fragte mich, ob es derselbe war, dem wir am vorigen Abend gefolgt waren, um dann links abzubiegen, und ob es der »Gentleman's-Pfad« war. Das war so ungefähr alles an Information, was ich mit zurückbrachte, und wir diskutierten heftig darüber, wenn auch ohne große Hoffnung, eine brauchbare Antwort auf diese Frage zu finden.

Das Schweigen, mit dem der Wald den spektakulären Sonnenuntergang zu würdigen schien, bestärkte uns noch mehr in unserem Wunsch, so schnell wie möglich fortzukommen.

Um viertel nach sieben erlosch der letzte rote Schimmer am westlichen Himmel, und durch den Wald lief ein Schauder, der von einem Windstoß herrührte. Fremdartige neue Laute wurden hörbar, aber es war immer noch nicht völlig dunkel.

»Von wegen abrupter Nachteinbruch am Äquator. Nichts als sentimentales Journalistengewäsch«, fluchte Enzo *pianissimo* zwischen zusammengebissenen Zähnen, und ich war geneigt, ihm Recht zu geben.

Um 19.25 hielten wir es nicht länger aus. Es war noch nicht ganz dunkel, aber wir durchquerten trotzdem das »Wäldchen der weißen Kuh« und hielten in der Nähe des Fahrwegs hinter einem Busch an. Dieser führte nach Osten und ziemlich dicht an unserem Versteck vorbei, was die Tatsache erklärte, dass die beiden Stimmen vorher so nahe geklungen hatten. Wir gingen im Gänsemarsch den Weg hinauf, heilfroh, endlich wieder unterwegs zu sein, sodass unsere Rucksäcke sich nicht mehr ganz so schwer anfühlten wie in der Nacht davor.

»Jetzt«, dachte ich, »werden wir endlich einige der Rätsel lösen: das des Pfades; des Gentlemans; der beiden Afrikaner, deren Stimmen so nahe geklungen haben. Jedes Risiko ist besser als zwölf Stunden tödliches Nichtstun, wie wir es heute erdulden mussten.«

Nach und nach gewöhnten sich unsere Augen an die Dunkelheit und endlich war es Nacht. Im Licht der Sterne konnte ich sehen, dass unser Weg fast genau in Richtung Süden zu den Gipfeln führte. Es gab nur noch wenige Lichtungen, da der Weg mit himmelhohen Baumriesen gesäumt war. Der Wald wurde mit jedem Schritt dichter. Ehrfurcht erfüllte mich, so als schwebte etwas unendlich Mächtiges, aber nichts Böses, der wahre Geist der Wälder, über uns.

Plötzlich hörten wir Hunde bellen. Sie waren noch ziemlich weit weg, aber in genau der Richtung, in die der Weg führte. Ich atmete auf. Wir näherten uns dem Hindernis, was immer es auch sein mochte. Um 22.25 Uhr würde der Mond aufgehen, und dann würden wir sehen, was zwischen uns und »unserem« Berg lag.

Wir waren aufgekratzt, ja, geradezu kampflustig, obwohl wir nicht verhehlen konnten, dass wir eben noch vor einer harmlosen Kuh Reißaus genommen hatten.

Manchmal verzweigte sich unser Weg, aber indem ich den Boden mit der Spitze meines Eispickels erkundete, gelang es mir immer, den stärker frequentierten Weg auszumachen, der die Spuren von Karrenrädern aufwies. Wir gingen jetzt auf der Straße, nicht mehr am Rand, was eine übertriebene Vorsichtsmaßnahme gewesen wäre. Falls man am nächsten Tag die Spuren unserer genagelten Stiefel entdecken sollte, würde sich bestimmt niemand die Mühe machen, im Bergwald nach uns zu suchen.

Der Weg wurde steiler und steiler und verlief plötzlich in einer Art Graben. Einen Meter rechts und links von uns ragte der Urwald wie eine finstere Wand auf. Wir konnten keinen Zentimeter weit sehen. In meiner linken Hand hielt ich die Taschenlampe, die nur im äußersten Notfall angeknipst werden sollte; in meiner rechten den Eispickel, mit dem ich den Boden abtastete, wie ein Insekt mit Fühlern.

Der sternübersäte Himmel, der hoch oben zwischen den Zweigen durchschimmerte, war auf Taschentuchgröße geschrumpft. Bei jedem Schritt hatte man das Gefühl, in ein unergründliches Meer einzutauchen. Die Oberfläche der Straße war ziemlich glatt; selten stieß ich gegen einen Stein. Unsere Schritte waren gedämpft, fast lautlos.

Unser Gehör wurde schärfer, wie uns schien, sodass wir bald die tausenderlei Stimmen nächtlichen Lebens wahrnahmen, das von der Dunkelheit im Wald geweckt und aufgerührt wurde. Hin und wieder war mir, als hörte ich das Rascheln von Blättern unter den Pfoten eines großen Tieres, das uns durch das Laubwerk belauerte. Oder war es nur das Blut, das in meinen Schläfen hämmerte? Es war seltsam, aber wir spürten jetzt ganz deutlich, dass wir nicht allein waren, dass wir beobachtet, eingekreist wurden. Aber von wem? Ich hätte es nicht sagen können, nahm jedoch an, von Tieren.

In Wahrheit hörten wir nicht mehr als ein leises Rascheln, das Knacken von Zweigen, das Aufflattern eines Nachtvogels oder einer Fledermaus, das Geschrei von Affen oder Vögeln, die aus dem Schlaf geschreckt wurden, ein seltsames Zischen und Pfeifen, vielleicht vom Wind in den Baumwipfeln. Aber wir konnten nicht vergessen, dass wir uns im wildtierreichsten Land der Erde bewegten und Löwen und Leoparden in diesem Gebiet keine Seltenheit waren.

Wann immer ich das Gefühl hatte, dass etwas oder jemand unsere Route kreuzte oder uns sogar den Weg versperrte, stieß ich meinen Eispickel in die Dunkelheit, aber da ich nie auf etwas traf, sagte ich mir, dass meine Fantasie mir einen Streich gespielt hatte.

Die Straße wurde noch steiler und die Bäume noch höher. Es war, als lauschten wir auf jeden Atemzug des nächtlichen Urwaldlebens, so wie der Arzt auf den Herzschlag eines Patienten.

Auf einer kleinen Lichtung, die uns zumindest einen schmalen Sicherheitsgürtel bot, hielten wir an. Es kommt sehr selten vor, dass Wildtiere grundlos Menschen anfallen, aber da es dennoch solche Fälle gegeben hat, hielten wir es für besser, vorsichtig zu sein.

Wie aus einem tiefen Schacht blickte ich zu den strahlend hellen Zenitsternen auf, und mir war, als könnte ich südlich des Oriongürtels und zwischen den drei Sternen, die sein Schwert bilden, eine blasse Milchstraße ausmachen. War es der berühmte Orionnebel, den man normalerweise nur mit einem guten Fernglas erkennen kann?

Enzo riss mich aus meinen astronomischen Studien. Seine Nerven lagen bloß.

»Mach dir keine Sorgen«, beruhigte ich ihn, obwohl mir selber ziemlich mulmig war, »das ist heute unser letzter Nachtmarsch. Morgen Abend schlagen wir das Zelt auf und zünden ein großes Feuer an. Dann marschieren wir nur noch tagsüber.«

»Bei Tag treffen wir auf Nashörner.«

»Und bei Nacht auf Löwen oder Leoparden. Außerdem ist es noch lange nicht ausgemacht, dass wir am Tag tatsächlich Nashörner antreffen.«

Mir wurden die Knie weich bei dem bloßen Gedanken. Falls es ein Tier gab, vor dem ich wirklich Angst hatte, dann war es das Nashorn. Es war plump, schwerfällig und kurzsichtig, aber blitzschnell, wenn es zum Angriff überging, und unausweichlich wie ein D-Zug. Lieber nicht daran denken!

»Hör mal den Vogel«, sagte ich. »Klingt wie eine Fahrradglocke, wie?«

»Das ist der ›Girardengo‹-Vogel«, entgegnete Enzo prompt, und wir gingen weiter. (Constante Girardengo war als italienischer Radrenn-Champion nach dem Ersten Weltkrieg zum Helden der sportbegeisterten Jugend in Italien geworden.)

Die Laute waren keineswegs verstummt. Wispern, Rattern,

Zweigeknacken, ja, sogar Grunzen drang aus dem Wald. Wir atmeten auf, als wieder Hundegebell zu hören war, diesmal nicht direkt vor uns, sondern eher zu unserer Linken. Der Weg bog nach rechts ab, mündete in eine breite Lichtung und traf auf einen anderen Weg, der von links kam.

An der Kreuzung stand ein weiterer Wegweiser. Ich ging näher heran, aber die Schrift war stark verblichen und die Dunkelheit undurchdringlich. Da ich meine Taschenlampe nicht anknipsen wollte, war es sehr mühsam, das Schild zu lesen. Meine Augen tränten vor Anstrengung, aber schließlich hatte ich es heraus:

NANYUKI – LASTWAGEN
SÄGEMÜHLE

»Das Rätsel ist gelöst«, verkündete ich meinen Kameraden triumphierend. »Der ›Gentleman‹, die zwei Einheimischen, die Hunde, sie kommen alle von der Sägemühle!«

»Eine Sägemühle, eine Sägemühle«, wiederholten sie verblüfft.

»Der Weg links von uns ist für Lastwagen; der, den wir gegangen sind, ist wahrscheinlich für Autos.«

»Eine Sägemühle!«, sagten wir schließlich alle wie aus einem Mund. Wieso waren wir nicht von selber darauf gekommen? Was sonst sollte es in einem Wald geben? Eine Sägemühle, natürlich! Es war wirklich kinderleicht zu erraten, jetzt, nachdem wir es wussten!

»Wenn es hier eine Sägemühle gibt, kann der Bach nicht weit sein«, meinte Giuàn – die erste intelligente Bemerkung, die gemacht wurde. Jetzt merkten wir auch, dass das stetige Rauschen, das von links kam, keineswegs das Wispern des Winds in den Baumwipfeln war, sondern nichts anderes als der Bach, »unser« Bach!

Zwischen dem Bach und uns lag die letzte menschliche Ansiedlung. Als wir weitergingen, hörten wir nicht nur die Hunde wieder, sondern auch menschliche Stimmen und Trommeln. Zu viele Leute waren noch auf den Beinen. Es war erst halb neun, zu früh, um uns durch die Sägemühle zu schleichen, also änderten wir unseren Plan: Wir würden warten, bis die Leute ins Bett gegangen waren. Dann würden wir im Mondlicht schon einen Weg zum Bach finden.

Da der Mond erst in einer Stunde aufgehen würde, kletterten wir auf einen Grashügel rechts von der Straße und legten uns nieder. Von unserem erhöhten Rastplatz konnten wir prachtvolle Ausblicke genießen. Jenseits eines Tals, das sehr tief aussah, stieg der gewaltige Sockel des Mount Kenia auf, mit der Silhouette des Gipfels, der sich scharf vor dem sternübersäten Himmel abzeichnete und den obersten Grat in einem uns unbekannten Profil zeigte.

Giuàn fluchte *sotto voce*.

»Was ist los?«

»Ich habe meine Eispickelschlaufe verloren.«

»Macht nichts, ich habe genug Schnur, ich kann dir eine neue machen.«

»Wir waren die ganze Zeit so vorsichtig, und jetzt habe ich eine Spur auf unserem Weg hinterlassen!«

»Ist schon in Ordnung. Heute Nacht kommen wir zum Fluss und folgen ihm nach oben, und dort, wo wir morgen sind, findet uns niemand mehr.«

»Du hast Recht – ich glaub auch nicht, dass der Lagerkommandant uns einen Suchtrupp in den Urwald hinterherschicken würde.«

»Natürlich nicht. Drei armselige Kriegsgefangene mehr oder weniger, wen interessiert das schon! Gibt vielleicht ein bisschen Ärger mit dem Oberkommando in Nairobi; ein bisschen Papierkrieg, wahrscheinlich einen Rüffel für den Blockoffizier, und damit hat sich's.«

Inzwischen war ich in meinen Schlafsack geschlüpft und Giuàn wickelte sich in seine Decke. Enzo sollte die Wache übernehmen. Ich legte ihm noch einmal ans Herz, die Taschenlampe nur im äußersten Notfall anzuknipsen, da wir ganz nahe bei der Sägemühle waren, und bat ihn, im Notfall Giuàn oder mich zu wecken.

Ich war kaum eingeschlafen, als Enzo, in dem Glauben, besagter Notfall sei eingetreten, mich an den Schultern rüttelte, als wollte er mich von den Toten auferwecken. »Hör mal! Sei still!«, flüsterte er.

»Warum soll ich still sein? Ich habe doch gar nichts gesagt!«

»Du sollst hinhören!«

»Tu ich doch.«

Mit dem Nachtwind, der vom Berg herunterblies, drangen die Laute der Sägemühlen-Siedlung herüber: das Klappern von Blechdosen, Lieder, Kichern und Frauenlachen, wirre Klänge, wie von Musik, eine Kakofonie von Geräuschen.

»Ich glaube, zu der Sägemühle gehört ein ganzes Eingeborenenviertel.«

»Nein, das meine ich nicht!«

»Was dann?«

Im nächsten Moment hörte ich es auch. Ein grässliches knarzendes Geräusch ertönte nicht weit von uns, und mir lief ein Schauer über den Rücken. Es wiederholte sich, diesmal schriller, stieg zum Crescendo an und brach abrupt mit einem gurgelnden Schrei ab, als wäre jemand erwürgt worden. Wir lauschten voller Entsetzen.

»Hört sich an, wie wenn jemand ein Schwein absticht«, wisperte Enzo, und Giuàn, der immer noch nicht schlief, fügte hinzu: »Es kommt von ganz oben aus den Bäumen. Kann ein Nachtvogel solche Geräusche von sich geben?«

»Es ist der Vogel ›Stich das Schwein‹«, verkündete Enzo feierlich. Und so nannten wir ihn fortan, diesen Vogel, der seine schauerliche Musik an vielen unserer Lagerplätze zum Besten geben sollte. Wir wussten damals nicht, dass es sich bei dem Musiker um einen Baumschliefer handelte, der mit dem Nashorn verwandt ist, auch wenn er nicht größer als ein Kaninchen ist.

Der ganze Wald war in Aufruhr, als bereite er einen Hinterhalt für uns vor. Aber das Schlafbedürfnis war stärker als ich. »Soll Enzo doch aufpassen«, war mein letzter Gedanke.

Zwei- oder dreimal musste Enzo mich rütteln, ehe ich begriff, wo ich war. Es war eine hässliche Realität, mit der ich konfrontiert wurde, da meine Kleider klamm von der Kälte waren und ich vor Müdigkeit kaum die Augen aufhalten konnte.

Ich verfluchte meine Dummheit – warum hatte ich auch mein schönes warmes Bett mit den molligen Decken aufgegeben, nur um hier in dieser Eiseskälte auszuharren!

Das war meine erste Reaktion, geboren in einem Augenblick der Mutlosigkeit. Ich schämte mich sofort dafür, übte Reue und bestrafte mich, indem ich mich der Realität stellte. Ich kroch aus dem Schlafsack, der innen fast noch feuchter war als außen.

Der Mond war aufgegangen, ein roter apokalyptischer Mond, die eine Seite abgebissen, einer riesigen, verfaulten Mango gleich. In seinem schummrigen Licht sahen wir jenseits der Straße ein Tal mit dunkelblauen Schatten und darüber eine wabernde violette Nebelbank. Kein noch so morbider romantischer Maler hätte diese schaurige Szene gebührend wiederzugeben vermocht, überragt von einem Mount Kenia, der sich mit seiner zerklüfteten Silhouette selber aufzulösen schien.

Der Wald war stumm, wie überwältigt vom Auftauchen des Mondes. Aus dem Tal drang jetzt deutlicher das ungestüme Murmeln des Bachs, das sich anhörte, als redete jemand im Fieber. Die Luft war von einem undefinierbaren, leicht aromatischen Geruch erfüllt.

Wieder rief uns das Abenteuer. Es war Zeit weiterzugehen.

»Hast du noch irgendwelche Geräusche von der Sägemühle gehört?«, fragte ich Enzo.

»Nein. Ich glaube, sie sind alle im Bett.«

»Und aus dem Wald?«

»Mehr als genug. Gleich hier in der Nähe war ein Tier, das einen fürchterlichen Radau gemacht hat.«

»Was für ein Tier?«, fragte Giuàn mit schläfriger Stimme, während er im Dunkeln in dem hohen Gras nach seinen Schuhen angelte.

»Woher soll ich das wissen? Ich hab es nicht gesehen«, gab Enzo unwirsch zurück; vielleicht weil er aus Giuàns Frage eine gewisse Skepsis herausgehört hatte. »Es hat gegrunzt; es war bestimmt was Großes, so ein Raubzeug«, fuhr er mit seiner Beschreibung fort.

»Ach ja?«, sagte Giuàn, und diesmal war der Spott in seiner Stimme nicht zu überhören.

»Wieso sollte ich euch Märchen erzählen?«, fauchte Enzo, der langsam in Wut geriet, »ich hätte euch mal sehen wollen!«

Giuàn schnürte seine Schuhe zu und stichelte weiter: »Wie ich dich kenne, hast du die Bestie bestimmt erlegt, oder?«

Hier mischte ich mich ein: »Und wie hast du es geschafft, dass das Tier abgehauen ist?«

»Ich hab meine Taschenlampe angeknipst«, sagte Enzo unschuldig.

»Du hast was?« Ich sprang auf. »Hab ich dir nicht gesagt, dass du das nicht tun sollst!« Aber dann fiel mir ein, dass ich vor kurzem in der Zeitung von zwei Leoparden gelesen hatte, die in den Straßen von Nakuru gejagt worden waren, einer Stadt mit einem größeren weißen Bevölkerungsanteil als Mombasa. Der Artikel war mit »Weidmannsheil!« überschrieben gewesen, wenn ich mich recht erinnerte. Ich hielt es jedoch für geraten, das Thema Raubtiere und Taschenlampen fallen zu lassen, und sagte nur:

»Hätte ich doch bloß diesen grässlichen Schlafsack im Lager gelassen und stattdessen eine Decke mitgenommen, so wie ihr.«

Um elf Uhr brachen wir auf und folgten dem mondbeschienenen Fahrweg in Richtung Sägemühle.

Bald erreichten wir eine weitere Abzweigung, an der kein Wegweiser angebracht war. Da wir den Bach zu unserer Linken hatten, wandten wir uns nach links. Der Fahrweg war an einer Seite von einem Zaun begrenzt und dahinter zogen sich Maisfelder ins Tal hinunter. Nach einer Weile gelangten wir an ein Tor, das ich öffnete. Ein paar Schritte von uns entfernt schimmerte das Wellblechdach einer Hütte im Mondlicht. Ich machte das Tor wieder zu und wir marschierten auf dem Weg weiter.

Zypressen ragten jetzt zu beiden Seiten auf und es roch nach frisch geschlagenem Holz. Der Boden war mit Sägemehl bedeckt, sodass wir wie auf einem Teppich gingen, ohne das geringste Geräusch zu machen.

Die Straße schwenkte nach rechts ab und endete abrupt an einem rechteckigen Platz. Zu unserer Linken türmten sich Holzstapel, und rechts versperrte uns ein langes Gebäude, das entfernt an ein Schweizer Chalet erinnerte, den Weg. Das Mondlicht spiegelte sich in den Fensterscheiben wider.

Wir standen im Schatten der Zypressen und starrten ratlos hinüber.

Ich sah die Szene schon vor mir, wie wir zwischen dem Haus und den Holzstapeln durchschlüpfen wollten und der Sägemühlenbesitzer herauskam und uns anschnauzte: »Was zum Teufel habt ihr hier zu suchen?« »Wir wollen den Mount Kenia besteigen.« »Was, hier in den Holzstapeln?« Nein, wir durften uns hier auf keinen Fall erwischen lassen. Vielleicht hatte uns bereits jemand durchs Fenster gesehen. Ich wandte mich um und sah etwas Helles zwischen zwei Zypressen durchschimmern – vielleicht ein Pfad, der uns, wie ich hoffte, links an den Holzstapeln vorbeiführen würde.

»Wartet einen Moment!«, sagte ich zu meinen Kameraden und ging in Richtung Tal. Aber ich hatte mich geirrt: Der vermeintliche Pfad war nur eine Lücke, an der eine Zypresse gefällt worden war. Das Ganze wirkte wie eine raffinierte Falle, eigens für schwer bepackte entflohene Kriegsgefangene ersonnen. Während ich ein paar Löcher im Boden umging, die von toten Zweigen verdeckt waren, verhedderten sich andere Zweige im »Oberdeck« meines Rucksacks, und ein Knorren eines morschen Baums verfing sich in meiner Hose. Ich hielt es für besser, den Rückzug anzutreten, solange es noch möglich war, was mir mit einiger Mühe auch gelang.

Sobald ich wieder an meinem Ausgangspunkt war, marschierten wir alle drei auf dem sägemehlbedeckten Weg davon, so schnell es unsere Lasten zuließen, bis wir völlig außer Atem im Schatten eines großen Baumes anlangten. Wir hielten einen kurzen Kriegsrat ab und einigten uns, dass es besser sei, den Bach via Maisfeld anzupeilen.

Erneut quietschte das Tor laut in seinen rostigen Angeln. Auf Zehenspitzen näherten wir uns der Wellblechhütte. Die Tür war mit einem glänzenden Schloss versperrt.

Ein Pfad führte hinab durch die maisbepflanzten Terrassen und das Murmeln des Bachs klang jetzt lauter.

In diesem Augenblick fiel mir ein, dass jetzt eine neue Gefahr auf uns lauerte. Ich wusste von diversen Mitgefangenen, die auf der Flucht geschnappt worden waren, dass die Dorfbewohner manchmal Wachen in den Maisfeldern postierten, um mit lautem Geschrei oder Büchsengeklapper Buschböcke, Wildschweine und andere Tiere zu verscheuchen, die in die Felder eindrangen und die junge Saat abfraßen.

Zum Glück war der Mais zu dieser Jahreszeit nicht grün, aber wir scheuchten einen großen Wasserbock auf, der wild davongaloppierte und mit einem mächtigen Sprung über den Zaun setzte. Wir nahmen an, dass er sich an den reifen gelben

Kolben gütlich getan hatte. Die Wachen, die hier möglicherweise postiert waren, zeigten sich jedenfalls nicht sehr pflichtbewusst.

Wir stiegen den Pfad hinunter und jenseits der letzten Terrasse kamen wir wieder zum Wald. Ich ließ meinen Rucksack dort, rutschte den Hang hinunter, kroch durch Dornen und Zweige und knipste meine Taschenlampe an; zu meinen Füßen gluckerte Wasser – der Bach, »unser« Bach!

Ich ging zurück, um meinen Rucksack zu holen, und gefolgt von meinen Kameraden arbeitete ich mich zum Bach hinunter, musste einen langen Umweg durch dichtes Unterholz machen und schließlich durch einen Sumpf waten, in dem wir bis über die Knöchel im Schlamm versanken.

Als wir endlich auf den runden Steinen im Bachbett saßen, waren wir in Hochstimmung, glücklich und siegesbewusst. Es war fünfzehn Minuten nach Mitternacht.

Wir leerten unsere Wasserflaschen; wir wuschen uns und putzten uns sogar die Zähne. Und vor allem tranken wir ausgiebig. Dann kam die »Fütterung«, wie es bei guten Lasttieren üblich ist.

Wir teilten uns einen halben Brotlaib, und während wir daran knabberten, redeten wir pausenlos über die Erfolge, die wir errungen hatten.

»Wir haben einen ganzen Tag verloren mit unseren Vorsichtsmaßnahmen, aber wir hätten es niemals geschafft, gestern Nacht bis zum Bach zu kommen.«

»Seht nur, wie viel Wasser der Bach führt, und dabei sind wir mitten in der Trockenzeit! Ich schätze, wir hatten Recht mit unserer Annahme, dass der Nanyuki River in den Gletschern entspringt.«

»Jetzt müssen wir ihm nur noch folgen, so wie wir es geplant haben, dann kommen wir früher oder später dort an!«

»Wisst ihr, was das Beste ist? Dass wir jetzt vier Pfund weniger schleppen müssen, weil wir es uns leisten können, mit leeren Wasserflaschen zu marschieren!«

»Und vor allem sind wir an der Sägemühle vorbei. Wir haben noch fünf Stunden Dunkelheit vor uns, in der Zeit können wir die Mühle weit hinter uns lassen und sogar noch ein bisschen schlafen!«

Um halb zwölf brachen wir wieder auf, da wir keine Zeit zu verlieren hatten, und wir waren in blendender Laune. Wir ahnten nicht, welch elende Schinderei vor uns lag – und dass wir eine ganze Woche damit zubringen würden, von Trittstein zu Trittstein zu springen oder mühsam über die Felsen zu klettern, die die Ufer des Flusses säumten.

Nur zu bald wurde uns klar, was es bedeutete, »dem Bach zu folgen«, und unsere gute Laune sackte auf den Nullpunkt ab. Mit unseren sperrigen Lasten auf dem Rücken war es nicht leicht, auf den glatten, nassen Steinen das Gleichgewicht zu halten, noch dazu bei dem diffusen Mondlicht, das durch das dichte Blattwerk sickerte. Immer wieder verrieten ein Platschen und ein gedämpfter Fluch, dass jemand aus dem Tritt gekommen war. Trotz seiner noblen Gamaschen war Enzo, der nur seine genagelten Straßenschuhe anhatte, bald völlig durchgeweicht. Er bemerkte düster, dass er seine »Hinterräder« verloren hätte, denn sie seien so steif gefroren, dass er sie nicht mehr spüren könne.

Von Zeit zu Zeit verbreiterte sich der Bach und bildete Becken. In der Dunkelheit sahen sie unergründlich aus, wie Pech. Dann mussten wir auf den Felsen längs der Ufer weiterklettern oder in die wuchernde Vegetation eintauchen. Wir kamen nervtötend langsam voran und waren bald völlig ausgelaugt.

An manchen Stellen führten Viehpfade aus der Richtung der Sägemühle zum Bach hinunter, und gegen zwei Uhr beschlossen wir, das Risiko einzugehen und einem dieser Pfade zu folgen. Er führte uns bald zu einem Weg, der parallel zum Fluss verlief und an ein paar Felder angrenzte. Bald waren wir über die bewirtschaftete Zone hinaus und kamen in eine Lichtung im Wald, die ungefähr fünfzig Meter vom Bach entfernt war.

Nachdem wir jetzt die Sägemühle und die dazugehörigen Siedlungen hinter uns gelassen hatten, waren alle der Meinung, dass es fürs Erste genug war.

Wir stellten das Zelt auf und ließen uns bis zur Dämmerung häuslich nieder. Wir bestanden darauf, dass Enzo die verbleibenden dreieinhalb Stunden schlafen sollte, da er so nass geworden war, dass wir befürchteten, er würde wieder Fieber bekommen.

Giuàn übernahm die erste Wache und ich legte mich schlafen.

26. Januar

Unglaublich, diese Kälte! Eine feuchte Kälte, in der als Erstes die Nase einfror, dann die Knie und schließlich der ganze Körper. Und ich war derjenige gewesen, der darauf bestanden hatte, kein Feuer zu machen, weil wir noch zu nahe an der bewohnten Welt waren!

Als Giuàn mich geweckt und mir die Armbanduhr überreicht hatte, war ich fröhlich aufgestanden. Wer wird eine angenehme Pflicht nicht gern erfüllen? Aber jetzt verfluchte ich die Kälte.

Ich stampfte mit den Füßen auf. Die Hände tief in den Taschen vergraben, die Ohrenklappen heruntergezogen, den Kragen aufgestellt und einen breiten Schal um die Taille gewickelt, stand ich da und bibberte trotzdem noch.

Ich ging um das Zelt herum, das in aufgerichtetem Zustand nur knapp einen Meter hoch war. Es war so winzig, dass ich zu sehen glaubte, wie es sich unter den Atemzügen meiner Kameraden ausdehnte und zusammenzog. Stolz und sehnsüchtig blickte ich auf mein Werk hinunter und kam mir zutiefst bejammernswert vor.

Die Zeit zog sich endlos hin. Wie kalt es war! Wie konnten Löwen an einem solchen Ort überleben?

Während ich gegen den Schlaf ankämpfte und wehmütig an die Steppdecken und Kissen früherer Zeiten dachte, ertappte ich mich dabei, dass ich *sotte voce* vor mich hin sang: »Wie kann ein Löwe an einem solchen Ort überleben?«, nach der Melodie eines alten Walzers, wahrscheinlich aus der »Lustigen Witwe« oder etwas Ähnlichem.

Ich patrouillierte um das Zelt, stampfte mit den Füßen auf, spähte angestrengt umher. Etwas nagte an mir ... stimmt, ich hatte meine Taschenlampe verloren! Ich suchte den Umkreis des Zelts ab, tastete im nassen Gras herum, hob unsere inzwischen tropfnassen Rucksäcke hoch und folgte unserem Herweg ein paar hundert Meter flussabwärts, aber ich konnte die Taschenlampe nicht finden. Ich durchstöberte mit dem Eispickel jedes Grasbüschel, aber vergeblich. Ich ging auf und ab, wie es sich für einen guten Wachposten gehört.

»Wie kann ein Löwe an einem solchen ... Hör auf damit! Schnappst du jetzt über, oder was? Bist du erschöpft, weil du nicht viel Schlaf gehabt hast in den letzten achtundvierzig Stunden? Du wirst noch genug Zeit zum Schlafen haben, wenn du wieder im Lager bist und in der Arrestzelle sitzt. Was, du frierst? Hast du gedacht, du bekommst auf dem Mount Kenia ein Zimmer mit Zentralheizung? Stell dich nicht so an und mach deine Arbeit.«

Ich klemmte mir den Eispickel unter den Arm. Die Tatsache, dass ich mit mir selber redete, war vielleicht kein gutes Zeichen, aber wie ein alter Bauer in Somalia einmal sagte, das allein hat noch nichts zu bedeuten. Schlimm wird es erst, wenn man sich selber antwortet.

Das Nachtleben im Wald war in vollem Gang. Der Mond stand immer noch hoch am Himmel, und rings um uns waren wispernde Stimmen und abrupt abgewürgte Schreie zu hören. Alle unsere Freunde kündeten lautstark von ihrer Gegenwart: »Girardengo«, »Stich das Schwein« und viele andere. Tote Bäume, vom Blitz verstümmelt, ragten gespenstisch auf.

Giuàn schnarchte und Enzo atmete tief und regelmäßig. Wieder überkam mich die Rührung; sie schliefen, vertrauten auf meine Wachsamkeit. An mir lag es, ob sie ruhig schlafen konnten.

Es war fünf Minuten nach fünf auf meiner Uhr. Immer noch über eine halbe Stunde, ehe ich sie wecken konnte. Der Bach grummelte. »Stich das Schwein« hatte aufgehört mit seinem nervtötenden Geschrei. Vielleicht war es endgültig abgemurkst worden. Die Kälte nahm noch zu. Woher kam nur die ganze Feuchtigkeit?

Immer noch zwanzig Minuten, bis ich meine Kameraden wecken konnte. Um mein Verlangen nach Kaffee zu überlisten, oder besser noch nach Brandy (der so nahe war, griffbereit in meinem Rucksack), fing ich an, Gedichte von Leopardi, Carducci und Dante zu rezitieren.

Zeichnete sich dort nicht eine schwache Röte im Osten ab? Totenstille herrschte im Wald. Sollte ich meine Freunde wecken? Sie schliefen so fest. Giuàn schnarchte leise. Lass sie noch ein bisschen länger ruhen!

Was würde ich nicht für eine Tasse Kaffee geben!

Endlich wurde es hell. Um 5.40 Uhr versuchte ich meine Freunde zu wecken, indem ich das Wecksignal der Armee sang: »Pa-pà-pa-pà-papà-papàaa!«. Nichts rührte sich. Den beiden fehlte es wohl an militärischem Geist. Als ich eine der Zeltstangen hochhob, sodass das Zelt über ihnen zusammensackte, fluchten sie und standen auf.

Während ich das Zelt zusammenrollte und sie sich fertig machten, knabberten wir ein paar Kekse und etwas Toffee. Das Zelt war so nass, als hätte es im Wasser gelegen. Dasselbe galt für die Rucksäcke und ihren Inhalt, was uns aber nicht die Laune verderben konnte. Enzo hatte nur Blödsinn im Kopf wie immer, obwohl seine Halbschuhe hart wie Holz und seine gelben Gamaschen steif wie Stockfisch waren.

Es war taghell, als wir aufbrachen – ohne meine Taschenlampe, die natürlich nicht wieder aufgetaucht war. Wir legten ein zügiges Marschtempo vor, das uns rasch aufwärmte.

Bald entdeckten wir einen Weg, der von der Sägemühle herunterkam, und später eine Brücke, die über den Fluss führte.

»Bloß gut, dass wir gestern Nacht kein Feuer gemacht haben«, sagte ich mir. »Wir waren immer noch in der Gefahrenzone.«

Wir folgten dem Bach wie bisher und näherten uns der Brücke, unter der wir durchmussten. Plötzlich tauchte zwischen den Wipfeln zweier hoher Bäume, von dem dunklen Holz der Brücke abgesetzt, aber noch nicht von der Sonne erfasst, die Gestalt des Mount Kenia auf, mit seinen tausend gotischen Zinnen, die schwarzviolett vor dem milchig blassen Himmel aufragten, ein grandioses Spektakel von wilder Schönheit.

Einen Augenblick stand ich wie gebannt, dann hörten wir von der Sägemühle her das Aufheulen eines Motors.

»Sie kommen«, sagte Enzo.

Sollten wir uns erwischen lassen, jetzt, da wir auf der Schwelle zur unbewohnten Welt standen? Nie und nimmer! Nur weg, unter der Brücke durch und an der anderen Seite hinauf, so rannten und stolperten wir über die nassen Steine, bis unsere Schuhe ganz durchgeweicht waren. Das Gewicht unserer Rucksäcke spürten wir nicht mehr.

Der Motor lief. Es klang wie das Keuchen eines Diesels, untermalt von einem blechernen Rattern und Klappern. Ich nahm an, dass es ein Traktor war. In wenigen Augenblicken würde er die Brücke überqueren. »Los, los, weiter zur Flussbiegung!« Dort warteten Freiheit und Sicherheit.

Als ich einen Augenblick auf einem größeren Stein anhielt,

um nach Luft zu ringen, bemerkte ich auf dem gegenüberliegenden Ufer einen Holzweg, der sich in den Wald hineinschlängelte. Er wies frische Kettenspuren auf, und da hier keine Crusader- oder Sherman-Panzer verkehrten, konnten sie nur von einem Diesel-Raupenfahrzeug stammen. Führte der Weg zum selben Sägemühlen-Bereich im Wald drinnen? Egal – wir gingen weiter.

Wir schwitzten wie in der größten Mittagshitze von Berbera.

Es war 6.45, als Straße und Brücke hinter der Biegung verschwanden und wir es wagen konnten, unser Tempo zu drosseln. Im selben Moment hörten wir, wie der Traktor mit heulendem Motor und ratternden Raupenketten die Brücke überquerte. Die Blechmusik wurde vom Singen der Afrikaner begleitet – Sägemühlenarbeiter, die ihr Tagwerk begannen. Wir waren gerade noch rechtzeitig vorbeigekommen.

Obwohl uns die Knie zitterten und wir kaum Luft bekamen, gingen wir noch eine Weile weiter. Erst als das Singen der Arbeiter und das Dröhnen des Traktors in der Ferne verebbten und Enzo dem Zusammenbruch nahe war, ließen wir unsere Lasten bei einer Bachbiegung fallen, wo die ersten Sonnenstrahlen das strömende Wasser golden färbten.

Eine Zeit lang lagen wir einfach da und erholten uns von der Strapaze. Dann bemerkte Giuàn: »Wenn wir angehalten hätten, um den Gipfel zu bewundern ...«

Wir streckten unsere Glieder in der Sonne aus, träge und wohlig wie Eidechsen in den ersten Frühlingstagen.

»Jetzt, wo wir endlich frei sind ...«, sagte Enzo langsam. Giuàn und ich errieten seine Gedanken, weil wir dasselbe Verlangen hegten, und wir riefen wie aus einem Mund: »Kaffee! Lasst uns Kaffee machen!«

Wir zündeten ein Feuer zwischen zwei Steinen an, und als das Wasser kochte – dank Giuàns unermüdlichem Blasen, denn das Holz war viel zu feucht –, gab ich drei Teelöffel duftenden Kaffees hinein, ließ ihn dreimal aufkochen, wie es die Regeln der Kaffeekunst gebieten, fügte Zucker hinzu und schenkte das heiße Gebräu in die Becher, über die Enzo ein Stück Gazefilter legte.

Feierlich nippten wir an dem ersten heißen Getränk nach unserer Flucht, dem »ersten Kaffee in Freiheit« seit zwei Jahren. Nie in meinem Leben habe ich besseren Kaffee getrunken.

Niemand hätte uns ausreden können, dass die Zone hinter uns lag, in der wir von Menschen gesehen und wieder eingefangen werden konnten. Andere Gefahren lauerten uns fraglos auf; aber nicht von Menschenhand, sondern von der Natur. »Ehrlichere Gefahren«, wie wir sagten.

Wir waren so abenteuerhungrig, so erpicht darauf, Gefahren aller Art zu bestehen, so sehr von unserem Glück überzeugt, dass wir uns fröhlich und strahlend in den Wald aufmachten, um zu den einsamen Äquatorgipfeln aufzusteigen, in eine Welt, die unberührt war von menschlichem Elend und voller Verheißung.

Kapitel III

Der Wald

Wie wir uns meilenweit durch unwegsamen tropischen Regenwald schlugen und Bekanntschaft mit einigen seiner größten und keineswegs ungefährlichen Bewohnern machten.

Wie soll man beschreiben, was in drei Kriegsgefangenen vorgeht, die nach monatelanger Vorbereitung und quälender Ungewissheit die erste Etappe ihrer Flucht erfolgreich bewältigt haben und endlich in Freiheit sind?

Die ganze Landschaft um uns herum spiegelte unser Glück wider. Alles an diesem strahlenden Morgen war so jung, frisch und klar wie nach einem Regenschauer – ein Gefühl wie in der Kindheit, wenn die Schulferien begonnen hatten.

Den ganzen Morgen marschierten wir an den Ufern des Bachs entlang, der gleichmäßig von Ostsüdost nach Westnordwest floss.

Grüngoldene Sonnenstrahlen sickerten durch das Blattwerk und brachen sich in tausend Lichtblitzen im Fluss, der über bunte Steine dahinschäumte. Beim Gehen dachte ich an den flüchtigen Blick auf den Gipfel, den wir bei der Brücke erhascht hatten. Die Felsen waren mir so nahe erschienen, als könnten sie jeden Moment auf uns fallen. Es konnte also nicht so weit zu den Gletschern sein!

Wir arbeiteten uns voran, sprangen von Stein zu Stein, wo die Ufer schmal waren, oder gingen auf den Bachkieseln, wenn das Flussbett auf einer Seite ausgetrocknet war. Wir wanderten stetig und ruhig; wir waren überzeugt, dass wir das Schlimmste hinter uns hatten. Unsere Augen hatten Muße, die Wunder aufzunehmen, die der Wald auf Schritt und Tritt bereithielt, Farben, so leuchtend und prunkvoll, wie man sie niemals in Europa antreffen würde, außer vielleicht im Traum.

Hohe Bäume ragten neben uns auf, einige mit glatten schlanken, mastenähnlichen Stämmen, während bei anderen die Stämme fast hinter Schlingpflanzen-Behängen jeglicher Art verschwanden, die manchmal zwischen den Bäumen dunkelgrüne Mauern bildeten; majestätische Baumriesen mit Stämmen, die auf bloßliegenden Wurzelstöcken ruhten, unter denen man ein Auto hätte parken können; gewaltige Würgerfeigen mit weißlichen, geriffelten oder tentakelartigen Stämmen, die sich um dunkle Zedern wanden, Gebilde wie Ringerstatuen, jede ein Laokoon des Urwalds. Hier eine gotische Kathedrale, eingesunken in wogendes Grün, dort ein Gewirr von Seilen, Pfeifen und Drähten, das an eine riesige Maschine erinnerte.

Das Unterholz war bisweilen so dicht, dass wir uns mit Axt und Buschmesser einen Weg bahnen mussten.

Der Bach war mit Blumen gesäumt, funkelnd wie Flammen vor dem dunklen Hintergrund oder in üppigen Trauben ins Wasser hängend; die gelben Schwerter der Gladiolen; Glockenblumen, die nur darauf warteten, von einer Märchenfee geläutet zu werden; blassrosa oder ocker gestreifte Orchideen und Disteln mit monströsen violetten Köpfen.

Hier und da ragten Baumskelette auf, vom Blitz getroffen oder an Altersschwäche eingegangen; einige davon bogen sich quer über den Bach und boten ihre jammervollen, nutzlosen Wurzeln dar, häufiger jedoch lagen sie umgestürzt an den Ufern, bereits mit neueren und stärkeren Geschöpfen der Pflanzenwelt überwuchert, die sich rücksichtslos und unerbittlich ausbreiteten, um die Besiegten vollends zu vernichten – ein Verhalten, das man nicht nur im Wald antrifft.

Zahllose Vögel schwirrten umher, von zierlichen Honigsaugern mit schmalen Schnäbeln und leuchtenden Farben bis zu rau krächzenden Loris, die im Flug ihre blutroten Schwungfedern zeigten. Affenhorden sprangen von Ast zu Ast oder spielten Tarzan, indem sie sich an Lianen herumschwangen und gutturale Schreie ausstießen. Schmetterlinge aller Größen und Farben gaukelten anmutig an den Ufern entlang.

Dort, wo der Bach stehende Becken bildete, stoben schwarze Bachenten schwerfällig auf, sobald wir uns näherten, und ihr nasses Brustgefieder schimmerte wie altes Gold.

An jeder Biegung warteten neue Wunder auf uns, sodass wir vor Freude aufschrien wie kleine Schuljungen auf einem Ferienausflug oder überwältigt vor uns hin stammelten, als wollten wir so viel Schönheit nicht mit Worten entweihen.

»Ist euch klar, dass diese ganze Pracht uns nur achtundzwanzig Tage Zellenhaft kosten wird?«

»Ich würde fünfundsechzig dafür in Kauf nehmen.«

»Ich hundertundzwölf.«

»Letztes Gebot. Verkauft.«

Oder: »Ich fühle mich zehn Jahre jünger.«

»Was? Nur zehn? Dreißig.«

»Dann müssten wir dich im Rucksack tragen. Einen Säugling mitschleppen, das hätte uns noch gefehlt – als hätten wir nicht schon genug Krempel dabei!«

»Apropos schleppen – sind die Rucksäcke leichter geworden, oder haben wir uns bloß an das Gewicht gewöhnt?«

»Hier, seht mal die Stummelaffen dort!«

»Wo denn?«

»Sie warten auf euch!«

Mit schrillem Geschrei flogen sie von den obersten Zweigen einer Zeder zur nächsten. Wir mussten uns den Hals verrenken, um ihnen zu folgen. Ein Ast, der gerade verlassen worden war, schwankte rhythmisch, während der Stummelaffe durch die Luft flog, sodass sein weißes Fell hell wie ein Segel in der Sonne leuchtete.

Plötzlich bemerkten wir Bambusgestrüpp an den Ufern. War das der Beginn des Bambusgürtels, von dem wir in Stockleys Artikel gelesen hatten? Oder wuchs diese Pflanze hier auch in niedrigerer Höhe, dank der Samen, die mit den Schmelzwassern im Bach heruntergeschwemmt wurden?

Mit dem Bambus tauchten auch die ersten Tierpfade auf. Diese Spuren verliefen mehr oder weniger parallel zum Bach, kreuzten einige der Biegungen und führten manchmal direkt zum Bachbett herunter – der Zugang zu einer Wasserstelle, wie wir vermuteten. Von welchen Tieren stammten diese Pfade? Es waren keine Abdrücke zu sehen, nur vertrockneter Dung in verschiedener Form und Größe, der sowohl von Büffeln als auch von Nashörnern oder Elefanten stammen konnte. »Ein Glück, dass das Zeug alt ist«, bemerkte Giuàn, der Einzige unter uns, der Erfahrung in der Großwildjagd hatte.

Nach elf Uhr bezog sich der Himmel plötzlich, und wie durch Zauberhand verschwanden die Vögel und Schmetterlinge, hörte das Trillern und Summen auf. Kein Windhauch rührte sich. Eine lastende Stille hing über dem Wald. Das Murmeln des Baches, das bisher so fröhlich geklungen hatte, war zu einem düsteren Grollen geworden.

Auch unsere gute Laune war verflogen, mit dem Frotzeln und Herumalbern war es vorbei. Auf einmal spukte mir ein Gedanke im Kopf herum, den ich bisher erfolgreich verdrängt hatte: dass wir vermutlich die ersten Weißen waren, die unbewaffnet in diesem Tal bergauf wanderten.

Die Farben, eben noch so prunkvoll und leuchtend, waren stumpf geworden; das Wasser, das in der Sonne gefunkelt hatte, sah jetzt wie geschmolzenes Blei aus. Die Bäume standen reglos, und mein Blick blieb immer häufiger an den dürren Skeletten hängen, die ihre rinden- und blattlosen weißen Äste über die Köpfe ihrer lebenden Brüder reckten, als wollten sie die Welt zum Zeugen ihres traurigen Geschicks anrufen.

Die Stille wurde nervenzermürbend. Es war etwas im Anzug. Aber was? Ich versuchte, dieses seltsame Gefühl zu analysieren, konnte aber keine vernünftige Erklärung dafür finden. Vielleicht würde es gleich regnen – mehr nicht. In diesem Fall wünschte ich mir, es möge endlich losgehen. Dann hätte man aufatmen können. Aber es fiel kein einziger Tropfen.

Wir bewegten uns keinen Fußbreit aus dem Bachbett heraus, obwohl die Tierpfade längs der Ufer einen leichteren und kürzeren Weg geboten hätten. Instinktiv hielten wir uns dicht beim Wasser, wo unser Blickfeld weniger eingeschränkt war, auch wenn uns dabei ziemlich mulmig zu Mute war. Es war dasselbe Gefühl wie in der vorigen Nacht – als wären wir nicht mehr allein, als würde uns jemand beobachten. Ich hielt mir vor, dass dieses Gefühl bei Nacht verzeihlich gewesen war – in der ersten Nacht unseres neuen Lebens, ohne Waffen und Feuer mitten im Urwald –, aber ganz und gar dumm und ungerechtfertigt am helllichten Tag.

Später, als ich mir einen Weg über die größeren Steine im Bachbett suchte, um nicht allzu oft ins Wasser zu rutschen, bemerkte ich auf einigen Blutflecken. Oder war es ein rötliches Moos? Nein, bei näherer Betrachtung zeigte sich, dass es tatsächlich Blut war. Altes Blut, das in unregelmäßigen Flecken über die raue Oberfläche des Steins verteilt war. Fast auf jedem Stein, auf den ich trat, war ein solcher Blutfleck. Es war nervenaufreibend. Ich dachte krampfhaft an etwas anderes, aber meine Augen suchten unweigerlich nach dem nächsten Blutfleck. In meiner Fantasie sah ich ein schwer verwundetes Tier, das in wildem Lauf stromaufwärts hetzte, um sich in Sicherheit zu bringen.

Wir waren müde, ausgelaugt vor allem durch die Nervenanspannung, zermürbt von der Angst, denn Angst hatten wir, das ließ sich nicht leugnen. Wenn ich mich fragte, wovor wir uns eigentlich fürchteten, dann wusste ich keine Antwort darauf, und das war das Ärgerlichste daran.

Unsere Verschnaufpausen häuften sich. Wir saßen jetzt immer Rücken an Rücken, jeder in eine andere Richtung blickend, Eispickel, Axt und *panga* griffbereit in der Hand.

Ich achtete auf jedes verdächtig aussehende Blatt, jede Ranke, jeden Zweig und jeden Stein, wodurch ich nur noch nervöser wurde.

Um das Maß voll zu machen, entdeckte ich schließlich in der weichen Erde in Wassernähe den Abdruck eines Stiefels, der keine Nagelspuren aufwies und flussabwärts zeigte. Es war kein allzu frischer Abdruck, da der Schlamm um die Ränder eingetrocknet war; aber er war auch nicht sehr alt.

Die Absurdität unserer Ängste trat jetzt noch offener zu Tage, ja, es wurde geradezu grotesk. Ich fühlte mich wie in einem Kriminalroman: blutbefleckte Steine, ein geheimnisvoller Fußabdruck. Hatte »er«, der Verursacher des Stiefelabdrucks, ein Tier verwundet? Wer war er? Und wo war das Tier? Wir steckten die Köpfe zusammen wie Sherlock Holmes und Watson. Weder ein Nashorn noch ein Elefant wäre in der Lage gewesen, auf diese Weise von Stein zu Stein zu springen, noch hätten diese Tiere auf Steine treten können, die nicht mindestens einen Durchmesser von einem Quadratmeter hatten. Warum in aller Welt war das Tier dem Bach gefolgt, anstatt sich auf einen Waldpfad zu retten?

Dann goss es wie aus Kübeln und wir atmeten auf.

Stromaufwärts schien das Tal breiter zu werden. Es war bereits nach ein Uhr, und wir hielten es für besser, reichlich Zeit zum Feuerholzsammeln einzuplanen. Wir hatten uns ausgerechnet, dass wir von einer Stunde vor Nachteinbruch bis eine Stunde nach Tagesanbruch ein Feuer brauchen würden – das Feuer musste also vierzehn Stunden brennen, da die Nacht am Äquator fast genau zwölf Stunden dauert.

Als wir eine Lichtung neben einer großen Flussbiegung erreichten, beschlossen wir, dort unser Lager aufzuschlagen und

Feierabend zu machen. Wie nicht anders zu erwarten, hörte der Regen auf, sobald unser Zelt stand. Wir breiteten unsere nassen Kleider zum Trocknen auf den Felsen aus und gingen ans Werk.

Mit *panga,* Axt und Messer hackten wir einen Umkreis von etwa vierzig Metern um die Stelle frei, die wir für unser Lagerfeuer ausgewählt hatten, damit der Wächter ein möglichst weites Blickfeld hatte. Wir mussten nicht weit gehen, um Feuerholz zu sammeln, da von der letzten Regenzeit reichlich Schwemmholz an den Ufern liegen geblieben war. Wir brauchten große Mengen Holz, und Giuàn und ich nützten die Gelegenheit, uns beim Sammeln eine ungefähre Vorstellung von der Umgebung unserer Lagerstelle zu verschaffen, an der wir die Nacht verbringen würden.

Wir entdeckten viele Spuren großer Tiere, sowie Dung, der beunruhigend frisch aussah. An einer schlammigen Stelle am Bachufer konnten wir deutlich die etwa 45 bis 50 cm breiten Fußabdrücke von Elefanten erkennen, und an einer anderen Stelle hatte ein hoher Abhang einem Nashorn offensichtlich als Rutschbahn gedient.

»Nett hier, was?«

»Ein richtiger Zoo, wenn du mich fragst.«

»Weiß der Kuckuck. Vielleicht wäre es weiter oben noch schlimmer gewesen.«

Wir nahmen ein Bad im eisigen Bachwasser, und dann raubten Giuàn und ich trotz Enzos heftigem Protest das Wasser, das für die Zubereitung des Abendessens aufs Feuer gesetzt worden war, und rasierten uns. Enzo hatte von Anfang an gesagt, er wolle sich einen Bart wachsen lassen, einen »Mount Kenya Imperial«, wie er es nannte.

Dann folgte das Abendessen: gekochter Reis mit Fleischextrakt, Cornedbeef mit Zwiebeln, in Olivenöl gebraten, Tee und Toffee. Indem er uns zu überreden versuchte, »unsere Freiheit«

mit einem Tropfen – nur einem winzigen Tropfen – Brandy zu feiern, appellierte Enzo an unsere unterdrückten Begierden. Giuàn und ich widerstanden tapfer und überstimmten ihn mit einem Votum von zwei zu eins, sodass uns der kostbare Schnaps für schlimmere Nächte erhalten blieb.

Wir zündeten ein Feuer in einem Steinkreis an, damit es nicht um sich greifen konnte, und ließen uns bequem davor nieder, den Rücken gegen unsere Rucksäcke gelehnt. Zufrieden schauten wir dem Rauch unserer Zigaretten nach, während wir hin und wieder das Feuer schürten.

Es war die ideale, lang ersehnte Lagerfeueratmosphäre.

Der Sonnenuntergang nahte. Auf den höchsten Baummasten des Waldes färbte sich der rote Schimmer auf der Rinde gelb, dann violett. Wir beobachteten die Geier, die mit langsamen, trägen Flügelschlägen einen Schlafplatz für die Nacht suchten.

Als es vollständig dunkel war, schrumpfte die Welt auf den Umkreis des Feuers ein. Gebannt betrachteten wir das ständig wechselnde Spiel der roten Lichter vor der dunklen Wand des Waldes.

27. Januar

Meine erste Wache, von elf Uhr nachts bis ein Uhr morgens, verstrich ereignislos. Meine Hauptaufgabe bestand darin, die Flammen hoch zu halten und gleichzeitig so viel Holz wie möglich zu sparen. Wenn ich nicht mit Nachlegen beschäftigt war, saß ich am Feuer, fasziniert von den Flammen, die mich an einen umgekehrten Wasserfall erinnerten, und lauschte auf die seltsamen Laute des nächtlichen Waldes – den inzwischen wohl bekannten Schrei von »Stich das Schwein« und die Stimmen vieler anderer Nachtgeschöpfe. Einmal gellte – unvergesslich – das Trompeten eines Elefanten lange und hell durch das Tal.

Als ich mich eine Zeit lang nicht um das Feuer kümmern musste, zeichnete ich die Lagerszene aus nächster Nähe.

Während meiner zweiten Wache, von vier Uhr bis sechs Uhr morgens, wurde ich mehrmals vom Schlaf überwältigt; das leise, monotone Knacken des Feuers und das schwache Gurgeln des Baches wirkten wie ein sanftes Wiegenlied.

Eine Stunde vor Morgengrauen wurde ich durch ein verdächtiges Blätterrascheln flussaufwärts aufgeschreckt. Ich riss meinen Eispickel hoch, und den Rücken zum Feuer gewandt, leuchtete ich mit Giuàns Taschenlampe sorgfältig das dichte Laubwerk in beide Richtungen ab, jeden Moment darauf gefasst, in die phosphoreszierenden Augen eines Tieres zu blicken; aber ich sah nichts. Um ganz sicher zu sein, drehte ich eine komplette Runde um unsere Lagerlichtung, aber ebenfalls erfolglos. Entweder unser Besucher war verschwunden, oder ich hatte mich getäuscht.

Die Angst spielt einem manchmal seltsame Streiche, dachte ich und ließ mich wieder am Feuer nieder.

Endlich kam die Dämmerung, grau und mürrisch, obwohl das Zwielicht sich in den Tiefen des Tales länger hielt. Das Kaffeewasser war auf dem Feuer und ich rief meine Kameraden.

Enzo hatte wieder Fieber, ein paar Striche über 37°C, aber er war bereit weiterzumarschieren. Giuàn packte seinen Rucksack, und ich versuchte, mit einem langen Stecken den Topf mit kochendem Wasser vom Feuer zu holen, als wir plötzlich aufgeschreckt wurden: ein Krachen in den Zweigen, wie vom Aufprall eines schweren Körpers, dann ein wütendes Grunzen, das in einem schrillen Fauchen endete.

Der Kessel rutschte weg und der Inhalt landete im Feuer. Ich nahm den Stecken und stocherte wild in der Glut herum. Ein Funkenregen stieg auf. Enzo warf ein Bündel trockener Zweige hinein, und sobald sie alle Feuer gefangen hatten, schwenkten wir sie über unseren Köpfen herum.

Das Tier bewegte sich grunzend und schnaubend von rechts

nach links; es war sorgfältig darauf bedacht, sich nicht außerhalb des Blätterschutzes zu zeigen, aber andererseits hatte es nicht die Absicht, uns schon in Ruhe zu lassen. Wieder stieß es ein Knurren aus, das in einem hohen Winseln endete und uns einen Schauer über den Rücken jagte. Giuàn warf einen brennenden Zweig nach dem Eindringling. Ein Hagel von brennenden Zweigen folgte von meiner Seite. Enzo, der mit nur einem Schuh herumsprang, sammelte unsere Wasserflaschen und den leeren Kochtopf auf und hämmerte mit einem Eispickel darauf herum. (Ich weiß noch, dass ich dachte: »So ein schlaues Kerlchen, das hat er bestimmt aus einem Film – *Trader Horn* oder etwas in der Art.«)

Mit vereinten Kräften schrien, zischten, fauchten und grunzten wir. Das Tier antwortete mit Knurren, Zischen, Fauchen und Grunzen. Schließlich trat es mit einem besonders lang gezogenen Fauchen den Rückzug an.

Wir ließen die Waffen fallen und schauten uns an. Lag es an dem trüben Licht, dass unsere Gesichter so blass waren?

Wir sammelten unsere brennenden Geschosse wieder ein, und nach einem schnellen Frühstück, das wir bitter nötig hatten, suchten wir nach Spuren, mit deren Hilfe wir unseren ungebetenen Gast identifizieren konnten. Wir fanden nichts, wodurch sich unsere Diskussionen noch mehr in die Länge zogen.

Ich glaube immer noch, dass es ein Leopard war, da sein Grunzen und seine hartnäckigen Versuche uns einzukreisen, während er selber sich sorgfältig versteckt hielt, für keine andere Tierart typisch ist. Wir werden es nie mit Sicherheit wissen, aber wir waren froh, dass wir keine nähere Bekanntschaft mit unserem Besucher gemacht hatten.

Während wir weiter flussaufwärts marschierten, fasste Enzo unsere fruchtlose Debatte wie folgt zusammen: »Leopard hin oder her – wisst ihr, warum dieses Tier versucht hat, hinter uns zu kommen? Es wollte sich nur überzeugen, ob wir Kriegsgefangene sind oder nicht. Als es den schwarzen Fleck auf unseren grauen Hemden gesehen hat, wusste es, dass wir ›nicht das Salz in der Suppe wert sind‹, und da hat es Reißaus genommen und sich ein besseres Restaurant gesucht.«

Ich glaube kaum, dass es irgendwo auf der Welt einen Fluss gibt, der in Luftlinie fließt; aber von allen Gewässern, die ich kenne, zeigt der Nanyuki River die geringste Neigung, dieser, wie ich finde, lobenswerten Gewohnheit zu folgen. Unbeirrbar machten wir alle seine Windungen mit, über Felsen kletternd, über nasse Steine rutschend, stolpernd und springend, und wir kamen unter größten Anstrengungen nur sehr langsam voran. Weniger denn je wollten wir das relativ gute Sichtfeld vom Bachbett aus gegen die Tierpfade eintauschen, die oft an den Ufern zusammenliefen und einen durchdringenden »Zoogestank« verbreiteten.

Nicht dass wir befürchteten, wir würden unserem Leoparden noch einmal über den Weg laufen; wir wussten, dass Raubkatzen Nachttiere waren. Was uns Angst machte, waren vor allem die Nashörner. Ich hatte gehört, dass auf den Straßen rund um den Mount Kenia Plakate mit der Aufschrift »Vorsicht Nashörner« hingen. Für einen Autofahrer ist das kein Problem. Er tritt aufs Gas und kommt im Normalfall ungeschoren davon. Wenn er auf Safari ist, hat er vermutlich sein Gewehr zur Hand. Aber was sollten drei arme Packesel wie wir machen? Auf einen Baum klettern? Gut, eine Möglichkeit. Aber wenn nun kein geeigneter Baum in der Nähe war? Nun, nicht jedes Nashorn greift tatsächlich an. Aber wenn doch?

Diese und ähnliche Gedanken gingen mir durch den Kopf, als ich – oder spielte mir meine aufgewühlte Fantasie einen Streich? – etwa zweihundert Meter entfernt von mir eine grauschwarze Masse sah, die sich an einem kleinen Baum rieb. Meine Kameraden, wie ich jederzeit auf eine unerwünschte Begegnung gefasst, hielten ebenfalls an.

»Nashorn« ,wisperte Giuàn. »Was sollen wir tun?«, fragte Enzo. »Aufpassen, dass es keine Witterung von uns bekommt«, sagte ich und starrte auf das Tier. »Der Wind ist auf seiner Seite.«

Das Tier hatte uns immer noch nicht bemerkt, denn es fuhr mit seiner Hautmassage fort, ohne uns seinen Kopf zu zeigen. Auf jeden Fall verlangte die Situation sofortiges Handeln, und wir nahmen die Beine in die Hand; dass wir uns rücklings davonmachten, brauche ich wohl nicht eigens zu erwähnen.

Wir saßen gute zwanzig Minuten auf einem Felsen, der wie ein Inselchen aus dem Bach ragte, und lutschten Gerstenzucker.

»Also«, sagte ich, als ich sah, dass meine Kameraden genauso angeödet waren wie ich, »wir können nicht bis zum Abend warten und hier unseren Schlafplatz aufschlagen. Oder sind wir vor den Briten geflohen, um als Gefangene eines Nashorns zu enden?«

Wir rafften also unseren Mut, unsere Rucksäcke und Eispickel zusammen und gingen weiter. Das Tier war verschwunden. Als wir den Baum erreichten, sahen wir, dass das weiße, rindenlose Holz Harztränen absonderte, aber in seinem Umkreis war der schlammige Boden so aufgewühlt und keiner der Fußabdrücke deutlich genug, dass wir das Tier zweifelsfrei identifizieren konnten.

»Ach du liebes bisschen«, sagte Enzo. »Den muss es aber ordentlich gejuckt haben.«

Wir gingen der Sache nicht weiter auf den Grund, weil wir nicht in der Stimmung dazu waren und es bereits spät wurde. Ich gebe offen zu, dass wir Angst hatten. Nichts kann einen Menschen daran hindern, Angst zu haben, keine militärische oder zivile Verordnung. Es kann ihm lediglich verboten werden seine Angst zu zeigen. Wir taten unser Bestes und marschierten weiter.

Der Bambus an den Ufern wurde höher, dichter und regelmäßiger. Die jungen Halme, die längs der zahlreichen Pfade zum

Bachbett hinunter wuchsen, waren wohl von Elefanten abgefressen worden.

Nicht nur die Pfade deuteten darauf hin, dass dieser Teil des Tals ein beliebter Nahrungsgrund der Dickhäuter war, sondern wir kamen auch an gewaltigen Schneisen vorüber, die ein Heer von Riesenfüßen in den Wald getrampelt hatten. Jeglicher Pflanzenbewuchs war hier vernichtet und in eine Masse zähen Schlamms verwandelt worden, und die Bäume rund um die Lichtung wiesen ungefähr zwei Meter über dem Boden deutliche Rubbelspuren auf. Wir rätselten herum, zu welchem Zweck die Elefanten diese Waldstücke freigelegt hatten. Enzos Annahme, dass sie hier am Wochenende zusammenkamen, um Fußball zu spielen, wurde umgehend verworfen. Aber welche Bedeutung konnte es sonst haben? War es ein Spielplatz für die Kleinen oder wurden hier Duelle zwischen Rivalen ausgetragen? Oder fanden hier die Tänze statt, jenes »Spektakel, das kein Menschenauge je erblickte«, außer Kiplings kleinem Toomai?

Inzwischen weiß ich etwas mehr über das »Privatleben« der Elefanten und vermute, dass sie diese Lichtungen gemacht haben, um an die Sonne zu kommen, heraus aus dem Wasser, das in der Regenzeit von den Bäumen tropft. Vor gar nicht langer Zeit, als die Weißen noch nicht so dicht an den Mount Kenia herangerückt waren, verließen die Elefanten in der Regenzeit den Wald und breiteten sich in den offenen Ebenen aus. Jetzt sind sie vermutlich gezwungen, sich mit solchen Ersatzebenen im Mini-Format zu behelfen.

Wir jedenfalls fühlten uns tief geehrt, dass wir auf diese Weise Einblick in die häuslichen Gewohnheiten des größten lebenden Landsäugetiers nehmen konnten.

Wieder verengte sich das Tal, und der Bach floss jetzt nicht länger in einem Bett, das diese Bezeichnung verdient hätte. Stiegenhaus wäre treffender gewesen – ein Stiegenhaus nach einem Erdbeben oder Blitzeinschlag. Das Wasser strömte nicht über

Kiesel oder Steine dahin, sondern zwischen Felsen, es schäumte und toste über die gewaltigen Trümmer hinweg, für uns regelrechte Kletterpartien, die nur ohne Rucksäcke bewältigt werden konnten; Giuàn, der als Letzter kam, musste sie zu uns heraufhieven.

Auf einem Felsen fanden wir ein rundes Loch, das im Lauf der Jahrhunderte durch einen großen Stein, der vom fließenden Wasser in Bewegung gehalten wurde, ausgewaschen worden war. Ich hatte dieses Phänomen oft im Kalkstein der östlichen Alpen beobachtet, jedoch nie in härterem Fels, wie zum Beispiel dem basaltähnlichen Stein des unteren Nanyuki-Tals.

Enzo, ein echter Sohn »der heutigen Zeit«, verwarf meine wissenschaftliche Erklärung. »Jetzt weiß ich endlich, warum es so viele Elefanten in diesem Tal gibt«, sagte er. »Das hier ist eine Elefantenfabrik. Man fertigt sie auf Montage-Bändern an wie Autos, und dieses Loch hier ist die Gussform für ihre Füße.«

An einem glatten Felsen in Wassernähe, der von der Sonne beschienen wurde, hielten wir zu einer kurzen Keks- und Toffee-Pause an und breiteten unsere durchgeweichten Stiefel und Socken zum Trocknen aus. Wir sicherten uns jetzt immer nach allen Richtungen ab, sodass ich auf der einen Seite des schmalen Bachs in der Nähe unserer trocknenden Fußbekleidung saß und meine Kameraden auf der anderen Seite, etwa sechs bis sieben Meter von mir entfernt.

Ich tunkte gerade ein trockenes Keksstück in den Bach, um es aufquellen zu lassen, damit es einen ordentlichen Mund voll abgab, als sich das Bambusdickicht, das ungefähr dreißig Meter hinter mir lag, plötzlich teilte.

Ein prächtiger, einzelner Elefantenbulle kam auf uns zugeschlendert.

Ich sage »prächtig«, weil meine erste Regung – und dasselbe gilt für meine Kameraden – nicht Angst war, sondern aufrichtige, tiefe Bewunderung. Kein anderes Lebewesen verkörpert in so vollendeter Weise die Würde, Tiefe und Majestät der Schöpfung.

Endlich löste ich mich aus dem Bann und rief meinen Freunden zu: »Seht mal!« Sie wandten die Köpfe zu dem Dickhäuter um und sprangen auf die Füße. Nie in meinem Leben werde ich vergessen, wie meine zwei barfüßigen Freunde ungläubig den ebenfalls verblüfften Elefanten anstarrten, der kaum zwanzig Meter von ihnen entfernt war.

Er ergriff als Erster die Initiative.

Er verzichtete auf seinen Gang zur Tränke, obwohl er nur ein paar Meter vom Wasser entfernt war, blieb stehen und warf jedem von uns einen kurzen, beinahe verächtlichen Blick aus seinen lebhaften kleinen Augen zu. Dann hob er seinen Rüssel fast senkrecht in die Höhe, zusammen mit den verwitterten rötlichbraunen Stoßzähnen, und ließ ihn sachte und langsam in einem hochmütigen Halbkreis heruntersinken. Im nächsten Moment wirbelte er herum, überraschend schnell bei diesem massigen Körper, und dann stieg er, lässig mit seinem lächerlich kurzen Schwanz wackelnd und mit den schirmähnlichen Ohren fächelnd, denselben Weg, den er heruntergekommen war, wieder hinauf. Einen Augenblick später war sein glänzend schwarzer Rücken, von umherschwirrenden Partikelchen wie von einem Lichthof umgeben, hinter den Blättern verschwunden, die sich vor ihm herunterbogen, um dann fächerartig wieder zusammenzuschnellen, womit das Ende der Vorstellung besiegelt war.

Lange Zeit standen wir reglos da und starrten wie von einer überirdischen Erscheinung geblendet auf die geschlossenen Vorhänge. Hatten wir nicht eben dem König der Bergwälder in nächster Nähe gegenübergestanden?

»Dafür haben sich die achtundzwanzig Tage Zellenhaft doch gelohnt!«

»Dafür hat sich alles gelohnt, die vergangene wie die künftige Schinderei.«

Wir gingen weiter am Bach entlang, bis wir an eine Stelle kamen, an der das Wasser die Felswände zu beiden Seiten so glatt geschliffen hatte, dass keine Fußhalte zu finden waren. Es war wie ein riesiges Becken, in dem der Bach langsam und ruhig strömte, ohne eine einzige Welle. Wir mussten diesen Ort umgehen und durch den darüber liegenden Wald marschieren.

Das war jedoch leichter gesagt als getan. Beim Aufstieg klammerten wir uns an den Wurzeln kleiner Bäume – der Hang war zu steil, als dass größere darauf hätten wachsen können –, an Stämmen und Schlingpflanzen fest, aber bald bekamen wir zu spüren, was es bedeutet, das jahrhundertealte Gleichgewicht des Waldlebens zu erschüttern. Die Wurzeln, die wir packten, leiteten die Bewegung an ihre Pflanzenschwestern weiter, die nun ihrerseits in Bewegung gerieten und, über Rankengewächse als Zwischenträger, weitere Vegetationsteile in Aufruhr versetzten, hauptsächlich den Bambus. Auf diese Weise stürzten tote Bambusstämme, die, hätte man sie ungestört gelassen, *in situ* vermodert wären, plötzlich um. Beim Fallen taten sie ihr Bestes, uns die Schädel einzuschlagen, eine Betätigung, die ihnen sichtlich großen Spaß machte, denn für unseren Geschmack kam es etwas zu häufig vor. Andere Pflanzen, vorzugsweise stachlige, oder ganze Ladungen von toten Blättern und Zweigen und ähnlichem Waldmüll wurden mit ihnen zu uns heruntergerissen. Eine Zeit lang hingen wir einfach an unseren Griffen, hilflos und wegen der Rucksäcke bewegungsunfähig, und alles kam wie eine Lawine auf uns herunter. Als der Wald seine Selbstreinigungsaktion beendet hatte, streckten wir vorsichtig die Köpfe vor und kletterten den Hang weiter hinauf, indem wir uns hauptsächlich von Bambus zu Bambus hangelten. Manchmal fanden wir einen Stängel, der nicht sofort zerbrach, wenn wir ihn packten, oder eine lebende Wurzel, die nicht allein ästhetischen Zwecken diente, sondern einen kräftigen Ruck verkraften konnte; und so gewannen wir langsam Höhe.

Als Nächstes waren wir mit dem Problem konfrontiert, dass wir entlang der Höhenlinie queren mussten, um an eine Stelle zu kommen, an der wir jenseits des Felsenbeckens wieder zum Bach hinuntergelangen konnten.

Der Bambus stand so dicht, dass wir mit unseren Rucksäcken kaum durchkamen. Unsere Füße berührten nicht eigentlich den Boden, sondern wir stolperten auf einem Teppich aus Waldmüll voran, der sich weit über die Ansätze der Bambusbüschel auftürmte. Dieser Teppich erwies sich als trügerisch, obwohl er hübsch anzusehen war, und oft sanken wir knietief darin ein. Ohne die Hilfe meiner Kameraden würde ich heute noch dort feststecken. Manchmal verhedderte sich das »Oberdeck« meines Rucksacks in den Schlingpflanzen, und ich schleppte beim Gehen ganze Vegetationsteile mit. Diese rissen sich dann ruckartig los und schnellten Enzo, der hinter mir ging, ins Gesicht. Es war kein Vergnügen für ihn, zumal er zum ersten Mal in seinem Leben, wie er uns gestand, einen senkrechten Absturz von gut fünfzehn Metern zu seinen Füßen hatte. Zum Glück wurde ihm nicht schwindelig bei seiner ersten Bergsteigererfahrung.

Nachdem wir eine gute halbe Stunde geklettert waren wie die Affen, verbreiterte sich das Tal, und wir konnten am anderen Ende des Beckens zum Bach hinuntergelangen, indem wir wie Ratten an dem riesigen Stamm eines toten Baums hinunterkrochen.

Ein Stück weiter oben stießen wir wieder auf Elefantenpfade, die zum Bach führten, und sie wiesen beunruhigend frische Fußabdrücke auf.

Um halb zwei einigten wir uns, dass wir an der nächsten geeigneten Stelle unser Lager aufschlagen würden. Lange Zeit fanden wir keine, da die wuchernde Vegetation an beiden Ufern nichts von der Beschaffenheit des Bodens erkennen ließ, und die einzigen offenen Stellen waren Tierpfade. Auf diesen zu kampieren hielten wir aus einleuchtenden Gründen für »ungesund«.

Dann entdeckten wir ein paar Höhlen in einem Felsen, der mit einem eleganten Schlingpflanzenvorhang versehen und geräumig genug war – soweit wir es nach der Größe des Eingangs abschätzen konnten –, um einen bequemen Unterschlupf für uns drei abzugeben; aber wenn nun ein Tier vor uns auf dieselbe brillante Idee gekommen war und sich dort drinnen eingenistet hatte?

Es wurde später und später und inzwischen waren wir völlig ausgelaugt.

Auf Enzos Vorschlag hin kletterte ich auf einen wuchtigen, oben abgeflachten Felsen, der wie eine natürliche Festung anmutete und ausreichend Platz für Zelt und Feuer zu bieten schien. Als ich jedoch oben war, musste ich enttäuscht feststellen, dass die Erdschicht, die den Felsen bedeckte, zu dünn für Zeltstangen und -pflöcke war.

Wieder mussten wir weiter, rutschend, kraxelnd, stolpernd. Plötzlich zeigte Enzo auf einen Kiesstrand in einem Winkel zwischen zwei Felsen. »Wie wär's damit?«

»Die Zeltstangen halten nicht in dem losen Schotter.«

»Aber wir könnten doch statt des Zelts einen Unterschlupf aus Bambusstämmen bauen und ein Feuer am Eingang machen.« Ich hielt die Stelle für zu feucht, da sie direkt am Bachrand lag, und marschierte fünfhundert Meter alleine weiter, auf der Suche nach einem besseren Platz; da ich jedoch nichts fand, kehrte ich zurück und erklärte mich mit Enzos Lösung einverstanden.

Inzwischen war Giuàn auf den Hang über der auserkorenen Lagerstätte geklettert und brüllte zu mir herunter. »Gibt's was Neues in der Dachwohnung da oben?«, rief ich zurück. »Komm rauf und überzeug dich selber.«

Ich ging zu ihm hinauf – es war himmlisch, ohne Rucksack zu klettern – und blickte auf eine Lichtung im Bambus, die nach allen Regeln der Kunst von Elefantenfüßen platt getrampelt worden war. Die Fußabdrücke und Dunghaufen waren ziemlich frisch.

»Eine Elefantenwohnung?«

»Vermutlich ja. Meinst du, dass die Besitzer heute Nacht zurückkommen werden?«

»Warten wir's ab.«

In den nächsten drei Stunden schnitten wir Bambusstangen für Enzos Schuppen und sammelten Feuerholz. Enzo baute ein Dach über dem Kiesstrand und deckte die Bambusstangen mit dem Zelt und der Bodenplane ab. Falls es regnen sollte, würden wir in unserem Unterstand einigermaßen im Trockenen sein. Dann zündeten wir ein Feuer an und kochten unser Abendessen. Nach langen Diskussionen brachten wir Enzo dazu, auf seine Wache zu verzichten, da er zu erschöpft war.

28. Januar

Giuàn rüttelte mich.

»Wie spät ist es?«

»Halb eins.«

Wir hatten die Nacht in zwei Hälften eingeteilt, und das Los hatte mir die zweite Hälfte zugewiesen, die am schlimmsten war. Giuàn reichte mir die Armbanduhr, und während ich aus meinem Schlafsack kroch, gab er die »Wachbefehle« aus.

»Hier sind trockene Stämme, dort die trockenen Bambusstangen, und das da sind die nassen, die so fürchterlich qualmen.«

»Wo ist die Taschenlampe?«

»Dort, hängt am Schuppen.«

»Tiere?«

»Keine.«

»Und die Herrschaften in der Dachwohnung oben sind nicht nach Hause gekommen?«

»Bis jetzt nicht.«

»Und da heißt es immer, Dickhäuter seien gute Familienväter und musterhafte Ehemänner. Wie ich sehe, ist diese Theorie nicht länger haltbar. Die Herren sind Nachtschwärmer und Barhocker!«

»Wäre das nicht ein Thema für eine wissenschaftliche Abhandlung? Neue Beweise…«

»Nicht jetzt. Leg dich lieber schlafen, bis es Tag wird.«

»Gute Nacht.«

»Gute Nacht.«

Die Nacht erschien mir unerträglich lang. Die dürren Bambusstängel wurden blitzschnell vom Feuer verschlungen, und ich musste fast sofort wieder nachlegen. Die feuchten Stängel waren auch nicht besser. Sie krümmten sich, weinten schmutzige Wassertränen, pfiffen kläglich und schickten einen beißenden, dicken Qualm ins Tal hinab.

Wie in den Alpentälern steigt hier tagsüber eine warme Brise aus den Niederungen auf, während kurz nach Einbruch der Dunkelheit ein kalter Wind aus den Bergen herunterkommt.

Einmal war mir, als würde das übliche monotone Lied des Baches von einem tieferen, schnelleren Ton überlagert. Oder war es das Knurren eines Raubtiers? Mit Taschenlampe und Eispickel bewaffnet, sprang ich auf einen großen Stein mitten im Wasser, in der Hoffnung, hier einen besseren Ausblick zu bekommen. Ich spähte und lauschte vergeblich. Lange Zeit stand ich dort, in stockdunkler Nacht, verzaubert von dem Anblick, der sich mir bot. Die Ufer lagen so dicht beisammen, dass die Zweige der Bäume sich ineinander flochten und das Wasser darunter durchströmte wie in einem finsteren Tunnel. Kein Stern schimmerte durch dieses dichte Blätterdach.

Ich setzte mich wieder ans Feuer und legte neue Bambusstangen nach.

Die Wache war sehr lang.

Als wir unseren Marsch am nächsten Tag fortsetzten, wurde das Tal noch enger, und wir sahen keine Fußabdrücke von großen Tieren mehr.

Einmal erhaschten wir einen Blick auf einen wunderschönen Buschbock, der uns verdutzt anstarrte, als fragte er sich, was die drei seltsamen Gestalten in so einer unwirtlichen Gegend verloren hatten. Schließlich hetzte er davon und verschwand den Hang hinauf im Bambusgestrüpp.

Wir machten weiter, aber von Marschieren konnte jetzt keine Rede mehr sein. Wir krochen, kletterten, stolperten, rutschten und stürzten. Und das alles ohne ausreichend Schlaf und Essen; kein Wunder, dass wir völlig ausgepumpt waren. Dabei war es erst unser fünfter Tag!

An einer Stelle versperrte uns ein langes Becken den Weg, das der Bach zwischen zwei glatten Felswänden bildete. Diesmal wichen wir jedoch nicht in den Wald aus, um das Becken zu umgehen, so wie wir es am Vortag in einem ähnlichen Fall gemacht hatten, sondern wir zogen unsere Beinkleider aus, verschnürten sie zu einem Bündel und wateten einfach durch. Wir hatten Glück. Der Bach war nicht allzu tief und so klar, dass wir genau sehen konnten, wohin wir unsere Füße setzten. Das Wasser war zwar eisig, aber wir waren froh über die Abwechslung nach der ewigen Felskletterei.

Auf der anderen Seite ruhten wir auf einem glatten, waagrechten Felsen aus und ließen uns trocknen.

In den nächsten paar Stunden blieb das Tal so eng, dass wir nie den Himmel sahen, sondern nur ein Kuppeldach aus Ästen und Zweigen und Blättern. Die vorherrschenden Farben waren gänzlich uneuropäisch – fast möchte ich sagen, unirdisch. Sie erinnerten mich an eine Unterwasserlandschaft. Das Aquarium in Neapel war der einzige Ort, an dem ich so ein blaugrünes Zwielicht und so indigofarbene Halbschatten schon einmal gesehen hatte.

Immer häufiger lagen umgestürzte Bambusstämme quer über dem Bach und versperrten uns den Weg. Wir mussten entweder hinübersteigen oder unten durchkriechen, weshalb wir noch langsamer vorankamen als bisher.

Gegen elf Uhr veränderte sich die Landschaft abrupt und wir stellten fest, dass der Bach, der bislang annähernd von Ost nach West geflossen war, jetzt von Süden nach Norden verlief. Auch die Vegetation veränderte sich, und wir kamen an Baumfarnen vorbei, den einzigen, die wir während der gesamten Expedition zu sehen bekamen. Die Felswände zu beiden Seiten wurden immer höher und plötzlich standen wir an der Gabelung zweier Flussarme.

Wir setzten unsere Rucksäcke ab und beratschlagten, welchem Arm wir folgen sollten. Es war keine einfache Frage, denn schließlich konnten wir nicht wissen, welcher für uns der geeignetere war, der Hauptstrom des Nanyuki River oder der Nebenarm. Aber zuallererst mussten wir herausfinden, welches denn nun der Haupt- und welches der Nebenarm war.

Um diesen Punkt zu klären, kletterte ich auf eine bambusbewachsene Anhöhe zwischen den beiden Bächen. Der Buckel war oben abgeflacht, ein idealer Lagerplatz also, aber es war noch zu früh, um daran zu denken. Ich fand herrliche rote Gladiolen hier und rosafarbene Strohblumen.

Wegen des dichten Bambuswaldes war es nicht einfach, die beiden Arme des Tals zu überblicken, aber schließlich glaubte ich genügend Hinweise zu haben, um die richtigen Schlussfolgerungen ziehen zu können, und kletterte wieder zu meinen Kameraden hinunter.

»Der linke Arm des Tals sieht breiter aus und führt mehr Wasser als der rechte. Zumindest hat es den Anschein, nach allem, was ich sehen und hören konnte. Ich schließe daraus, dass der linke Arm der Hauptstrom des Nanyuki ist und der rechte der Nebenarm.«

»Tut mir Leid, wenn ich dich unterbrechen muss«, wandte Enzo ein, »aber ich würde dich gern etwas fragen, ehe du mit deinen Annahmen und Schlussfolgerungen fortfährst.«

Giuàn und ich waren beide etwas bestürzt über den Ernst, ja

die Feierlichkeit, mit der Enzo gesprochen hatte. Er bat uns darum, eine Frage stellen zu dürfen! Wir mussten unwillkürlich lächeln, so ungewohnt war sein Tonfall.

Enzo runzelte die Stirn. »Da gibt es nichts zu lachen«, sagte er. »Mir ist nicht nach Scherzen zu Mute. Ich möchte euch nur etwas fragen, damit ihr nicht unnötig eure Zeit verschwendet.«

»Nun mach schon. Raus mit deiner Frage.«

»Wie sind wir denn bisher marschiert? Ich meine, haben wir uns nach logischen Gesichtspunkten für rechts oder links entschieden, oder haben wir es mehr oder weniger dem Zufall überlassen und sind auf gut Glück weitergegangen?«

Giuàn und ich lachten schallend.

»Selbstverständlich nach logischen Gesichtspunkten, jedenfalls so weit möglich«, erwiderte ich.

»Also gut, dann entschuldige ich mich.«

Er zündete eine Zigarette an, setzte sich mit unbeteiligter Miene nieder und warf Kieselsteine ins Wasser, als sei die Angelegenheit, nachdem er meine Antwort gehört hatte, nicht länger von Interesse für ihn. Er sah enttäuscht aus, und ich fragte mich, ob er gehofft hatte, dass wir die Frage, ob wir nach rechts oder links gehen sollten, durch Münzenwerfen entscheiden könnten.

Giuàn und ich einigten uns rasch, dass wir den Nebenarm nehmen würden. Wir gingen davon aus, dass er uns im Gegensatz zum Hauptarm ohne Umwege nach oben aus dem Wald herausführen würde. Wenn wir erst oben waren und feststellten, dass der Nebenarm nicht in den Gletschern entsprang, wäre es kein Problem, diese zu erreichen, da die Sichtverhältnisse jenseits der Baumgrenze erheblich besser waren.

Ich weiß bis heute nicht, ob wir Recht oder Unrecht hatten, weil ich immer noch nicht weiß, wie es im Hauptflusstal aussieht.

Wir sahen uns bald darin bestätigt, dass wir dem Nebenarm

folgten, weil das Tal steiler und enger wurde und wir das Wellengekräusel vermissten. Unser neuer Bach floss sachte und fast geräuschlos. Auch die Hauptrichtung des Tals stimmte mit unseren Annahmen überein, denn sie verlief südsüdostwärts.

Um 15.30 Uhr wählten wir einen Platz aus, der uns zum Übernachten geeignet schien. Er war nahe beim Bach, am Fuß einer senkrechten Felswand.

Nachdem wir Feuerholz gesammelt hatten, hauptsächlich Bambus, von dem wir große Mengen brauchten, setzte ich mich hin, um das Lager zu zeichnen, zusammen mit dem Bambusdickicht, das sich wie eine Kirchenkuppel über die Felswand wölbte.

Zum Abendessen verputzten wir einen ganzen Topf Haferbrei und brieten die letzten Zwiebeln mit Cornedbeef. Nachdem wir noch Tee mit Toffee zum Dessert verspeist hatten, bemerkte Enzo, dass die Felswand in unserem Rücken tropfnass sei und nur ein Tropfen Brandy uns vor einem Rheumaanfall bewahren könne.

Um meine Meinung gefragt, überließ ich die Entscheidung dem Doktor, denn Rheuma fiel in sein Metier. Die Feuchtigkeit der Wände sei eine unbestreitbare Tatsache, konstatierte Giuàn, und ein Tropfen Brandy könne folglich nicht schaden. Ich entkorkte also die Flasche.

Als ich später meine Wache antrat und allein am Feuer saß, war die zuversichtliche Stimmung, die der Brandy hervorgerufen hatte, längst verflogen, und düstere Gedanken ergriffen von mir Besitz.

Wir waren an diesem Tag nur drei und drei viertel Stunden wirklich marschiert. Den Rest der Zeit hatten wir mit Ausruhen verbracht oder mit der Überwindung von Passagen, bei denen zwei von uns warten mussten, bis der jeweils Dritte sich an den Felsen hinaufgearbeitet hatte.

Außerdem gab es bisher nicht den geringsten Hinweis darauf, dass wir in der Nähe des Couloirs waren, den wir vom Lager aus gesehen hatten und von dem wir glaubten, dass er etwa auf halbem Weg zum Gipfel liegen musste. Unsere Expedition würde folglich viel länger dauern als die zehn Tage, für die wir Proviant mitführten, vielleicht sogar mehr als vierzehn, was wir unseren Barackenkameraden gegenüber und in unserem Brief an den Verbindungsoffizier als äußerstes Limit angegeben hatten.

Wie sollten wir es schaffen, unsere Tagesrationen noch mehr zu reduzieren?

Möglicherweise würde sich der Bach, wenn wir den Couloir erreichten, als eine Serie von Wasserfällen entpuppen, und dann müssten wir uns einen Pfad durch den Wald freihacken. Was das bedeutete, hatten wir am Vortag bei der Umrundung des Beckens erlebt. Im Wald drinnen würden wir eher noch weniger als dreidreiviertel Stunden richtiges Marschieren schaffen, und bis wir die eigentliche Gipfelbesteigung in Angriff nehmen konnten, wären wir nicht nur mit unserem Proviant am Ende, sondern stünden auch kurz vor dem körperlichen und seelischen Zusammenbruch! Wie sollten unsere Nerven nach zwei Jahren hinter Stacheldraht und fast acht Jahren ohne Felsklettertraining einer solchen Strapaze standhalten? Der Hauptgipfel des Mount Kenia, der Batian, war selbst für einen weltberühmten alpinen Bergführer wie Brocherel eine harte Nuss gewesen, der wie wir nicht die einfachste – besser gesagt die am wenigsten schwierige – Route kannte.

Enzos Gesundheit machte uns große Sorgen. Er bewies eine erstaunliche Zähigkeit und Tapferkeit, aber was, wenn sich sein Zustand noch verschlimmerte? Wir konnten ihn kaum auf einer improvisierten Trage über die Felsen hinunterschaffen! In diesem Fall gab es nur die Möglichkeit, dass einer von uns bei ihm blieb, während der andere zum Lager zurückmarschierte, um Hilfe zu holen. Das galt auch für den Fall, dass sich jemand ein Bein brechen sollte, und es war geradezu ein Wunder, dass das bisher noch nicht geschehen war.

So grübelte ich vor mich hin.

Alles in allem sah ich jedoch keinen Grund, jetzt schon aufzugeben und kleinlaut zurückzukehren. Im Lager hatte man unsere Abwesenheit längst bemerkt, und der Gedanke, dass wir die anstehende Strafe umsonst auf uns nehmen mussten, war einfach zu deprimierend. Wir hatten uns viele Monate lang auf diesen Ausflug vorbereitet und ihn so sorgfältig geplant, und schließlich hatten wir bisher Glück gehabt. Wenn wir jetzt den Rückzug antraten, noch bevor wir auf halber Höhe waren, würden wir es bitter bereuen, sobald wir wieder dem geisttötenden Trott des Barackenlebens ausgeliefert waren.

»Nein«, sagte ich laut und erschrak einen Augenblick, als ich merkte, dass ich mir selber antwortete, »wir machen weiter, vorsichtig, aber unbeirrbar; und jetzt legst du erst einmal ein paar Bambusstangen nach.«

Ich warf ein frisches Bambusbüschel in die Flammen, die hoch aufflackerten.

Das sanfte Murmeln des Baches geriet von Zeit zu Zeit ins Stocken, um dann mit ein paar zögerlichen Anläufen von neuem zu beginnen. Ich sagte mir, dass auch der Bach seine schwachen Momente hatte.

29. Januar

Die Feuchtigkeit des tropfnassen Felsens, der unseren Unterstand bildete, war uns in die »Knochen gekrochen«, wie Enzo am nächsten Morgen meinte, aber er war nicht derjenige, der am meisten darunter gelitten hatte. Nein, diesmal hatte es Giuàn erwischt, der sich, wie ich gleich nach dem Aufstehen bemerkte, irgendwie seltsam benahm. Er bewegte sich so langsam, als er seinen Rucksack packte, dass mir nichts Gutes schwante.

Obwohl ich allmorgendlich unsere Ausrüstung auf diese Art

und Weise ausgebreitet sah, wurde mir heute zum ersten Mal bewusst, wie viel es tatsächlich war. Unglaublich, dass wir das alles auf unseren Schultern den Berg hinauftrugen!

Während Enzo den Kaffee kochte, fragte ich Giuàn: »Was ist los mit dir? Du siehst niedergeschlagen aus.«

»Ich glaube, ich hatte gestern Nacht ein bisschen Fieber.«

»Meinst du, dass du weitermachen kannst, oder sollen wir einen Tag Rast einlegen?«

»Nicht hier unten jedenfalls. Es geht schon. Ich kann weitermachen.«

Später fragte er *sotto voce*: »Sag mal, wie viele Stunden sind wir gestern tatsächlich marschiert?«

»Dreidreiviertel.«

»So ungefähr hab ich mir das vorgestellt.«

»Und jetzt sag du mir bitte«, verlangte ich im Gegenzug, »wie hoch deine Temperatur gestern Nacht war?«

»Achtunddreißig Komma vier.«

»Nicht mehr?«

»Nein, nicht mehr, glaube ich. Ich muss irgendwie überreizt gewesen sein – ich bin nämlich davon aufgewacht, dass ich laut in Englisch mit einem Kerl verhandelt habe, der hergekommen war, um uns zu holen. Ich habe auf ihn eingeredet, dass er uns weitergehen lassen soll.«

Wir brachen später auf als sonst. Hin und wieder beobachtete ich Giuàn und versuchte mein Tempo dem seinen anzupassen. Er ist schließlich der Doktor, beruhigte ich mich. Er muss wissen, ob er kräftig genug ist weiterzumachen.

Wer beschreibt unsere Erleichterung, als wir nach einer Stunde Marsch an einen hohen Wasserfall unseres Bachs gelangten. Er bildete die erste Felsstufe des Couloirs! Wir waren in der Nähe der Stelle, von der wir annahmen, dass sie auf halbem Weg zwischen dem Lager und dem Gipfel lag. Giuàn lebte sichtlich auf. Gemeinsam hatten wir vom Lager aus stundenlang mit dem

Fernglas die Täler studiert, die strahlenförmig von den Gipfeln des Mount Kenia ausgingen, und wir hatten bemerkt, dass jedes davon in einer bestimmten Höhe zu einem Couloir wurde, an dessen oberem Ende der hellgrüne Bambusgürtel dem Dunkelgrün der Baumheide Platz machte. Wir hofften, die Heidezone noch am selben Tag zu erreichen.

So traten wir zuversichtlicher als sonst in den Bambuswald ein. Zuerst mussten wir über moosbedeckte Felsen klettern, dann den steilen, bambusbewachsenen Hang hinauf. Es war nicht leicht, die gesunden Bambusstämme von den morschen zu unterscheiden, und oft erwischten wir einen der Letzteren, der sofort nachgab.

Langsam gewannen wir Höhe und bald konnten wir den Wasserfall nicht mehr hören. Als wir Rast machten, vermissten wir die Stimme des Bachs, an die wir uns in den vergangenen drei Tagen und Nächten gewöhnt hatten.

Kein Blatt raschelte, kein Vogel oder Insekt beehrte offenbar dieses gottverlassene Tal; ganz selten nur hörte man ein Klacken, wenn zwei Bambusrohre gegeneinander stießen. Es klang schauerlich nach klappernden Knochen, aber zumindest war es ein Lebenszeichen.

Wenn wir in unseren häufigen Verschnaufpausen zusammensaßen, war ich überwältigt von der Stille – eine Stille, wie ich sie in keinem anderen Wald erlebt habe, sondern nur in den kilometertiefen Höhlen, die das Wasser in den Kalkstein meiner heimatlichen Julischen Alpen gegraben hat. So still war es, dass ich nur das Blut in meinen Schläfen pochen hörte.

Ich fühlte mich völlig abgeschieden von der Welt, so sehr, dass ich den Augenblick herbeisehnte, in dem wir wieder auf den Bach stoßen würden.

Als wir unserem Gefühl nach hoch genug waren, hörten wir auf zu klettern und querten den Wald, wobei wir uns immer auf gleicher Höhe hielten. Dadurch waren wir gezwungen, kleine

An den Hängen des Mount Kenia (Aquarell von F. Benuzzi)

Benuzzi und seine Freunde folgten auf ihrer Route dem Nanyuki, der manchmal durch einen »regelrechten botanischen Garten floss«.

Unten:
Lagerplatz im Wald. Solange sie sich noch in der »menschlichen Gefahrenzone« befanden, mussten die drei Geflohenen im Schutz der Nacht wandern. (Aquarelle von F. Benuzzi)

Nordansicht des Mount-Kenia-Gipfels (••• = Shipton-Tilman-Route, — = Versuch von Balletto-Benuzzi). (Aquarell von Benuzzi nach einem Foto von Hale)

Das Hausburg-Tal mit seinem lieblichen See. (Aquarell von F. Benuzzi)

Um eine Karte zu entwerfen, studierte Benuzzi nicht nur den Berg vom Lager aus mit einem Feldstecher, sondern nahm auch das Label der »Kenylon«-Dose zu Hilfe.

Benuzzis Route über den »Backenzahn«-Sattel und den Nord-West-Kamm.

Rechte Seite:
Der César-Gletscher mit dem Dutton Peak, dem Schwarzen Zahn und dem Nord-West-Kamm des Batian mit dem Petit und dem Grand Gendarme. (Foto G. Gualco)

Felice Benuzzi hält den Höhepunkt der Expedition fest: auf dem Gipfel des Lenana; im Hintergrund der Batian. (Aquarell und Zeichnung von F. Benuzzi)

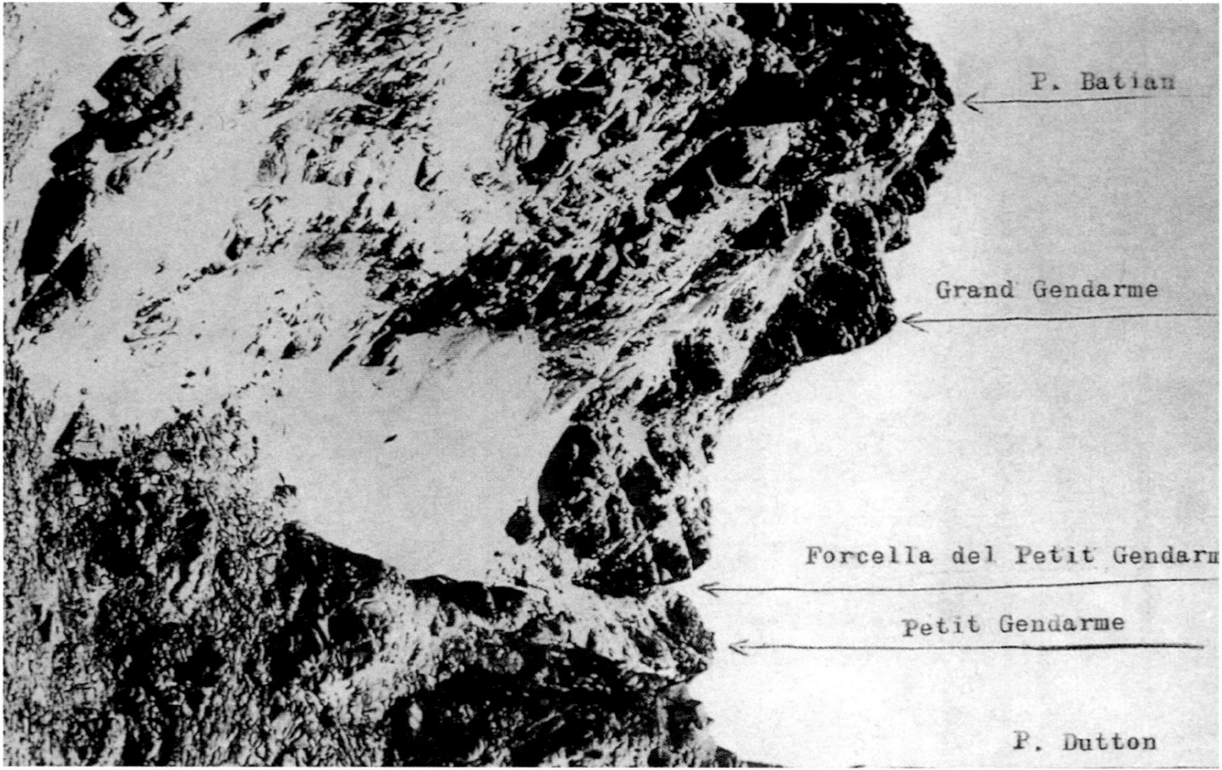

P. Batian
Grand Gendarme
Forcella del Petit Gendarm
Petit Gendarme
P. Dutton

Das Kriegsgefangenenlager 354, aus dem Benuzzi und seinen Freunden die Flucht gelang (1943).

Linke Seite: Die Nordseite des Mount Kenia Massivs mit seinen verschiedenen Gipfeln. (Foto: Campbell)

Über das Abenteuer von Felice, Enzo und Giuàn berichtete eine englische Zeitung im Jahr 1943.

ESCAPED ITALIAN PRISONERS FLED TO MOUNT KENYA!

And Hoisted A Flag On Pt. Lenana

(FROM A CORRESPONDENT)

LAST week, after a lapse of five years, Batian was again conquered. A party of six people from Nairobi spent eight days on Mount Kenya, proceeding by the Embu route and Thompson's Lakes Camp to the top hut. (It is worth noting by those who intend to climb by this route, that under no circumstances will the porters carry on a Sunday).

The weather was ideal during the whole safari. On reaching Thompson's Lakes' Camp, it was noted with interest and much speculation that a flag was flying on the top of Point Lenana (16,800 ft.). With the aid of binoculars, the party could see that the colours were red white and green. It was decided that as soon as possible, an investigation should be made. The top hut was reached the following day about midday and after a quick lunch Major Hayward, Mr Alan Kei and Mrs Firmin set out to climb Point Thompson by way of Point Lenana, Mr. Firmin and Mr. Both pairs made excellent progress and reached the top of Nelion at 1 p.m. when there was great jubilation, whistling and shouting, both on the part of the two people left below and the party who had actually made the climb.

From then on the climbing party disappeared from sight, and it was assumed they were attacking Batian which is the highest point on Mt. Kenya, being 40 feet higher than Nelion.

Difficult Ascent

The climb from Nelion to Batian presents some difficulty, as first there is a drop of about 200 feet down the other side of Nelion to the Diamond Glacier. Secondly, for some years past, the Diamond Glacier has been shrinking, as are all the glaciers on the Kenya range, and has proved practically unsurmountable to parties who have successfully climbed Nelion. The angle of the glacier has become steeper and the ice harder

Felice Benuzzi (Mittte) und seine beiden Gefährten Enzo (rechts) und Giuàn im Jahr 1972.

Täler zu durchwandern, auf deren Grund sich endlose Schichten von Waldabfällen türmten – im Wesentlichen ein federnder, trügerischer Bambusteppich, der mit Erde, toten Blättern und zahlreichen Pflanzen, darunter Riesennesseln, bedeckt war. Letztere schlossen nur zu bereitwillig mit mir Bekanntschaft und hinterließen auf meinen Unterarmen Blasen, deren Größe und Schmerzhaftigkeit ihrem Namen alle Ehre machte, denn auf Suaheli heißen sie *majani-y-moto,* Feuerblätter. Damals wussten wir das nicht, aber der Name trifft die Sache genau.

Nach ausgiebiger Schufterei und Schwerstarbeit mit unserem großen Buschmesser erreichten wir wieder den Bach, obwohl diese Bezeichnung inzwischen kaum noch gerechtfertigt schien, da er fast nur aus einer Kette von Becken und Wasserfällen bestand. Wir rasteten eine Weile und traten dann wieder in den Wald ein, diesmal auf der linken Seite des Tals.

Weiter ging es bergauf. Wir hackten uns einen Weg frei und hielten uns an Bambusstangen fest, bis wir auf riesige, seltsame Felsen trafen, die uns unangenehm an die Betonfelsen in den Raubtiergehegen im Zoo erinnerten.

Wenn ich früher im Zoo war, hatte ich Mitleid mit den Tieren, nicht nur weil sie Gefangene waren, sondern auch wegen ihrer Umgebung, die mir meistens zu künstlich erschien, als dass die Tiere sich darin heimisch fühlen konnten. Vor allem die kahlen Betonfelsen, so dachte ich, mussten den Tieren wie eine Karikatur ihrer natürlichen Umgebung erscheinen. Inzwischen sehe ich das anders. Nicht dass ich kein Mitleid mehr mit den Zootieren hätte; im Gegenteil, sie dauern mich noch viel mehr, nachdem ich selber über vier Jahre hinter Stacheldraht gelebt habe. Aber seit ich die Felsen auf dem Mount Kenia in diesem Teil des Tals gesehen habe, bin ich fast geneigt, den Zoo-Erbauern Abbitte zu leisten, dass ich ihre Felsen unnatürlich fand. Ich sage »fast«, denn wir verspürten wenig Lust uns zu überzeugen, ob in den vielen Höhlen in diesen Felsen tatsächlich wilde Tiere hausten.

Stattdessen beschleunigten wir unsere Schritte und eilten zum Bach hinunter, einem tief eingetretenen, aber extrem steilen Pfad folgend, der höchstwahrscheinlich von den ehemaligen oder gegenwärtigen Bewohnern der Felsenhöhlen geschaffen worden war.

Auf der anderen Seite der Felsen betraten wir den Wald und arbeiteten uns voran, indem wir uns von Bambusstange zu Bambusstange hangelten, das Unterholz heraushackten und Höhe gewannen. Nach zwei weiteren Stunden elender Schufterei trafen wir wieder auf den Bach, der jetzt in einem breiteren Tal floss. Wir konnten mehr oder weniger im Bachbett aufwärts gehen, zur großen Erleichterung Giuàns, der sehr erschöpft wirkte.

Auf einem Felsen stießen wir auf Exkremente, die Giuàn einem Leoparden zuschrieb.

Schließlich tauchte am Horizont, hoch über dem Bambus, am Rand einer Felswand ein Streifen dunkler Bäume auf. Immer wieder richteten wir den Feldstecher darauf: Es konnte nur die Heide sein. Undenkbar, dass wir sie heute noch erreichen würden. Giuàn hatte sich schon viel zu sehr angestrengt.

Wir kampierten auf einer Lichtung in der Nähe eines kleinen Rinnsals, nachdem wir dreieinhalb Stunden richtig marschiert waren. Es war eine seltsame Umgebung. Die Heidesträucher, die ersten, an denen wir vorbeigekommen waren, sahen wie billige kleine Weihnachtsbäume aus, Kinder des Nordens, die sich in den äquatorialafrikanischen Bambuswald verirrt hatten.

Giuàn legte sich auf einen Felsen in die Sonne und wurde von Enzo mit zwei Decken zugedeckt; er schluckte zwei Aspirintabletten, und wir ließen ihn schwitzen, während wir uns an die Arbeit machten.

Als Erstes mussten wir einen Lagerplatz freischlagen, der groß genug für das Zelt und ein Feuer war, dann das Zelt aufbauen und Feuerholz sammeln. Während wir Stämme und Bambusstangen schnitten und sammelten, bekamen wir bald zu spüren, dass uns Giuàns starker Arm fehlte.

An einer kleinen Gumpe des Bachs wusch ich ein paar Socken und Taschentücher, dann unterbrach ich meine Arbeit, um auf Enzos Bitte in das Becken zu tauchen. Er hatte sein Buschmesser hineinfallen lassen, und da lag es schimmernd auf dem kiesbedeckten Grund in dem kristallklaren Wasser. Ich fischte es heraus, und während Enzo Feuer für das Abendessen machte, rasierte ich meinen Dreitagebart ab.

Wie Enzo mir später sagte, hatte es ihn ungemein beruhigt, als er mich häusliche Arbeiten wie Wäsche waschen und Rasieren »mitten in der Wildnis« verrichten sah, »als wären wir zu Hause«; dadurch schöpfte er wieder Zuversicht und glaubte an den glücklichen Ausgang unserer Expedition. Ich wandte ein, dass ich zu Hause weder Wäsche wusch noch mich an einem Bachbecken rasierte; doch insgeheim war ich fasziniert, wie solche kleinen und scheinbar lächerlichen Dinge die Geistesverfassung eines Menschen beeinflussen können.

Gegen Abend war Giuàns Temperatur wieder normal. Diese gute Nachricht nahmen wir zum Anlass, unseren Haferbrei mit einem gehäuften Löffel Fleischextrakt anzureichern und ein paar Tropfen von dem kostbaren Brandy in unseren Tee zu schütten.

Da Giuàn darauf bestand, zumindest einen Teil der Nachtwache zu übernehmen, genehmigten Enzo und ich ihm die erste Schicht von acht Uhr bis zehn Uhr und teilten die restlichen Nachtstunden unter uns beiden auf.

30. Januar

Giuàn war fieberfrei und wir brachen früh und in zuversichtlicher Stimmung auf.

Unser Bach war zwar zu einem kleinen Rinnsal geschrumpft, aber das Gehen wurde nur noch schlimmer. Eine Reihe von Wasserfällen zwang uns wieder einmal, durch den Wald zu klettern, der noch reicher an »Fallen« war als am Vortag. Zu dem federnden Teppich aus morschem Bambus und Riesennesseln kamen jetzt noch dicke, weiche Moospolster hinzu, in die wir bis über die Knie einsanken wie in tiefen Schnee.

Gegen Mittag querten wir wieder entlang der Höhenlinie und erreichten unseren Bach, der jetzt durch einen regelrechten botanischen Garten floss. Weiße Strohblumen, Moospolster und winzige Blümchen boten sich in farbenprächtigen Mustern dar. Und was für Farben das waren! Alle Gelbschattierungen, von elfenbeinfarben bis ocker, alle Grüntöne von schimmel- bis smaragdgrün waren zu sehen. Der »Garten« hing bis über die Bachufer herunter, berührte das Wasser, sodass nicht das leiseste Rieseln zu hören war.

Als ich zufällig ins Tal zurückschaute, wurde ich mit einem prächtigen Ausblick belohnt. Jenseits einer Reihe immer kleiner werdender Hügelketten, die mit dunkelgrünem Wald bewachsen waren, dehnten sich die gelben, kahlen Ebenen des Nanyuki River ins Endlose aus. Der Brechungsglanz über den Ebenen tauchte alles in ein silbriges Licht.

Wir nahmen an, dass wir die schlimmsten Hindernisse des Couloirs überwunden und jetzt den Rand der offenen Alpen und der Heide erreicht hatten. Über die Hälfte der Entfernung vom Lager zu den Gipfeln lag hinter uns.

Bei einem glänzend weißen Immortellenstrauch hielten wir im Schatten einer Felswand an, die vom Bach bizarr geformt war, und feierten unseren Erfolg mit einem Mittagessen, das hauptsächlich aus den verbliebenen hart gekochten Eiern bestand. Nachdem sie über eine Woche lang in unseren Rucksäcken herumgeschleppt worden waren, rochen und schmeckten sie nicht viel anders als jene chinesischen Eierspezialitäten, die man aus den Berichten fernöstlicher Reisender kennt. Aber wir aßen sie tapfer und bis auf den letzten Krümel auf.

Als wir weiter im Tal aufstiegen, merkten wir bald, dass wir keineswegs auf den offenen Alpen oder aus dem Couloir heraus waren. Letzterer wurde sogar noch enger, und zu beiden Seiten stiegen die Felswände glatt und hoch über uns auf. Es gab keine Möglichkeit durch den angrenzenden Wald zu gehen; wir konnten nur den Rückzug zu unserem Picknickplatz antreten, wenn wir nicht sogar noch weiter zurück mussten. Also setzten wir unsere Klettertour über die riesigen Felsblöcke im Bach fort – und hofften das Beste.

Der Bach führte uns jetzt in einen natürlichen, etwa fünfundzwanzig Meter langen Tunnel. Um ihn zu durchqueren, mussten wir durch einen knietiefen Sturzbach waten. Als wir auf der anderen Seite herauskamen, fanden wir uns auf dem Grund eines großen Kessels wieder. Hier bildete der Bach ein natürliches Becken, das von einem Wasserfall gespeist wurde und seinen Abfluss in dem Tunnel fand, durch den wir gerade gekommen waren. Wir schauten uns in den kahlen Felsen um. Es schien kein Weg aus diesem malerischen Fischkessel hinauszuführen.

Wir hatten keine Lust, stundenlang zurückzumarschieren, noch dazu ohne die Gewissheit einen Pfad durch den Wald zu finden. Also untersuchten wir sorgfältig die Felsen zu beiden Seiten des Wasserfalls, um herauszufinden, ob wir sie vielleicht hochklettern konnten. Wir fanden schließlich eine Route.

Eine moosbewachsene Rinne zur Linken des Wasserfalls führte zu einem Sims hinauf, das zum Wasserfall hin immer enger wurde und am Fuß einer vertikalen Spalte endete. Diese Spalte zog sich bis zum Plateau oberhalb der Wasserfallkante hinauf, aber da sie nur ein paar Zoll breit war, konnten wir nicht abschätzen, ob genug Griffe zum Klettern da waren oder nicht. Also mussten wir es ausprobieren.

Wir kletterten ganz bis zum Ende des Simses und zogen

unsere Eispickel und Rucksäcke mit einem Seil hinauf. Dann schaute ich mir die Spalte genau an. Auf den ersten fünfundzwanzig bis dreißig Metern bildete sie einen Überhang. Giuàn quetschte sich in das untere Ende und ich stieg auf seine Schulter.

»Mach schnell bitte«, sagte er. »Ich bin nicht allzu standfest.«

Die Spalte bot ein paar flache Risse und Halte für meine linke Hand und meinen linken Fuß. Auf der rechten Seite hatte der Wasserfall in regenreichen Zeiten die Felsen völlig glatt geschliffen.

Ich dankte meinen Eltern, die mir eine Körpergröße von 1,83 mitgegeben hatten, und überwand die Stufe. Auf dem oberen Plateau bot sich ein wuchtiger Felsblock als ideale Verankerung für einen Seilring an. Ich befestigte einen und zog das Hauptseil durch. Ein paar Minuten später kam Enzo, gefolgt von unserem Gepäck, zu mir herauf, und zuletzt Giuàn. Es war unsere erste richtige Felskletteraktion bei diesem Ausflug.

Die anderen Felsen überwanden wir mit Seilen und eine halbe Stunde später traten wir aus dem Couloir in die Heide der offenen Alpen hinaus.

So abrupt hatte sich die Landschaft verändert, dass das Auge instinktiv nach einer Spur des vertrauten Bambusgestrüpps suchte; aber jetzt hätten wir uns auf den Kopf stellen können und trotzdem keines gefunden.

Ein urtümliches Schweigen hing über dem welligen Plateau. Der Bach schlängelte sich stumm zwischen moosbedeckten Felsen dahin. Über sanfte Hänge breitete sich dunkelgrüne Baumheide aus, behängt mit dem langen grauen »Greisenbart«, der seinen Namen zu Recht trägt. Das Unterholz war kaum kniehoch und bestand überwiegend aus einer Strohblumenart mit weißen pergamentähnlichen Blüten. Die Luft war kühl und unerhört klar, obwohl die Farben weniger leuchtend und exotisch als im

Wald unten waren. Alles in dieser neuen Welt wirkte etwas gesetzter, fast feierlich, als liege ein Bann in der Luft.

Unser freudiges Staunen machte jedoch bald gemischten Gefühlen Platz, als einer von uns Stockleys Artikel zitierte, in dem es hieß: »... während die Nashörner gern in der Baumheide ruhen«.

Wir gingen stromaufwärts und stießen bald auf Nashornspuren mit den drei merkwürdig gerundeten Zehenabdrücken, die entfernt an das Spielkartensymbol Kreuz erinnern. Voll Sehnsucht nach dem Bridgetisch in seiner Baracke starrte Enzo sie an und rief, halb düster, halb verschmitzt: »Kreuz-As!«

»Keine Trümpfe. Die haben wir wirklich nicht.«

»Drei Kreuz!«, beharrte Enzo, dickköpfig wie immer.

»Pass nur auf, dass dich das Nashorn nicht mit seinem Horn doppelt!«

Es ließ sich jedoch kein Nashorn blicken, und da der Himmel sich rasch bezog und die oberen Hänge bereits in Nebel gehüllt waren, mussten wir uns schleunigst einen geeigneten Lagerplatz suchen. Der Bachrand bot keinen. Wir ließen Enzo als Wache bei den Rucksäcken, kletterten einen Nashornpfad hinauf und riefen zu unserem verlassenen Bridgespieler hinunter: »Eins, zwei, drei, vier, fünf, sechs, sieben, – acht Kreuz!«

Schließlich erreichten Giuàn und ich die Kuppe einer Anhöhe, die auf drei Seiten fast senkrecht abfiel; auf der vierten würden wir unser Feuer anzünden.

Wir wollten gerade hinuntersteigen, um Enzo zu rufen und unsere Ausrüstung zu holen, als eine sanfte Brise vom Berg aufstieg und durch die tausend nadelähnlichen Blätter der Heide strich, sodass eine zarte, leise, geisterhafte Musik erklang. Sie begann *piano*, wie eine Flötenmelodie, und steigerte sich langsam, *mezzoforte, forte,* bis sie zu einem mächtigen Harfenkonzert anschwoll.

Wir schauten uns an und lauschten fasziniert. Das *arpeggio* stieg und fiel, und wenn es anstieg, gesellte sich, durch das Aneinanderreiben der Baumheidezweige hervorgerufen, ein tieferer Ton dazu, der wie ein Flügelschwirren begann und zu den Klängen eines Kontrabasses anschwoll. Ich habe nie etwas so Unirdisches und Unheimliches gehört. Wir fühlten uns klein und nichtig. Stand es uns wirklich zu, diese wundersame Musik zu hören?

Nebel hüllte uns ein, als wir unsere Lasten zum Lagerplatz schleppten, und sobald ich das Zelt vom »Oberdeck« meines Rucksacks losgebunden hatte, regnete es, wie es nur am Äquator regnet, und ein kalter Wind setzte ein, so kalt, wie er nur auf über 3000 Meter blasen kann.

Gegen eine solche Attacke waren wir nicht gewappnet. Weder war das Zelt aufgestellt noch die Abflussrinnen ringsum gegraben. Wir saßen auf engstem Raum zusammengedrängt und mühten uns vergeblich ab, samt unseren Rucksäcken und ein paar morschen Ästen trocken zu bleiben, denn mit Letzteren wollten wir ein Feuer anfachen, sobald sich die entfesselten Elemente beruhigt hatten.

Wir hielten das Zelt über uns, aber es war unmöglich, alles abzudecken. Das arme Zelt konnte beim besten Willen unseren Anforderungen nicht genügen. Es war dafür bestimmt, zwei flach auf dem Boden liegende Männer zu beherbergen, und es war nur zweieinhalb Meter lang, einen Meter zwanzig breit und neunzig Zentimeter hoch.

So saßen wir da, während der Wind peitschte und der Regen wie ein Wasserfall herunterrauschte. Die Zeltbahnen wurden ständig von Windstößen hochgehoben. Die Zeit schien still zu stehen. Der Sturm hielt volle zwei Stunden an.

Unsere Gespräche gerieten immer mehr ins Stocken, je nasser wir wurden. Was hätten wir auch sagen sollen, abgesehen von solchen nutzlosen Stoßseufzern wie: »Irgendwann muss es doch aufhören.«

Von Anfang an hatten wir uns geeinigt, dass alles, was mit Krieg und Politik zu tun hatte, aus unseren Gesprächen verbannt werden sollte. Denn davon hörten wir genug im Lager, wo es zudem meine Pflicht gewesen war, allwöchentlich die Nachrichten zu durchforsten und die Karten mit den diversen Kriegsschauplätzen auf den neuesten Stand zu bringen. Grundsätzlich war es streng verboten, von unserem Leben im Lager anders als in der Vergangenheit zu reden. Wenn jemand zum Beispiel etwas erzählen wollte, das sich in den letzten zwei Jahren ereignet hatte, seit wir in Gefangenschaft waren, dann musste er den Satz mit »Als ich noch Kriegsgefangener war…« beginnen, oder »Als ich noch im Lager 354 war…«. Das hatte uns viel Heiterkeit beschert, denn Übertretungen dieses Gesetzes waren an der Tagesordnung und wurden genüsslich kommentiert. Einer sagte zum Beispiel: »In unserem Lager…«, und die anderen konterten sofort: »Ach nein – das Lager gehört uns? Wieso hast du uns das nicht früher gesagt?«

Jetzt war niemand zu Scherzen aufgelegt.

Als das Wetter endlich aufklarte, waren wir durchgeweicht bis auf die Knochen und hatten nicht einen trockenen Fetzen zum Anziehen. Zum Glück wurden wir mit einem herrlichen Ausblick entschädigt, der uns für ein paar Augenblicke die drohende Lungenentzündung und Rheumaattacke vergessen ließ. Der Nebel hatte sich allmählich gelichtet, und die Sonne beschien eine Felsengruppe, die über dem Heideland aufragte. Wir tauften sie sofort »Die Ritterburg«, da sie tatsächlich so aussah – wie eine Burg nach einer sagenumwobenen Schlacht, die zerklüfteten Wälle blutüberströmt, mit zerfetzten Nebelfahnen, die schaurig über den höchsten Türmen hingen.

Widerstrebend rissen wir uns von dem Anblick los und wandten uns den praktischeren Dingen des Lebens zu. Enzo wurde mit dem Bau eines Nachtquartiers beauftragt, in dem wir alle drei samt unseren Besitztümern Unterschlupf finden konnten, falls es noch einmal regnen sollte. Wir mussten sogar auf einen Schneesturm gefasst sein, da wir vom Lager aus beobachtet hatten, dass der Schnee manchmal bis zum Heidegürtel herunterreichte, obwohl er in dieser Höhe selten länger als ein paar Stunden auf dem Boden liegen blieb.

Während Enzo mit Seilen hantierte und Bodenplanen und Decken an nachfedernden Baumheidestämmen oder feuchten Moosfelsen befestigte, zogen Giuàn und ich mit Axt und *panga* bewaffnet los, um Feuerholz zu sammeln.

Nachdem der Sturm einen guten Teil des Nachmittags gewütet hatte, konnten wir keinen einzigen trockenen Zweig finden, aber zumindest wärmte uns das Hauen, Schneiden und Spalten ein bisschen auf. Es war nicht leicht, das Feuer in Gang zu bringen, aber mit der vereinten Kraft unserer Lungen riefen wir eine armselige flackernde Flamme ins Leben, über der wir das Wasser für unser Abendessen heiß machten.

In der Zwischenzeit war der Himmel vollständig aufgeklart. Wie auf einer Karte konnten wir zu unseren Füßen die Ebenen des Nanyuki River sehen, die sich westwärts bis zu den fernen Hügeln von Laikipia erstreckten, und ganz in der Ferne den nordwestlichen Lauf des nördlichen Uaso-Nyiro, der von einem dunklen Vegetationsgürtel gesäumt war.

»Seht mal, dort! Ist das nicht die Eisenbahnlinie?«

»Sicher. Und dort ist der Wald bei der Kirche von Nanyuki. Und weiter drüben … Ja, das ist unser Lager!«

»Falsch. Das ist nicht *unser* Lager, was du dort siehst. Es ist das Lager, in dem wir vor langer Zeit einmal in Gefangenschaft waren.«

»Ich entschuldige mich«, antwortete ich und studierte die Szene mit dem Feldstecher. »Ich kann die großen, pechschwarzen Baracken von Block E erkennen!«, fügte ich hinzu. »Könntest du bitte mal den Zweig zu dir herüberziehen, damit ich besser sehen kann? … Danke. Es ist tatsächlich Block E.«

»Ich kann es kaum glauben, dass wir jemals dort waren.«

»Ich auch nicht. Es sieht so weit weg aus!«

Ja, es lagen Welten dazwischen. Hatten wir das alles wirklich erlebt oder war es ein Traum? Schlange stehen, wenn man duschen oder seine Wäsche waschen wollte, Appelle am Abend, Streitereien zwischen Gefangenen wegen eines Tropfens Bratöl mehr oder weniger, heimliche Kriege um ein Stück Seife, das sich die zweiunddreißig Bewohner einer Baracke gegenseitig zuwarfen, das endlose Geschwätz und Getratsche untätiger Menschen, all die Stunden, Tage, Monate, Jahre, die man mit Nichtstun verbrachte und dabei dennoch versuchte, nicht den Verstand zu verlieren und so sauber wie möglich zu bleiben; und das alles inmitten der abstoßendsten Kleinlichkeit und Niedertracht, die unvermeidlich erscheint, wenn man so eng mit Menschen aller Altersgruppen und Lebensumstände auf der falschen Seite des Stacheldrahts zusammengepfercht ist. Wie fern dieses Leben uns schien – und war!

Da wir das Lager sehen konnten, mussten unsere Freunde dort unten ihrerseits unser Lager ausmachen können, wenn wir ihnen ein Signal schickten. Wir hatten mit ihnen vereinbart, dass sie jeden Abend zwischen sieben und neun Ausschau halten sollten, ob irgendwo ein Feuer brannte.

»Ein Feuer! Ein riesiges Feuer nach dem Abendessen!«, nahmen wir uns vor.

Wir schleppten so viele morsche Baumheidestämme herbei, wie wir nur finden konnten, und nach dem Abendessen – bei dem wir als Schutz gegen die Feuchtigkeit unseren restlichen Brandy getrunken hatten – zündeten wir auf unserer Hügelkuppe ein Freudenfeuer an, das bestimmt nicht nur von unseren Lagerkameraden, sondern vom Blockoffizier höchstpersönlich gesehen wurde.

Das Holz brannte rasch herunter, und die Wirkung des Alkohols war im Nu verflogen, sodass wir, als wir in Enzos stolzen

Unterstand krochen, noch durchgefrorener waren als unmittelbar nach dem Unwetter.

Diese Nacht wird mir immer als die schlimmste der ganzen Expedition in Erinnerung bleiben, wegen der entsetzlichen Kälte, die mich kein Auge zutun ließ, und wegen der noch größeren Erschöpfung, die mich daran hinderte aufzustehen und das Feuer neu anzufachen; erst wenige Stunden vor Tagesanbruch raffte ich mich endlich dazu auf.

Ich musste meine ganze Willenskraft aufbieten. Nachdem ich aus Enzos trockenem Unterstand hinausgestolpert war, wankte ich zur Feuerstelle hinüber. Dort war das Feuer bereits in Gang gesetzt worden; Giuàn saß daneben und legte von Zeit zu Zeit nach.

»Was machst du da? Ausgerechnet du, wo du gestern noch krank warst? Hatten wir nicht abgemacht, dass wir heute keine Wache halten würden?«

»Ja, schon, aber dann fand ich es doch besser, dass jemand Wache hält. Es wurden schon Löwen auf 3.350 Meter Höhe gesichtet, hab ich gelesen.«

»Geh und sieh zu, dass du ordentlich Schlaf kriegst. Ich wache allein beim Feuer.« Ich muss zugeben, dass ich gerührt war, und schließlich blieben wir gemeinsam am Feuer sitzen.

31. Januar

Endlich kam die Dämmerung, neblig und extrem kalt.

Gegen halb sechs waren wir bereits unterwegs und folgten dem Rinnsal, das man nicht länger als Bach bezeichnen konnte. Das Gehen war jetzt ein Kinderspiel verglichen mit der Schinderei der vorausgegangenen Tage, aber wir waren an sich schon erschöpft, zumal nach unserer schlechten Nacht.

Es war Sonntag, genau eine Woche nach unserer Flucht, und

wir waren noch nicht einmal in Sichtweite unseres Ziels. Doch als die Nebel sich lichteten und eine strahlende Sonne hervortrat, war es, als hätte die ganze Landschaft ihr bestes Sonntagskleid angezogen.

Die heidegekrönten Hänge waren mit Blumen übersät: dunkelblaue Glockenblumen, hellblaue Vergissmeinnicht, gelbe Butterblumen und weiße Immortellen, die kümmerlicher wurden, je mehr Höhe wir gewannen. Schmetterlinge und Honigsauger gaukelten fröhlich an den Ufern das Bachs entlang. Die Luft, glänzend und klar wie in den Hochalpen, war vom zarten Duft des Heideharzes erfüllt. Hoch über allem ragten die »Burgen« mit ihren rötlichen Türmen in den tiefblauen Himmel auf. Da sie den Dolomitengipfeln von Cadore ähnelten, erweckten sie heimatliche Gefühle in mir.

Fasziniert studierten wir die ersten Lobelien, von denen einige lange weiße Federn im Wind ausbreiteten, während andere im Innern ihrer bienenkorbartigen konischen Wuchsform kleine hellviolette Blüten aufwiesen, die Insekten jeglicher Art und Größe anlockten.

Die seltsamen Pflanzen, die hellen Farben, die sauberen Gerüche und die dünne Luft – es war, als bewegten wir uns in einem Traumland. Wir fürchteten, dass wir jeden Augenblick aufwachen und uns wieder hinter Stacheldraht finden würden. Zum Glück entdeckten wir keine Spuren von Nashörnern oder Büffeln, aber manchmal fuhr ich zusammen, wenn mir ein nashornähnlicher grauer Basaltblock an unserem Bach ins Auge fiel.

Das Gras bildete hier keinen gleichmäßigen Teppich wie in den Alpen, sondern wuchs in rauen, kniehohen Tussockbüscheln zwischen tiefen, vom Regenwasser ausgehöhlten Furchen. Da die Furchen unter dem Gras versteckt waren, lief man bei jedem Schritt Gefahr, sich den Knöchel zu verzerren, und das Gehen – schwer beladen wie wir waren – war noch anstrengender als im Wald entlang des Bachbetts. Wir konnten Stockleys Feststellung, der Marsch durch das Tussockgras des Mount Kenia sei »eine elende Schinderei«, voll und ganz bestätigen.

Als wir schließlich das obere Ende des Tals erreicht hatten, stellten wir fest, dass unser Nebenarm nicht in den Gletschern entsprang, sondern aus verschiedenen Rinnsalen gespeist wurde, die fächerartig von einem Amphitheater aus Grashängen herunterströmten. Dort, wo bei einem griechischen Amphitheater das Orchester gewesen wäre, stand ein Felsen, so hoch wie ein zweistöckiges Haus, auf dem ein paar prachtvolle Baumheiden wuchsen – ein großartiger Anblick.

Wir einigten uns darauf, über die linke Seite des Talschlusses zu klettern, um so wieder zum Hauptarm des Nanyuki zu gelangen, den wir auf der anderen Seite dieses Grats vermuteten. Also schlugen wir diese Richtung ein, auf einen hohen Felsausbiss zu, der wie die Finger eines Riesen in den Himmel aufragte. Er sah aus wie eine Miniaturausgabe der berühmten Cinque Torri in den Dolomiten, und wir nannten ihn »die Finger«.

Wir hatten unsere Wasserflaschen neu gefüllt, da wir nicht wussten, ob wir wieder auf Wasser stoßen würden, und unsere Rucksäcke waren schwerer denn je. Ich weiß nicht, ob es die vier Pfund zusätzlichen Gewichts waren, die ich trug, die dünne Luft, die schlaflose Nacht, die ich hinter mir hatte, die »elende Schinderei« im Tussockgras oder alles zusammen, aber es stellte sich bald heraus, dass ich nicht mehr als zehn Schritte schaffte, ohne eine lange Verschnaufpause einzulegen.

»Nein«, ermahnte ich mich, »so wird das nichts. Hast du vergessen, was dein Vater dich gelehrt hat? Langsame, kurze, stetige Schritte ohne Verschnaufpausen, hat er gesagt.« Ich bemühte mich, danach zu handeln, schaffte es aber nicht. Ich legte eine weitere Rast ein und rief meinen Kameraden zu, dass sie bei den »Fingern« auf mich warten sollten.

Ich war sehr niedergeschlagen und in meinem Stolz verletzt, denn allmählich wurde mir klar, dass ich an der Höhenkrankheit litt. Ich fühlte mich entsetzlich schwach und schwindelig. Das war mir noch nie passiert, denn von klein auf hatte ich nicht nur die Berge achten und lieben gelernt, sondern auch das Bergsteigen selbst. Die Vorstellung, dass ich jemals höhenkrank werden könnte, hätte ich noch vor kurzem hohnlachend von mir gewiesen. Aber leider zeigte sich, dass nach mehreren Jahren Afrika, davon zwei hinter Stacheldraht, die Dinge ganz anders aussahen.

Was immer auch der Grund für meine Misere sein mochte – wenn ich in meine geliebten Alpen zurückkehren würde, das schwor ich mir, würde ich nie mehr über die endlosen Pfade fluchen, die vom Talgrund zu den Hütten hinauf führten, wie ich es früher in meinen Bergsteigerferien zu tun pflegte. Dort gab es wenigstens Pfade, und nicht diese endlose, zermürbende Plackerei im Tussockgras.

Eine Weile lag ich da und fragte mich, ob ich wohl das nächste Riesenkreuzkraut hoch über mir am Hang erreichen würde, ehe ich zusammenbrach. Ich schleppte mich weiter und tröstete mich mit dem Gedanken, dass auch Enzo und Giuàn ihre schwarzen Tage gehabt hatten und dass heute eben meiner war. Ich weiß nicht, ob ich mehr als zwanzig Schritte geschafft habe, bis ich umkippte. Ich konnte gerade noch meinen Rucksack abnehmen, ehe ich einschlief.

Lange Zeit schlief ich auf dem sonnigen Hang unter den »Fingern«. Eine Spitze meiner Steigeisen bohrte sich unter dem Schulterblatt in meinen Rücken, und ich träumte, ich sei in eine Menschenmasse eingekeilt und ein grober junger Bursche rammte mir seinen Schirm, den er unter dem Arm trug, in den Rücken. Der Schlaf tat mir gut. Als ich aufwachte, waren die Schatten unter den Heidesträuchern lang geworden, die Luft war kühl, und ich fühlte mich wiederhergestellt.

Nach über einer Stunde Marsch hatte ich meine Kameraden eingeholt. Nachdem ich so lange weggeblieben war, hatten sie einen Lagerplatz unter einem überhängenden Felsen am Fuß der

»Finger« vorbereitet. Enzo schnitt Gras für unsere »Betten« und Giuàn sammelte weiter oben am Hang Feuerholz.

»Meinst du, dass es hier oben immer noch Schlangen gibt?«, fragte Enzo.

»Kann ich nicht sagen.«

»Was schätzt du, wie hoch wir jetzt sind?«

»Ungefähr viertausend Meter, denke ich. Diese Riesensenecien-Art wächst nicht unter 12 000 Fuß (3.650 m), soweit ich mich aus Stockleys Artikel erinnere, und hier findet man sie bis weit unter dem Hang, den ich gerade bestiegen – oder vielmehr ›abgestottert‹ – habe.«

Als das Zelt endlich stand, ging ich ebenfalls Feuerholz sammeln und hatte bald ein seltsames Erlebnis: Ich stellte fest, dass Lobelienstämme von der Dicke eines Männerschenkels und fast zwei Meter lang so brüchig wie Pappe waren; drei Meter hohe Riesensenecien ließen sich mühelos umstoßen. Wir fühlten uns wie Alice im Wunderland. War ich dank meines erholsamen Schlafs so stark geworden? Oder hatten die Gesetze der Schwerkraft hier oben ihre Gültigkeit verloren? Ich hatte ein ähnliches Gefühl als kleiner Junge gehabt, als ich zum ersten Mal einen großen Stein unter Wasser hochgehoben hatte.

Schließlich versuchten wir, das Feuer in Gang zu bringen und erlebten die nächste Überraschung. Woraus in aller Welt waren die Riesenlobelien und Riesenkreuzkräuter gemacht? Obwohl sie völlig trocken waren, wollten sie partout nicht brennen. Selbst das dürre Gras erwies sich als immun – es schrumpelte ein und wurde schwarz, fing jedoch kein Feuer. Wir bliesen mit vereinten Kräften: »Eins, zwei, drei – los!« Wir verschwendeten eine halbe Schachtel Streichhölzer, alles vergeblich. Wir schafften es nicht, ein Feuer in Gang zu bringen, fanden aber auch keine überzeugende wissenschaftliche Erklärung für dieses Phänomen. Wenn nicht genügend Sauerstoff vorhanden war, um ein Feuer in Gang zu halten, wie konnten wir dann hier oben atmen?

Aber wir atmeten, und zwar problemlos. Am Ende zündeten wir unseren Alkoholbrenner an und brühten Tee auf, zu dem wir Cornedbeef, Kekse und Schokolade aßen.

In dieser Höhe hielten wir es nicht für nötig, Wache zu halten, und es wäre mit Sicherheit auch über unsere Kräfte gegangen, ohne Feuer vor dem Zelt draußen zu sitzen. Wir schlüpften also zu dritt ins Zelt. Da es nur einen Meter zwanzig breit war, lagen wir zusammengequetscht wie Sardinen in der Dose. Wenn einer von uns sich im Schlaf auf den Rücken gedreht hätte, wäre das Zelt aufgeplatzt oder seine Pflöcke hätten nachgegeben; aber wir hatten nun mal keine andere Möglichkeit.

Enzo und Giuàn lagen rechts und links von mir, jeder in seine Decke eingewickelt. Ich lag in meinem Schlafsack in der Mitte – »der beste Teil des Sandwichs«, wie Enzo meinte. Da wir alles, was wir an Kleidern besaßen, übereinander gezogen hatten, war es reichlich unbequem, aber zumindest froren wir nicht, und wir waren müde genug, um in einen langen und erholsamen Schlaf zu fallen.

1. Februar

Nach zwölf Stunden gesegneten Schlafs standen wir zeitig auf, ausgeruht und voller Energie. Es war kalt, weit unter dem Gefrierpunkt, und das Wasser in unseren Flaschen war hart gefroren. Während meine Kameraden Kaffee auf dem Kocher zubereiteten, versuchte ich die Landschaft zu skizzieren, aber ich konnte kaum den Bleistift halten, so steif waren meine Finger. Eine bizarre Erfahrung, wenn man bedenkt, dass wir am Äquator waren!

Nach einer Weile hatten wir die »Finger« umrundet und erreichten einen breiten Sattel. Unten im Talgrund glitzerte ein Bach, der Hauptarm des Nanyuki River.

»Jetzt passt auf«, sagte Giuàn, der diese Gegend am Vortag erkundet hatte, als wir unser nutzloses, zu Unrecht so genanntes Feuerholz sammelten. »Gleich werdet ihr etwas zu sehen bekommen!«

»Was denn?«

»Den Batian. Er ist so fantastisch, dass ihr euch nur noch hinsetzen und Mund und Augen aufsperren könnt.«

Er hatte Recht: Genau das taten wir.

Sobald wir die Heide endgültig hinter uns gebracht hatten und wieder im Nanyuki-Tal waren, tauchte der Batian auf. Ich hatte ihn mir nicht so nahe, so schön, so verlockend vorgestellt. Da war er endlich, unser Berg, die Nordwand mit Eis gepanzert, die zerklüfteten Gipfel noch nicht von der aufgehenden Sonne erfasst, traumähnlich, überwältigend, so wie er mir im Lager an jenem denkwürdigen Maimorgen erschienen war, als ich mich auf Anhieb in ihn verliebt hatte.

Wir konnten es jetzt kaum erwarten, wieder zu unserem alten Freund, dem Nanyuki, zu kommen, der wohl tatsächlich in den nördlichen Gletschern entsprang. Wir eilten über den Hang und traten in einen kleinen, aber dichten Wald aus Riesenkreuzkräutern ein. Wie ich später gelesen habe, sind echte Riesenkreuzkrautwälder eine Seltenheit auf dem Mount Kenia. Es war also ein Glücksfall, dass wir auf diesen hier gestoßen waren.

Die Stämme dieser bizarren Gewächse standen so dicht beieinander, dass sie den Himmel und den Berg verdeckten. Ich fühlte mich wieder an eine Unterwasserlandschaft erinnert, da die Blattbüschel dieser Pflanzen, die oft mit Blumenkohl oder Riesenartischocken verglichen werden, verschiedenen Meeresflora-Arten ähneln. Einzelne Bäume, viele davon gut viereinhalb Meter hoch, wuchsen so dicht gedrängt, dass sie im Stehen, auf ihre lebenden Gefährten gestützt, vermoderten. Es war nicht leicht, durch diesen Wald zu kommen.

Jenseits des Senecienwaldes trafen wir auf morastiges Sumpfland, das, von hellgrünem Moos kaschiert, aus der Ferne wie ein Rasen aussah. Das Moos war mit Butterblumen gesprenkelt, und oft traten wir auf eine seltsame Pflanze, die ich hier zum ersten Mal sah. Ihre Blätter bildeten einen Kelch, tief ins Moos eingebettet, auf dessen Grund eine gelbe Blüte schimmerte. Ich habe die Pflanze später mit Hilfe von Englers Buch über die afrikanische Flora als *Arctotis Rueppelii* bestimmt.

Zum zweiten Mal leerten wir unsere Feldflaschen im Nanyuki und tranken genüsslich von seinem eiskalten Wasser, bevor wir ihm wieder stromaufwärts folgten.

An den Ufern des »Baby-Nanyuki«, wie wir ihn nannten, wuchsen zu unserem Entzücken ganze Büschel von Zwerghelichrysum, eine Pflanze, die mit dem Edelweiß der Alpen verglichen werden kann; auf dem Mount Kenia wächst sie, soweit ich es beobachten konnte, in größerer Höhe als die meisten, wenn nicht sogar als alle anderen Pflanzen. Bei einem Vergleich mit dem Edelweiß schneidet das *Helichrysum* zweifelsfrei schlechter ab, da es statt des glatten Samts der Edelweißblüten steife, strohige Blüten hat, aber in meinen Augen ist das *Helichrysum* das Aschenputtel der Alpenflora. Es gibt eine Fülle von Literatur in Italienisch, Deutsch, Französisch und Ladinisch (ein rätoromanischer Dialekt), in dem das Edelweiß eine Rolle spielt. In einer der vielen Legenden über seine Herkunft wird erzählt, dass das Edelweiß von der Mondprinzessin höchstpersönlich aus den Dolomiten heruntergebracht worden sei.

Ich fragte mich jetzt, warum das *Helichrysum* nicht ebenso bekannt war? Offensichtlich aus Mangel an Publicity, die heutzutage nun einmal unverzichtbar ist. Es wäre also an der Zeit, für das *Helichrysum* ebenfalls eine Legende ins Leben zu rufen; sein klangvoller Name, vom Griechischen abgeleitet, ist an sich schon eine Huldigung, die ihm die Botanik zuteil werden ließ: *Helios* heißt »Sonne«, *Chrysos* »Gold«.

»Es war einmal eine wunderschöne Prinzessin; nicht die Mondprinzessin natürlich, denn diese war in den Alpen beschäftigt, sondern ihre Schwester, die Sonnenprinzessin. Sie hatte leuchtendes goldenes Haar und strahlende Augen mit Goldfünkchen darin … Aber nein, halt«, bremste ich mich, »das ist nicht meine Aufgabe. Soll sich doch ein Dichter damit befassen.«

Wir marschierten weiter am Nanyuki entlang, der jetzt von Eiszapfen gesäumt war, obwohl es fast Mittag war. Ich hoffte, dass wir noch an diesem Tag ein Joch unter dem Gipfel des nördlichen Grats des Batian erreichen würden, um von dort aus den besten Platz für unser Basislager zu suchen. Dort würde Enzo die Stellung halten, wie wir es geplant hatten, während Giuàn und ich den Hauptgipfel in Angriff nehmen wollten, oder, falls das nicht zu schaffen war, den Lenana. Ich hatte gehofft, dass wir unser Basislager auf halbem Weg zwischen den beiden Gipfeln errichten könnten; aber alle meine Hoffnungen wurden zunichte gemacht, als uns der schwerste Schlag der gesamten Expedition traf.

Ich hatte gerade ein paar Fußabdrücke und Dungspuren entdeckt, von einem Tier, das nicht kleiner als ein Büffel sein konnte, als ich meine Kameraden hinter mir rufen hörte. Ich fuhr herum, auf den Angriff eines wütenden Büffels gefasst, aber die Beute, die sie verfolgten, nachdem sie ihre Rucksäcke hatten fallen lassen, konnte kein Büffel sein, denn Enzo brüllte: »Es sieht aus wie eine Sumpfschnepfe!«, und kein Büffel könnte je mit einer Schnepfe verwechselt werden, nicht einmal im Wunderland des Mount Kenia.

»Das ist im Leben keine Schnepfe«, rief ich zurück, als das Geschöpf, das ich für den Grund ihrer Aufregung hielt, auf mich zugeflogen kam. Es war ein Honigsauger mit einem langen Schwanz, gebogenen Schnabel und schimmernden Brustgefieder. Ich glaube, es war ein *Nectarinia Johnstonii*. Ich drehte mich um und ging einen Augenblick weiter, zwei winzigen dunkelblauen Schmetterlingen nachblickend, und meine Gedanken wanderten wieder in die Alpen zurück, wo ich einmal zwei rote

Admirale auf dem eisbedeckten, fast viertausend Meter hohen Ortlergipfel gesehen hatte. Dann hörte ich wieder Rufe. Diesmal war es Giuàn und seine Stimme klang besorgt. Ich schaute zurück, und was ich sah, ließ mich sofort meinen Rucksack hinwerfen und hinunterrennen.

Enzo lag am Boden. Giuàn, der den wie leblos wirkenden Körper herumgewälzt hatte, legte sein Ohr an Enzos Brust und öffnete dann sein Hemd. Als ich völlig außer Atem bei unserem bewusstlosen Freund ankam, fühlte Giuàn seinen Puls und machte ein Gesicht, das mir gar nicht gefiel.

»Hat Enzo ein schwaches Herz?«, fragte ich.

»Ja«, antwortete Giuàn mit rauer Stimme. »Mach Kaffee, schnell.«

Ich flog zu meinem Rucksack hinauf, füllte einen Kochtopf voll Wasser, zündete den Alkoholbrenner an und wartete.

Auf knapp 4.300 Meter hat Wasser einen niedrigeren Siedepunkt als in Meereshöhe und müsste folglich schneller kochen, sagte ich mir; aber eine Minute verging und es rührte sich nichts. Alle paar Sekunden schaute ich zu Giuàn hinüber, der sich mit angespannter Miene an dem reglosen Enzo zu schaffen machte, sodass mir zusehends mulmiger wurde. Ich stellte keine Fragen, denn wehe dem Sterblichen, der einen Arzt bei der Erfüllung seiner Pflichten stört.

Endlich kochte das Wasser und Giuàn zwängte ein paar Tropfen heißen, starken Kaffee zwischen Enzos blasse Lippen. Ich kann gar nicht sagen, wie erleichtert wir waren, als Enzo die Augen aufschlug, ein paar weitere Tropfen Kaffee schluckte und schließlich um sich blickte und schwach lächelte.

»Das wird dich lehren, Honigsauger in viertausend Meter Höhe zu jagen!«, entfuhr es mir unwillkürlich.

Er schüttelte langsam den Kopf und flüsterte, dickköpfig wie immer: »Es war eine Sumpfschnepfe!«

Noch heute ist er felsenfest überzeugt, dass der Honigsauger, den ich gesehen habe, ein anderer Vogel war als der, den er gejagt hatte; und wie ich später gelesen habe, gibt es in den Sumpftälern des Mount Kenia tatsächlich eine afroalpine Schnepfenart. Wer weiß, vielleicht hatte er doch Recht!

Wie auch immer, Giuàn und ich waren heilfroh, als wir seine Stimme wieder hörten, und wir teilten den restlichen Kaffee untereinander auf. Wir hatten ihn bitter nötig.

Während Giuàn sich weiter um Enzo kümmerte, schaute ich mich nach einem Lagerplatz um, wohl wissend, dass wir zumindest an diesem Tag nicht weiterkommen würden. Jenseits des Tals ragten zwei parallele, v-förmige Reihen von Findlingen auf, wobei der Bach die Spitze des V's bildete. Sie waren von einem wandernden Gletscher mitgeführt und, nachdem dieser geschmolzen war, an der Stelle zurückgelassen worden. Sie hätten das Herz eines jeden Geologen höher schlagen lassen, obwohl es keines weiteren Beweises für den glazialen Ursprung des oberen Nanyuki-Tals bedurft hätte, da dieses eindeutig u-förmig war; aber die beiden Findlingsreihen waren so säuberlich gezeichnet, als hätte eine Riesenhand sich damit vergnügt, die Steine in Reih und Glied anzuordnen wie einen Trupp Soldaten.

Ich wählte die rechte Seite des Tals, die morgens Sonne bekommen würde, und fand bald einen überhängenden Felsen mit Blick auf das Tal. Hier waren wir vor dem Nachtwind geschützt, der von den Gletschern herunterkam, und profitierten von den warmen Aufwinden, die tagsüber aus den Ebenen aufstiegen. Ich trug die Rucksäcke und Gerätschaften, während Giuàn den Patienten langsam und vorsichtig zu unserem Unterschlupf hinaufführte.

Später baute ich mit Giuàn das Zelt auf, und er flüsterte mir zu: »Enzo darf auf keinen Fall auch nur einen einzigen Schritt höher hinauf gehen.«

»In Ordnung«, antwortete ich, obwohl wir damit jede Hoffnung auf ein einigermaßen günstig platziertes Basislager aufgeben mussten, wollten wir Enzos Gesundheit und Leben nicht aufs Spiel setzen. Es wurde also immer fraglicher, ob wir unseren anvisierten Gipfel jemals erreichen würden.

So kam es, dass unser Zelt, das zwischen zwei Riesensenecien festgemacht war und im Schutz eines Findlingsblocks lag, zum Basislager wurde; zu weit unten, um uns einen guten Start für die Batian-Besteigung zu ermöglichen, und zu weit vom Lenana entfernt, den wir nur durch eine halbe Umrundung des Batians erreichen konnten.

Wir verbrachten den Vormittag damit, die Seitenwände des Zelts mit Grassoden und Steinen zu beschweren. Enzo, der uns beweisen wollte, dass er weiterhin ein nützliches Mitglied unserer Seilschaft war, erhielt vom Doktor die Erlaubnis, mit seinem *panga* Gras für den Zeltboden zu schneiden.

Um halb vier kochten wir ein kombiniertes Mittag- und Abendessen, bestehend aus Cornedbeef, Kräckern und Tee. Wir verputzten auch unsere zweite und letzte Dose Marmelade, um Enzos Beförderung zum »Kommandanten des Basislagers« zu feiern. Als gut gedrillte Ex-Gefangene konnten wir es nicht ertragen, auch nur eine Sekunde länger ohne Lagerkommandanten zu leben, und da Giuàn und ich den Aufstieg machen würden, stand nur Enzo für diese Aufgabe zur Verfügung. Als »Banner« diente ihm mein Handtuch, das auf dem Felsen über dem Zelt befestigt wurde. Es hatte den Zweck, Signale an mich und Giuàn zu übermitteln, wenn wir unseren Aufstieg machten, und zugleich würde es uns als Orientierungshilfe bei der Rückkehr von unseren Exkursionen dienen.

Nach dem Essen wurde Enzo ins Bett geschickt, aber Giuàn meinte, dass wir ihn unbesorgt allein lassen konnten, um die Umgebung des Lagers zu erkunden. Das Gehen auf den Schnursohlen, ohne Lasten, war eine Wonne. Wir erreichten bald das Ende der Findlingsreihe und machten es uns auf einem der letzten Blöcke gemütlich.

Vor uns, in einem grandiosen Halbrund, hatte der Mount Kenia seine Schätze ausgebreitet. Hier, über den schimmernden, funkelnden Gletschern, lagen der Point Peter und der Dutton Peak. Hoch über allem ragte der König, der Batian, auf, und unten an der anderen Seite der Point John und Midget Peak. Wir kannten keinen außer dem Batian mit Namen, aber vielleicht verstärkte das noch die Faszination, die sie auf uns ausübten.

Lange Zeit saßen wir da und schauten. Die Schatten, die die Felsen und bizarr geformten Riesenlobelien und Riesensenecien warfen, wurden zusehends länger. Die märchenhaften Zinnen, Kämme, Pfeiler, zerklüfteten Gipfel und Simse, mit glitzernden Eis-Einsprengseln wie mit Juwelen besetzt, färbten sich schließlich zartrosa, während die riesigen nördlichen Gletscher in frostigen Violettschattierungen erstarrten.

Zwei kleine, unbedeutende Ex-Gefangene, Nummer 41304 und 41762, saßen da und starrten gebannt auf die glühenden Farben, die die untergehende Sonne über »ihren« Berg warf, der jetzt in einem Glanz erstrahlte, als wollte er die Herrlichkeit der Schöpfung feiern.

Kapitel IV

Ins Unbekannte

In dem ein kurzer historischer Exkurs das ganze Ausmaß unserer Unwissenheit enthüllt.

Berge haben, wie Menschen, ihre Geschichte. Sie werden geboren, wachsen, verfallen und sterben. Man kann nicht sagen, dass sie auch lieben wie Menschen, aber dass sie geliebt werden – und wie sie geliebt werden! –, steht außer Frage.

So wie die Ritter in früheren Zeiten wilde Meere überquerten und mit bösen Drachen oder gegeneinander kämpften, um die Liebe ihrer Prinzessin zu erringen, so stürzen sich heutzutage die Bergsteiger, mit Eispickel und Seilen, Steigeisen und Kletterhaken gewappnet, in gefährliche und aufreibende Abenteuer und nehmen um ihrer Berge willen jede Strapaze auf sich. Viele verlieren bei dem Versuch ihre »Geliebte« zu erobern sogar ihr Leben.

Ein passionierter Bergsteiger zieht alte Bücher aus staubigen Regalen und liest zum x-ten Mal die Geschichte seiner geliebten Gipfel; die bleibenden Eigenschaften des Felsens, die saisonalen Veränderungen der Vegetation, die fesselnden Berichte früherer Besteigungen oder Besteigungsversuche. Er vergleicht Zeichnungen und Fotografien, brütet stundenlang über Karten; und seine Liebe wächst mit dem Wissen, anstatt nachzulassen, wie es in anderen Lebensumständen der Fall zu sein pflegt. Wir aber wussten nichts. Was wir heute wissen, haben wir alles erst aus Büchern erfahren. Bücher waren unsere besten Freunde in der langen Gefangenschaft und später in der Zeit der Halb-Freiheit, als wir alle möglichen Arbeiten machten. Bücher haben uns, im Gegensatz zu unseren Kameraden, nur selten enttäuscht, dafür umso öfter getröstet und uns die triste Realität vergessen lassen.

Die Kikuyu glauben, dass ihr Gott Mogai, der Schöpfer und Lenker des Universums, *Kere-Nyaga*, wie der Mount Kenia in ihrer Sprache heißt (»der Berg der Helligkeit«), geschaffen hat zum Zeichen seiner Allmacht und als Ruheplatz für sich selber. Mogai führte Kikuyu, den Urvater der Menschheit, auf den Berggipfel und zeigte ihm die Schönheit des Landes, das er für ihn geschaffen hatte. Bevor er ihn nach Hause entließ, sagte er Kikuyu, wann immer er ihn brauchen sollte, möge er die Hände zum Berg emporheben, dann würde er, Mogai, ihm zu Hilfe eilen. Nicht anders hoben wir, die verzweifelten Kriegsgefangenen, unsere Hände zum Berg empor und folgten damit, ohne es zu wissen, diesem alten heidnischen Glauben.

Der Mount Kenia spielt auch eine bedeutsame Rolle in den religiösen Vorstellungen des Mwimib-Stammes, der an seinen östlichen Hängen lebt. Die Mwimib glauben, dass die Flüsse, Felsen und Wälder von bösen Geistern namens *ngoma* bewohnt sind, die das Vieh töten, in die Körper der Menschen eindringen und diese zu Epileptikern machen. Vor allem aber thront Ngai, die oberste Göttin, unerreichbar auf den höchsten Gipfeln des Mount Kenia und straft erbarmungslos jeden Sterblichen, der es wagt, die Schwelle zu ihrem Reich zu übertreten.

Das alte Kriegervolk der Massai ist in besonderer Weise mit dem Mount Kenia verbunden. Die Massai beten die schwarze Göttin Eng-ai an, die auf den höchsten Gipfeln des Kilimandscharo und des Mount Kenia lebt, wo sie Regen und Sonne verteilt. Noch vor sechzig Jahren lebten die Massai in den Ebenen am nördlichen Fuß des Berges, und der Nanyuki River verdankt seinen Namen dem Massai-Wort für »rotbraun«, die Farbe, die das Wasser bei Überschwemmungen annimmt. Die wichtigsten Gipfel des Mount Kenia wurden von dem Entdecker Mackinder mit Massai-Namen aus der jüngsten Geschichte belegt. Die Massai selber nannten den Mount Kenia »Ol-Donyo Eibor«, den Weißen Berg, oder »Ol-Donyo Egerè«, den Gefleckten Berg.

Die oberste Autorität in politischen und religiösen Dingen war der *Laibon*, der Medizinmann der Massai. Der berühmteste dieser Medizinmänner nannte sich Mbatian (Batian) und wurde von Sir Claude Hollis in dessen Buch *The Masai* verewigt. Die Geschichte von Mbatian und seinen beiden Söhnen, Sendeyo und Lenana, ist eine moderne Version der Geschichte von Jakob und Esau – nach dem Tod ihres Vaters bekriegten sich die zwei Brüder viele Jahre lang, bis Sendeyo, der Ältere, besiegt war. Lenana starb 1911, nachdem er das Abkommen mit der Regierung unterzeichnet hatte, das die Massai-Gebiete einschränkte, aber Sendeyo war 1926 noch am Leben. Neliang (Nelion) war ein weiterer Sohn von Mbatian oder möglicherweise sein Bruder.

Das Volk der Massai ist heute stark zusammengeschrumpft, aber sollte es in den kommenden Jahrhunderten ganz aussterben, so werden zumindest die Namen seiner heiligen Gipfel von ihm künden.

Es bleibt nach wie vor umstritten, ob die alten Griechen und Römer tatsächlich wussten, dass es Berge am Äquator gibt, die von ewigem Eis und Schnee bedeckt sind. Sicher ist jedoch, dass sie an die Existenz solcher Gipfel glaubten. Nach Ptolemäus hatte der Nil seine Quellen in zwei großen Seen, die von den Wassern der »Mondberge« gespeist wurden; Aristoteles schrieb über die »Silberberge«, in denen der Nil entsprang; »der Nil, gespeist von ewigem Schnee« ist auch ein vertrautes Bild in der lateinischen Dichtung. Das Rätsel um die Quellen des Nils wurde immer mit der Frage in Verbindung gebracht, ob es schneebedeckte Gipfel am Äquator geben konnte oder nicht.

Arabische Geografen ahnten zumindest etwas davon, und es drangen vage Gerüchte über den Kilimandscharo und die »Mondberge« bis nach Europa durch, als die Portugiesen einen Abschnitt der afrikanischen Küste besetzten. Aber erst um die Mitte des 19. Jahrhunderts wurden die Äquatorgipfel tatsächlich entdeckt.

1848 marschierte Dr. Rebmann, ein deutscher Missionar im Dienst der Londoner *Church Missionary Society* mit ein paar Eingeborenen ins Landesinnere von Mombasa. Am 11. Mai sah er am Horizont einen riesigen Berg wie eine weiße Wolke aufragen. Er erreichte die Vorberge, und nachdem er den geheimnisvollen Berg sowohl bei Tag als auch im Mondlicht studiert hatte, war er überzeugt, dass er Schnee auf seinen Gipfeln sehen konnte. Die Eingeborenen erzählten ihm von einem »silbrigen Stoff«, der sich als gewöhnliches Wasser erweise, wenn man ihn in Flaschen herunterbringe. Der Berg, um den es sich handelte, war das Kilimandscharo-Massiv.

Als Rebmann seine Entdeckung publik machte, löste er eine Welle ungläubiger Proteste aus. In Europa machten sich die Geografen über ihn lustig und unterstellten ihm, er habe die Kalkerde der Felsen auf dem Berggipfel irrtümlicherweise für Schnee gehalten. Was die Alten vermutet hatten, auch wenn sie keine Beweise dafür erbringen konnten, wurde von den Wissenschaftlern des neunzehnten Jahrhunderts mit Hohn und Spott bedacht. Schnee und Eis am heißen Äquator, das war schlicht unmöglich.

Der erste Europäer, der den Mount Kenia mit eigenen Augen erblickte, war ein anderer Missionar derselben Gesellschaft und ein Landsmann von Rebmann, Dr. Johann Ludwig Krapf. Krapf war acht Jahre vor Rebmann an der afrikanischen Küste angekommen. Er wollte die Quellen des Nils vom Hinterland Mombasas aus erreichen, um mit »jenen immer noch lebendigen Überresten des Christentums am Äquator«, von denen er gehört hatte, als er in Zentralabessinien weilte, in Berührung zu kommen. Die christlichen Überreste hat er nie gefunden, aber am

7. Dezember 1849 erblickte er den Berg von dem Wakamba-Dorf Kitui aus, ungefähr siebenundfünfzig Meilen östlich des heutigen Nairobi. Die Wakamba nannten ihn *Kenyaa*, was wahrscheinlich eine Verballhornung des Kikuyu-Namens *Kerenyaga* ist, da sie unfähig waren, die Konsonanten »r« und »g« auszusprechen.

Krapf beschreibt den Berg als gigantische Wand, über der sich zwei große Türme erheben. Die Eingeborenen, erzählte man ihm, gingen nie auf den Berg, wegen der furchtbaren Kälte, die von einem geheimnisvollen weißen Stoff herrühre, den sie *Kirira* nannten.

1858 wurde Krapfs Buch mit diesen neuen Erkenntnissen in Stuttgart veröffentlicht, und 1860 erschien die englische Ausgabe mit einem Anhang über die »schneebedeckten Berge Ostafrikas«, aber seine Beobachtungen wurden vielerorts diskreditiert, selbst in seinem eigenen Land, da der deutsche Naturforscher J. M. Hildebrandt während eines langen Aufenthalts in Kitui im Jahr 1877 den Mount Kenia nicht ein einziges Mal zu Gesicht bekommen hatte.

1883, vierunddreißig Jahre nach Krapfs Entdeckung, wurde der 25-jährige schottische Naturforscher Joseph Thomson von der Royal Geographical Society mit der Erkundung einer Route von der Küste Ostafrikas zum Viktoriasee betraut, wobei er die Weisung erhielt, den »Mount Kenia« zu studieren.

Thomson näherte sich dem Mount Kenia von Westen her durch Massai-Gebiet über einen Gebirgszug, den er zu Ehren des Vorsitzenden der Royal Geographical Society »Aberdare« nannte. Eines eisigen Morgens folgte er mit seinem Gewehrträger Brahim den Spuren eines Leoparden, als

> »... in einem zerklüfteten und pittoresken Einschnitt des Massivs ein schimmernder, schneeweißer Gipfel mit glei-

ßenden Facetten aufstieg, funkelnd und herrlich wie ein Riesendiamant. Es war wahrhaftig das vollendete Abbild eines kolossalen Kristalls oder Zuckerhuts. Am Fuße dieses schönen Gipfels waren zwei kleine Vorsprünge, wie die Sockel eines Monuments. Von diesen ging in einem sehr stumpfen Winkel eine lange, glitzernde weiße Linie ab, die über der dunklen Masse des Aberdare-Gebirges wie der Silberstreif einer finsteren Gewitterwolke aufschimmerte. Dieser Gipfel und Silberstreif stellten die zentrale Erhebung des Mount Kenia dar.

Gebannt auf diese Erfüllung meiner teuersten Wünsche blickend, stieß ich einen Seufzer tiefster Zufriedenheit aus, und ich könnte schwören, dass, als ich zu Brahim sagte: »Sieh nur!«, und auf den funkelnden Kristall deutete, etwas wie eine Träne in meinem Auge schimmerte. Doch während ich dastand und schaute, rührte ein Wind, mit Feuchtigkeit beladen, den Gipfel an und wob einen flaumigen Mantel, der dieses himmlische Spektakel nach und nach verhüllte. In wenigen Augenblicken war nur noch eine Wolkenbank über dem Wald zu sehen. Ich aber hatte eine Vision wie von einer anderen Welt erblickt, die mich weitertrieb.« (Aus: *Through Masai Land.*)

Später folgte Joseph Thomson dem Uaso Nyrio und erreichte die Ebenen, in denen heute die Eisenbahnlinie von Nyeri nach Nanyuki verläuft. Das Land, das er vorfand, erwies sich als ungastlich, und er merkte bald, dass er mit seinen paar Gewehren nicht in der Lage war, sich allein durch Massai-Gebiet zu schlagen. Es war höchste Zeit, dass er wieder zu seiner Hauptkarawane am Lake Baringo stieß. Er hatte gerade den Fuß des Mount Kenia erreicht, als er sich entschloss, den Rückzug anzutreten.

Obwohl Thomson erst der zweite Europäer war, der den Mount Kenia gesichtet hatte, und trotz seiner herrlichen Beschreibung des Gipfels, ist sein Name nirgendwo auf dem Berg verewigt – in keinem markanten Punkt, keinem See, keinem Tal. Es gibt zwar einen Thomson Point zwischen dem Nelion und Lenana, der von Süden her wie ein steingewordener Spaniel aussieht, der auf eine Riesenwurst blickt, aber dieser Gipfel wurde nach einem Mr. John Thomson, einem Fotografen der Royal Geographical Society, benannt. Es ist ein Jammer, aber auch die Geografie ist nicht frei von Ungerechtigkeiten.

Von 1885 – 86 durchquerte der Deutsche Dr. Fischer das Gebiet um den Mount Kenia, und im folgenden Jahr wagten sich der österreichische Marineoffizier Ludwig von Hoehnel und der ungarische Entdecker Graf Samuel Teleky von Szek auf den Berg, während sie sich auf einer Erkundungsreise zum Lake Rudolph und Lake Stephania befanden. Teleky beurteilte den Bambusgürtel als »nahezu unpassierbar«, trat in das »Reich der Moose« ein, wie er es nannte, und erreichte am 22. Oktober 1887 seinen höchsten Punkt (auf etwa 4.200 m) am Ende eines Tals, das jetzt seinen Namen trägt, während der See in der Nähe »Lake Hoehnel« heißt. In Hoehnels 1890 erschienenem Bericht fand ich die meines Wissens früheste Beschreibung des Point Lenana: »Im Nordosten steigt der Berg wieder an und bildet einen niedrigeren, runderen Gipfel.«

In den nächsten fünf Jahren versuchte eine wachsende Zahl von Entdeckern ihr Glück, aber keiner von ihnen erreichte eine größere Höhe als Teleky: der Verwalter der *British East African Company*, J. B. W. Piggott, die britischen Offiziere W. Bird Thomson, F. G. Dundaas mit dem verstorbenen Provinzbevollmächtigten C. W. Hobley, ein zweites Mal Hoehnel, der von einem Nashorn angegriffen und schwer verwundet wurde, und der Deutsche Dr. Kolbe, der ein paar Jahre später auf einer Jagd in der Nähe des Uaso Nyiro von einem Nashorn getötet wurde, das er zuvor angeschossen hatte.

Alles, was bislang an Höhenrekorden erreicht und an wissenschaftlichen Arbeiten über den Mount Kenia verfasst worden war, wurde jedoch 1893 von dem schottischen Geologen J. W. Gregory in den Schatten gestellt. Seine Entdeckungen waren Meilensteine in der Geschichte des Bergs. Nach dem Fehlschlag einer größeren Expedition an der Küste ging Gregory allein mit seinen Trägern landeinwärts und nahm den Mount Kenia von Westen her in Angriff. Als sie den Bambusgürtel durchquerten, kam es häufig vor, dass seine Träger sich hinsetzten, weinend wie kleine Kinder, und sich weigerten, auch nur einen Schritt weiterzugehen. Je höher sie kamen, desto unwilliger wurden sie. Das Wasser dort oben sei verhext, behaupteten sie, denn es sei hart und weiß geworden.

Gregory folgte dem Teleky-Tal und war der erste Europäer, der die Gletscher erreichte. Als er seinen Diener Fundi bat, ihm aufs Eis hinaus zu folgen, weigerte sich Fundi. »Nicht weiter, Master«, sagte er, »es ist zu weiß.« Dann kniete Fundi auf einen Stein nieder und dankte Allah, dass er ihn bislang am Leben gelassen hatte.

Gregory ging allein weiter und bestieg den Gletscher, den er nach einem amerikanischen Geologen »Lewis« nannte, bis auf ungefähr hundert Meter unter dem Gipfel des Point Lenana. Am nächsten Tag, als er sich mehr nach Westen wandte, entdeckte er die anderen Gletscher, die er nach verschiedenen europäischen Wissenschaftlern benannte: Darwin, Tyndall, Heim und Forel. Mutterseelenallein auf einem afrikanischen Berg, den noch nie ein Menschenfuß betreten hatte, stieg er einen Felshang hinauf, der möglicherweise mit den Felsen von Point Piggot identisch ist, als er von einem Schneesturm überrascht wurde. Er seilte sich mit dem Doppelseil ab und erreichte nach mehreren Seillängen den Fuß des Felshangs.

Als Gregory nach einem aufreibenden Marsch zu der Stelle kam, an der er sein Biwak zurückgelassen hatte, stellte er zu seiner Bestürzung fest, dass es verlegt worden war. Er ging weiter bergab und fand schließlich das Lager in der Nähe des oberen Waldrands. Nach kurzem Nachforschen erfuhr er, was geschehen war: Sein Koch, der einzige Eingeborene, der des Schreibens mächtig war, hatte einen Befehl seines Herrn gefälscht, in dem die Mannschaft angewiesen wurde, in eine weniger kalte Zone hinunterzugehen, und die anderen Afrikaner waren heilfroh gewesen, dass sie diese ungewohnten Höhen verlassen konnten.

Gregorys geologische Untersuchungen waren überaus bedeutsam. Er bewies unter anderem, dass die Gipfel tatsächlich aus Vulkangestein bestanden, wie Thomson glaubte, und nicht die Überreste von Kraterrändern waren, eine Theorie, die Teleky vertreten hatte.

Die erste größere Expedition, die vorrangig bergsteigerischen Zwecken diente und entsprechend ausgerüstet war, wurde 1899 von Sir Halford Mackinder und Campbell Hausberg in England organisiert. Zwei Sammler nahmen daran teil, Saunders und Campburn, sowie die italienischen Bergführer César Ollier und Joseph Brocherel. César Ollier und Joseph Brocherel waren Italiener aus Courmayeur im Aostatal, auf der italienischen Seite des Mont Blanc. Brocherel war derjenige, der bei der ersten Besteigung des Mont Blanc über den Innominata-Grat mit den Brüdern Gugliermina im Jahr 1902 den ominösen Kommentar abgegeben hatte: »Das ist ja noch schlimmer als der Mount Kenia«, den ich bereits zitiert habe.

Die Expedition war von Anfang an durch den Ausbruch einer Pockenepidemie beeinträchtigt, was zur Folge hatte, dass die Männer keine Vorräte anlegen konnten und gezwungen waren, hauptsächlich vom Land zu leben. Die Bewohner zeigten sich ausgesprochen feindselig, und zu allem Übel setzten auch noch schwere Sommerregen ein. Nach einem zwanzigtägigen Marsch unter derart schwierigen Bedingungen trat die Mannschaft auf den Südwestausläufern des Mount Kenia in den Wald ein. Die alpinen Bergführer hackten so gekonnt einen Pfad heraus, dass sie nur einen Tag brauchten, um den Waldgürtel zu durchqueren, und ihr Basislager am folgenden Abend auf dem offenen Berg aufschlagen konnten.

Ein kurzer Erkundungsgang wurde unternommen, doch die Versorgungslage war inzwischen so prekär geworden, dass Mackinder sich zum sofortigen Aufstieg entschloss. Er schickte einen Proviantbeschaffungs-Trupp mit Saunders los, der die Aberdares nach Naivasha überqueren sollte, während er selber mit den Bergführern zum Gipfel aufstieg. Sie nahmen den Eiscouloir in Angriff, der sich am Südosthang des Nelion herunterzieht, querten dann an der linken Seite der Wand und erreichten am späten Nachmittag den südlichen Grat des Nelion. Dort kampierten sie auf ungefähr 5.100 m und brachten die zwölf Stunden dauernde Äquatorialnacht auf einem Sims zu, auf dem sie verzweifelt gegen den Schlaf kämpften. Am Morgen nahm die Mannschaft den Gipfelgrat selbst in Angriff, wurde aber von einer unpassierbaren Schlucht aufgehalten und musste ins Lager zurückkehren.

Hausburg machte daraufhin mit den beiden Führern eine Tour zu den Hauptgipfeln, um nach einer einfacheren Gipfelroute zu suchen. Sie fanden keine, doch unterwegs gelang ihnen die erste Besteigung des Point Lenana. Am nächsten Tag nahm Hausburg den Hauptgipfel des Darwin-Gletschers in Angriff, aber nachdem er sich endlos beim Stufenschneiden abgerackert hatte, wurde er von einem Schneesturm überrascht.

Inzwischen war Saunders Versorgungstrupp mit Proviant zurückgekehrt, und Mackinder entschloss sich, eine letzte Gipfelbesteigung zu riskieren. Da sie bislang sowohl auf dem Eis als auch auf dem Fels erfolglos gewesen waren, einigten sie sich darauf, es diesmal mit einer kombinierten Fels-/Gletscher-Route zu versuchen.

Die Seilschaft mit Mackinder und den beiden Führern folgte der Route, die sie beim ersten Versuch genommen hatten, bis zu dem Gipfelgrat und kampierte dort in einem kleinen Zelt. Am Morgen querten sie unter dem Westhang des Nelion zum Rand des Darwin-Gletschers hinüber und stiegen von dort aus eine »Rippe« hinauf, »die sich an der Westecke des Nelion herunterzog«, bis sie einen anderen Gletscher erreichten. Ollier und Brocherel hatten zwanzig Minuten für dessen Überquerung veranschlagt, vermutlich ohne zu ahnen, dass im Gegensatz zu Schnee, der in Kenia weicher ist als in den Alpen, das dortige Eis weitaus härter ist, wie bereits Gregory festgestellt hatte. Sie brauchten drei Stunden, um Stufen auf einer Strecke von ungefähr dreißig Metern zu schneiden. Mackinder taufte diesen Gletscher »Diamantgletscher«, und er hätte in der Tat keinen besseren Namen finden können: nicht nur wegen der diamantharten Konsistenz des Eises, sondern auch weil der kleine Gletscher, eingerahmt von den Gipfeln des Batian und des Nelion, funkelt und blitzt wie ein Juwel.

Nachdem sie den »Diamond Glacier« überquert hatten, blieb nur noch eine kurze Kletteraktion, und sie erreichten am 13. September 1899 um zwölf Uhr mittags den Gipfel des Batian und damit auch den des Mount Kenia.

Dreißig Jahre lang widerstand der Batian allen weiteren Besteigungsversuchen. Der Bann, der die Gipfel seit Mackinders Aufstieg 1899 unberührt ließ, wurde schließlich von einem Bergsteiger gebrochen, der nacheinander einen Gutteil der Probleme des Batian und der kleineren Gipfel löste und sich später, in den Jahren 1933, 1936 und 1938, dem Everest zuwandte: Eric E. Shipton. Den Mount Kenia nahm er 1929 in Angriff, zusammen mit P. Wyn Harris, einem anderen britischen Everest-Besteiger.

In der alpinen Bergsteigertradition gibt es eine Regel, nach der die direkteste Route auf einen Gipfel – technisch als »beste«

Route bekannt, obwohl es keineswegs die leichteste sein muss – diejenige ist, die einer hypothetischen Wasserabflusslinie am nächsten kommt.

Tatsächlich kam die Route, die Shipton und Wyn Harris als Erstes versuchten, dieser Linie am nächsten. Sie wollten eine Route am Nordosthang des Mount Kenia hinauf erschließen, aber dieses Vorhaben misslang. Zwei Tage später, am 6. Januar, versuchten sie es wieder, diesmal über den Osthang des Nelion, und um 11.15 Uhr morgens, nach einem schwierigen Aufstieg, reichten sie sich auf dem Gipfel des bislang nicht bezwungenen Nelion-Gipfels die Hand.

Um den Batian vom Nelion aus zu erreichen, mussten die zwei Bergsteiger zum »Gate of the Mist«, dem Nebeltor, absteigen, der Schlucht, die die beiden Gipfel trennt, und von dort aus wieder aufwärts, bis sie den Hauptgipfel erreichten.

Die zweite Besteigung des Batian war geglückt, und die Shipton/Harris-Route wurde schließlich zur Standardroute. Shipton selber meisterte den Großteil der neuen Besteigungen, die in den folgenden Jahren mit einem anderen britischen Bergsteiger von Weltruhm, H. W. Tilman, in Angriff genommen wurden, dem Eroberer des Nanda Devi (1936) und Führer der britischen Mount Everest-Expedition 1938. Gemeinsam gelangen ihnen die Erstbesteigungen des Point Peter, Dutton Peak, Sendeyo Peak, Point Piggot und Midget Peak, alles im Juli und August 1930. Ihr Hauptziel auf dieser Expedition war jedoch, einen Weg am Nordwestgrat des Batian hinauf zu finden, und zu diesem Zweck hatten sie den Dutton Peak bestiegen. Vom Gipfel des Dutton Peak erhielten sie einen Ausblick, der sich später als »äußerst bedeutsam« erweisen sollte, weil er ihnen »die Aussichtslosigkeit« vor Augen führte, »den Grat von den nördlichen Gletschern her zu besteigen oder ihn weiter oben über die Nordwand zu erreichen.«

Auf Shiptons und Tilmans Programm stand nicht nur die Erschließung einer neuen Route über den Nordwestgrat zum

Batian hinauf, sondern auch ein Abstieg in den Süden hinunter, via Nelion, um so von Norden nach Süden alle Hauptgipfel des Mount Kenia zu übersteigen.

Da der Mount Kenia fast genau am Äquator liegt, sind alle Südhänge eis- und schneebedeckt, solange Sommerbedingungen nördlich der Äquatorlinie vorherrschen, das heißt von März bis Ende September; umgekehrt sind alle Nordhänge in den Sommermonaten der südlichen Hemisphäre, von Oktober bis Ende März, eis- und schneebedeckt. Das ist sehr wichtig, weil ein Felshang unter Sommerbedingungen bessere Klettervoraussetzungen bietet, als wenn er mit Wintereis und -schnee überzogen ist. Shipton und Tilman wählten daher den Monat August für ihren Aufstieg entlang der neuen Route von Nordwesten her, denn sie wussten, dass sie dann trockenen Fels vorfinden würden. Für den Abstieg auf der Standardroute im Süden – eine Route, die zumindest Shipton wohl bekannt war –, war das nicht so wichtig. Wir jedoch, die drei entflohenen Kriegsgefangenen, nahmen in unserer Unwissenheit die Nordseite im Februar unter extremen Winterbedingungen in Angriff.

Shipton und Tilman einigten sich schließlich darauf, den Grat vom Joch zwischen dem Petit Gendarme und Point Piggot aus in Angriff zu nehmen, und von dort aus wollten sie die Scharte hinter dem Petit Gendarme mit einer Traversierung von Süden her anpeilen. Dabei handelte es sich um dieselbe Scharte, die wir von Norden her zu erreichen versuchten.

Sie brachen bei Dunkelheit vom Joseph-Gletscher auf und begannen einen gefährlichen Aufstieg auf dem mit Eis und Schnee verkrusteten Hang. Mehrmals waren sie kurz davor, den Rückzug anzutreten, aber die Hoffnung auf bessere Bedingungen an der Nordseite trieb sie weiter. Um 11.40 Uhr erreichten Shipton und Tilman die Scharte. Das nächste und extrem schwierige Hindernis war der Grand Gendarme. Sie waren jedoch auf der Nordseite und fanden den Fels in warmem, trockenem Zustand vor, wenn auch an manchen Stellen so verwittert, dass sie gezwungen waren, Felsblöcke beiseite zu räumen, um einen Durchgang zu finden. Ein kleiner Überhang schnitt ihnen ein Stück weiter vorne den Weg ab, aber Tilman zwängte sich in eine Spalte und ließ Shipton auf seine Schulter steigen. Sie erreichten den Grat bei leichtem Schneefall und kletterten vier Zacken hinauf und hinunter, was äußerst mühselig war, aber endlich, um 4.20 Uhr, waren die Gipfelfelsen erklommen.

Der Abstieg via Nelion war ein Albtraum, im Dunkeln und bei Winterbedingungen. Shipton wurde schwer krank, nachdem er eine halbe Dose verdorbenes Fleisch gegessen hatte, aber sie kämpften sich durch die Nacht hinunter und erreichten schließlich ihr Ziel. Die erste Querung der Gipfel hatte fast vierundzwanzig Stunden gedauert.

Shiptons und Tilmans Aufstieg über den Nordwestgrat war die fünfte Besteigung des Batian. Es gab noch vier weitere Besteigungen vor unserem Versuch 1943: 1936 durch die Briten H. J. Irens und E. Sladen, 1937 durch den Italiener Piero Ghiglione und den Schweizer Edouard Wyss Dunant, 1938 folgte Miss Una Cameron mit den Führern Edouard Bareux und Elisé Croux aus Courmayeur und schließlich E. Sladen und Miss G. Sladen. Mit Ausnahme der Bergsteiger Ghiglione und Wyss Dunant, die eine neue Route über den Südgrat des Nelion erschlossen, folgten alle diese Expeditionen Shiptons Standardroute. (Ebenso wie das Team von A. H. Firmin, J. H. Hayward, A. S. Ker und R. H. Timmis, das unsere Fahne einholte.) Sie hatten zwei Schutzhütten zu ihrer Verfügung, die für die Mount-Kenia-Bergsteiger gebaut worden waren, eine an der oberen Waldgrenze bei etwa 3000 Metern, 22,5 km von Chogoria entfernt, und eine, die als Gipfelhütte bezeichnet wurde, bei 4800 Metern auf dem Südgrat des Point Lenana. Diese Gipfelhütte wurde von einem heftigen Schneesturm zerstört, inzwischen aber wieder aufgebaut.

Von all dem hatten wir keinen blassen Schimmer. Unser Wissen beschränkte sich auf das, was Oberstleutnant Stockley in einem kurzen Zeitschriftenartikel über die Flora und Fauna des Berges publiziert hatte; auf einen Zeitungsbericht über die Expedition eines unbekannten Majors zu den Gletschern im Mackinder Valley; auf den Hinweis in Pater Cagnolos Werk *The Akikuyu*, dass auf dem Lenana ein Kreuz errichtet worden sei; auf eine Skizze, die das Etikett der *Kenylon* Fleisch- und Gemüsekonserven zierte und ein paar Züge des Berges erkennen ließ; und natürlich auf Brocherels Ausruf: »Das ist ja noch schlimmer als der Mount Kenia!« Wie nicht anders zu erwarten, erwiesen sich diese Informationen als völlig unzulänglich.

Alles, was wir vom Batian kannten, war der Furcht erregende Nordwestgrat und die westlichen Gletscher, die ich vom Lager aus mit dem Fernglas studiert hatte. Den Lenana hatten wir nur auf einem Foto gesehen. Wir wären nie auf die Idee gekommen, dass es eine Schutzhütte geben könnte, und da wir nichts von der Existenz des Nelion wussten, konnten wir auch nicht ahnen, dass die Standardroute über seinen Gipfel führte.

Wenn ich heute über diese Dinge nachdenke, ist mir bewusst, dass unser Vorhaben in gewisser Weise ein sträflicher Leichtsinn, ja, vielleicht sogar der helle Wahnsinn war. Wir hatten acht Jahre lang kein Klettertraining absolviert, wir lebten seit zwei Jahren in Kriegsgefangenschaft, und wir hatten seit unserer Flucht wenig zu essen und wenig Schlaf gehabt. Das Gewicht unserer Rucksäcke war erdrückend, und jetzt mussten wir unseren eigentlichen Aufstieg auf den Gipfel von einem Basislager aus in Angriff nehmen, das zu tief und zu weit entfernt vom Gipfel lag. Und doch riskierten wir unter Winterbedingungen einen Aufstieg, den Shipton und Tilman, erfahrene Bergsteiger, selbst unter Sommerbedingungen als aussichtslos angesehen hatten. Shipton und Tilman waren vermutlich in Top-Kondition, gut genährt und von Trägern begleitet gewesen – mit anderen Worten:

freie Menschen. Wir waren es nicht und wussten nicht Bescheid; das ist unsere einzige Entschuldigung.

Ich glaube nicht, dass andere Bergsteiger den Berg ihrer Träume – noch dazu einen Koloss von über 5000 Metern – jemals unter solchen Bedingungen in Angriff genommen hätten; zumindest nicht in diesem Jahrhundert mit seinen hoch entwickelten Methoden der Informationsbeschaffung. Unsere Unwissenheit erwies sich als unüberwindliches Hindernis, was die materielle Leistung angeht; unter einem spirituellen Gesichtspunkt jedoch, der für einen echten Bergsteiger von weitaus größerer Bedeutung ist, war sie ein Geschenk Gottes. Jeder Schritt führte zu neuen Entdeckungen und unser Staunen wollte kein Ende nehmen – wir waren unablässig von tiefer Ehrfurcht und Dankbarkeit erfüllt. Es war, als lebten wir am Beginn der Zeiten, ehe die Menschheit den Dingen einen Namen gegeben hatte.

Kapitel V

Der Berg

In dem unsere Seilschaft durch einen Schneesturm vom Nordwestgrat des Batian-Gipfels (5.194 m) zurückgeworfen wurde und stattdessen die Fahne auf dem Point Lenana errichtete.

2. Februar

Da Enzos Zustand stabil war, brachen Giuàn und ich zu einem halbtägigen Erkundungsgang auf. Wir wollten herausfinden, wie der Batian am besten in Angriff genommen werden konnte, einen Blick auf den Lenana werfen, den wir noch nie gesehen hatten, und dabei ein bisschen Felsklettern üben, als Vorgeplänkel zu den ernsthafteren Versuchen, die uns noch bevorstanden.

Wir brachen frühzeitig von unserem Lager auf, nach einem guten Frühstück, das aus Ovomaltine, angerührt mit Milchpulver, Kakao und Zucker bestand. Mit einer solch ungewohnten »Grundlage« im Magen, und vor allem ohne Rucksack, fühlten wir uns leicht und energiegeladen, als seien wir auf einen kleineren Planeten versetzt worden und würden nicht länger den Gesetzen der Schwerkraft unterliegen.

Es war grimmig kalt, und die Felsen auf der linken Seite des oberen Hausburg-Tals, denen wir uns näherten, funkelten vor Eis. (Auf Duttons Karte sind diese Felsen als »Felsen auf dem Grat von Point Peter« eingezeichnet.)

Wir überquerten den Nanyuki und standen plötzlich auf der Geröllhalde unter den Felsen. Die gefrorene Steinsenke bot einen soliden Fußhalt und das Krachen des Eises unter unseren genagelten Sohlen war Musik in unseren Ohren. Unsere Freude war noch viel größer, als wir später »richtigen Fels« auf einem »richtigen Berg« unter den Fingern spürten. Wir dachten an unsere Lagerkameraden, die zu dieser Stunde, weit links von uns unter den dichten Morgennebeln über den Nanyuki-Ebenen verborgen, in engen Reihen zum Morgenappell antreten mussten.

Eineinhalb Stunden, nachdem wir unser Zelt verlassen hatten, erreichten wir ohne die geringsten bergsteigerischen Schwierigkeiten den Kammrücken und wurden mit einem wunderbaren Ausblick belohnt.

Das Hausburg-Tal, das wir gerade verlassen hatten, lag unter uns, mit Riesenkreuzkräutern gesprenkelt, die von oben wie Nägel mit breiten Köpfen aussahen. Auf der Linie der Findlinge konnten wir mein blau gesäumtes weißes Handtuch erkennen, das stolze Banner des Basislager-Kommandanten. Weiter im Norden reflektierte ein smaragdgrüner Bergsee ein paar Felsen auf der einen Seite. Die glatte Oberfläche war still und reglos wie bemaltes Glas.

Jenseits des Bergsees fiel welliges Grasland, hier und da mit Riesenkreuzkräutern bestanden, in einem sanften Hang zum Wald hinab, der wie eine dunkelgrüne aufgewühlte See aussah. Dahinter ragten weitere Waldstreifen in die hellgelben Ebenen des Nanyuki hinein, die sich flach und kahl bis über den Horizont erstreckten.

Gegenüber dem Hausburg-Tal lag das Mackinder Tal, und an dessen anderem Ende, uns zugekehrt, ragte eine gewaltige, den Hauptgipfeln des Mount Kenia vorgelagerte Felsmasse auf. Auf unserer Seite bot sie einen senkrechten Absturz von etwa dreihundert Metern und war mit verwitterten Spitzen von äußerst bizarrer Gestalt gekrönt. Der Gipfel hatte eine frappierende Ähnlichkeit mit einem alten Schiffswrack, wie wir sofort feststellten. Man brauchte nur wenig Fantasie, um das sturmverwüstete Vorderdeck und Heck vor sich zu sehen, die Überreste vorstehender Schiffsrippen, die Stümpfe der Masten und des

Bugspriets. Sogar ein Bullauge war erkennbar, in Gestalt eines natürlichen Fensters in der Felswand. Ich hatte mir als Junge das Schiff des »Fliegenden Holländers« genau wie dieses sturmgepeitschte, gespenstische Wrack vorgestellt.

»Kann es sein, dass der Fliegende Holländer endlich von seinem Fluch erlöst ist und hier auf dem Mount Kenia in versteinerter Form seinen Frieden gefunden hat?«, fragte ich.

»Schon möglich«, meinte Giuàn. »Er wurde seit Jahrhunderten nicht mehr auf dem offenen Meer gesehen.«

»Wir könnten uns eine Geschichte ausdenken, eine Fortsetzung der alten Sage: ›Letzte Zuflucht – Fliegender Holländer auf dem Mount Kenia gestrandet‹. Wäre das nicht ein guter Titel für eine neue Version?«

So scherzten wir, während wir staunend dastanden. Bis zum Schluss, als wir den Berg aus den verschiedensten Blickwinkeln gesehen hatten, stellten wir immer neue Ähnlichkeiten mit einem gestrandeten Wrack fest. Wir nannten ihn den »Fliegenden Holländer«, da wir ja nicht wussten, dass er vor dreiundvierzig Jahren von Mackinder »Sendeyo« getauft worden war.

Wir hatten den Gipfel des Sendeyo von Nanyuki aus gesehen und uns gefragt, ob das wohl der Lenana sei. Jetzt wussten wir zweifelsfrei, dass er es nicht war, denn der Sendeyo glich in keiner Weise, nicht einmal von dieser Seite, dem Lenana, wie er sich auf der Bleistiftskizze darbot, die ich bei mir trug.

Wo aber war der Lenana dann? Um diese Frage zu klären, kletterten wir über den Felsengrat zum Point Peter weiter.

Unterwegs suchten und fanden wir »Trainingsgelände«. Zu diesem Zweck machten wir Umwege, die nicht unbedingt nötig waren, und wählten nicht die einfachsten Routen, wie Touristen es machen würden, sondern die schwierigsten. Endlich, nachdem wir einen Punkt erreicht hatten, von dem wir direkt auf das Mackinder Tal blicken konnten, sahen wir einen Berg, der kein anderer als der Lenana sein konnte.

Der Anblick gefiel uns. Für einen »Zweitbesten« sah er äußerst imposant aus: ein schwarzvioletter Felsen, der hoch über einer strahlend weißen Eiskuppel thronte. Sehr seltsam mutete eine Spitze in der Nähe des Gipfels an, die einer barocken Säule oder einem Korkenzieher oder hundert anderen Dingen glich. Wir tauften sie »Lenana-Henkel«.

Auch wenn der Lenana bedenklich weit von unserem Lager entfernt war, hatte es doch zumindest den Anschein, als sei der Aufstieg ein Kinderspiel, verglichen mit dem Nordhang des Batian.

Nachdem wir so den Lenana identifiziert hatten, war es an der Zeit, den Zugang zu unserem Hauptziel, dem Batian, ins Auge zu fassen. Zu diesem Zweck querten wir von der Nord- zur Südseite des Grats. Dabei wurde unsere Aufmerksamkeit sofort von den grimmigen Eisüberhängen des Gipfels durch einen Anblick abgelenkt, der umso überwältigender war, als er uns völlig unerwartet traf.

Was vom Nanyuki aus wie zwei Gletscher ausgesehen hatte, entpuppte sich nun als nur einer, der wie ein Pferdehuf um einen riesigen Felsausbiss gelagert war und mich an die Gestalt eines Wappenadlers erinnerte. (Jeder Arm dieses Gletschers hat einen eigenen Namen, César und Brocherel, von Mackinder zum Gedenken an seine beiden Bergführer so getauft. Aber warum nicht Ollier und Brocherel?)

Am Fuß eines der beiden Gletscherarme lagen zwei kleine Bergseen, der eine von zartem Azurblau, der andere grüngolden, klar und funkelnd wie lupenreine Juwelen. So unerwartet traf uns dieser Anblick inmitten der wilden Szenerie des Batian, dass ich unwillkürlich dachte: »Das ist einfach zu schön, um wahr zu sein. Wie habe ich das nur verdient?«, und ich musste an den »Buckligen von Breuil« denken, der, wie Guido Rey erzählt, nachdem er mit der ersten Seilschaft von Süden aus das Matterhorn bestiegen hatte, niederkniete und Gott dafür dankte, dass er eine so wunderbare Welt erschaffen hatte.

Diesmal kam mir nicht der Gedanke, dass diese beiden Bergseen so und so viele Tage Zellenhaft wert seien, denn spirituelle Schätze, wie wir sie hier in uns aufnahmen, haben keinen Preis. Wir hatten die Wunder des Urwalds im Mondlicht, bei Tag und am Lagerfeuer genossen, wir hatten der zauberischen Heidemusik gelauscht und die eisstarrenden Nordwälle des Batian bei Sonnenaufgang und Sonnenuntergang gesehen, und nun diese neuerliche Prachtentfaltung – hatten wir das wirklich verdient?

Lange Zeit standen wir auf dem Felsen und blickten hinunter.

Die Luft war kristallklar, die feierliche Stille wurde nur hin und wieder vom fernen Donnern einer Eislawine unterbrochen. Unsere Einsamkeit war vollkommen.

Falls wir je seit unserer Flucht aus dem Lager ganz und gar vergessen konnten, dass wir in einer Welt lebten, in der es Hass, Krieg und Gefangenschaft gab, dann in diesem Augenblick.

Schließlich wandten wir uns wieder den irdischeren Dingen zu. Wir folgten mit den Augen dem Lauf des Rinnsals, das den Abfluss des unteren Bergsees bildete, und stellten mit Genugtuung fest, dass dies die Quelle des Nanyuki war. Wir hatten also Recht gehabt, als wir im Lager – und diesmal mussten wir uns wohl oder übel daran erinnern, dass wir einmal Gefangene gewesen waren –, die Schlussfolgerung gezogen hatten, dass der Bach uns zu den Gletschern führen würde.

Unser Problem wollte sorgfältig erwogen sein. Von unserem Blickwinkel aus sah die Nordwand des Batian zum Fürchten aus. Wir wussten, dass der Gipfel bezwungen worden war, fragten uns jedoch, von welcher Seite das geschehen sein konnte. War es aus anderen Blickwinkeln weniger hoffnungslos? Gab es eine Standardroute zum Gipfel, und wenn ja, wo war sie? Um eine Antwort auf diese Fragen zu finden, mussten wir einen Umweg ganz um den Gipfel herum machen, aber wir wussten nicht, ob das an einem Tag zu schaffen war, zumal wir Enzo versprochen hatten, dass wir kurz nach Mittag zurück sein würden. Außerdem hatten wir nur noch sehr wenig Proviant, und Enzos Zustand würde es uns nicht gestatten, das Basislager näher an den Gipfel heran zu verlegen, selbst wenn wir eine aussichtsreichere Route finden sollten. Wir wussten ja nicht, dass es auf der anderen Seite des Batian eine Schutzhütte gab, die etwa dreihundert Meter höher lag als unser Basislager, direkt am Beginn der Standardroute. Aus all diesen Gründen einigten wir uns schließlich darauf, den Aufstieg von Norden her zu versuchen.

Nachdem wir diesen Entschluss gefasst hatten, blieb noch zu klären, ob ein detaillierter Plan ausgearbeitet werden konnte. Zwei Felsgrate, die links und rechts des gewaltigen Northey Gletschers verlaufen, stützen die Hauptmasse des Batian an der Nordseite ab, der nordöstliche sehr lang und unglaublich zerklüftet, der nordwestliche insgesamt kürzer, steiler und glatter, aber mit einigen sehr bedenklich aussehenden Abstürzen.

Wir waren uns einig, dass es nur eine Möglichkeit gab, den Batian von unserer Seite aus in Angriff zu nehmen – indem wir den Nordwestgrat überstiegen oder querten. Wie ich bereits ausgeführt habe, wurde dieser Grat nur einmal unter Sommerbedingungen und von weltberühmten Bergsteigern wie Shipton und Tilman bezwungen.

Nachdem wir diesen Punkt geklärt hatten, waren wir mit einer weiteren »harten Nuss« konfrontiert, nämlich wie wir auf den Nordwestgrat hinaufkommen sollten, an dessen Fuß ein Felszacken mit annähernd kegelförmiger Spitze lag, den Shipton »Le Petit Gendarme« getauft hatte.

Shipton und Tilman, mit demselben Problem konfrontiert, hatten schließlich den Gedanken aufgegeben, es von Norden her zu versuchen, und stattdessen die Rinne in dem Felsrücken hinter dem Petit Gendarme anvisiert, um von Süden her anzugreifen. Es war eine kluge Entscheidung, die zum Erfolg führte. Hätten wir gewusst, dass diese beiden Bergsteiger-Asse erklärt hatten, jeder Versuch, den Grat von Norden her zu besteigen sei zum Scheitern verurteilt, dann hätten wir unsere Pläne geändert; doch wie die Dinge lagen, wählten wir eine Route, die Shipton und Tilman für hoffnungslos erklärt hatten.

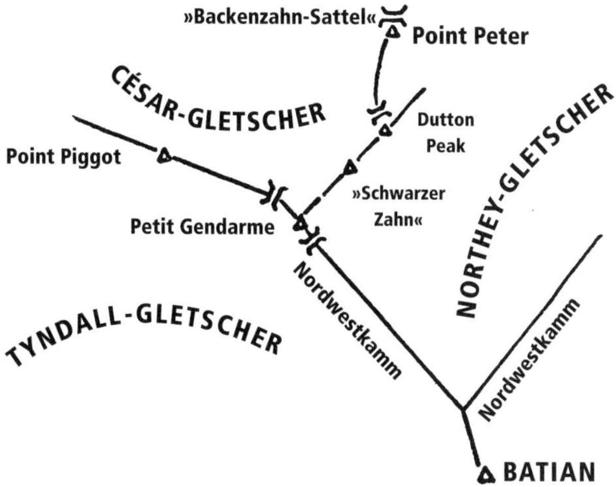

Wir einigten uns schließlich, den Dutton Peak und einen »schwarzen Zahn« dahinter zu queren, sodass wir den Petit Gendarme von einer Kerbe zwischen dem »Schwarzen Zahn« und dem Petit Gendarme erreichen würden. Es sah schwierig, aber nicht unmöglich aus.

Um einen besseren Überblick zu bekommen, wollten wir das erste Stück der vorgesehenen Route hier und jetzt ausprobieren, ein Plan, der den Vorzug hatte, dass wir auf diese Weise zugleich zu einem Klettertraining kamen.

Wir stiegen von den Felsen zu einem großen Sattel unmittelbar nördlich des Point Peter hinunter, der mit einem backenzahnähnlichen Felsen markiert war. Da dieser Sattel auf Duttons Karte keinen offiziellen Namen hat und in dieser Geschichte noch oft auftauchen wird, nenne ich ihn »Backenzahnsattel«, wie wir es gemacht haben.

Nachdem wir ein Stück Schokolade gegessen hatten, umrundeten wir den Point Peter auf einer Geröllhalde und fanden einen leichten Couloir, der mit hartem Schnee bedeckt war. Nach einer halben Stunde mäßigen Kletterns erreichten wir eine Scharte ungefähr fünfzehn bis achtzehn Meter unterhalb des Dutton Peak, von der wir auf den César-Gletscher hinunterblicken konnten. Wenn wir geahnt hätten, dass wir so nahe an der Spitze eines benannten Gipfels waren, und eines Gipfels, der noch nicht oft bestiegen worden war, dann hätten wir ihn zu bezwingen versucht; aber da wir es nicht wussten und ganz auf unseren Zugang zum Petit Gendarme konzentriert waren, saßen wir zufrieden auf unserem Ausguckspunkt, ließen unsere Füße über dem César-Gletscher baumeln und verspeisten ein weiteres Stück Schokolade zum Mittagsmahl.

Wir nahmen an, dass eine Querung der Nordwand des Dutton Peak uns zum »Schwarzen Zahn« und unmittelbar an den Fuß des Petit Gendarme bringen würde. Von dort aus hatten wir – »mit den Augen des Glaubens«, wie Mummery zu sagen pflegte – eine Möglichkeit zum Weiterkommen gesichtet, obwohl die Schwierigkeiten zu den höheren Felsen hin noch zunahmen.

Da es spät wurde, verließen wir unseren luftigen Ausguck und kletterten abwärts, bis wir den Fuß des Point Peter erreichten. Widerstrebend verzichteten wir darauf, ihn zu besteigen. Enzo würde Angst bekommen, wenn wir noch länger fortblieben, und Giuàn machte sich allmählich Sorgen um ihn. Auf der Geröllhalde unter den Felsen von Point Peter standen die letzten Riesenlobelien, zumeist vertrocknet und abgestorben. Wir knickten einige von ihnen um, um die Route zu markieren, die wir bei unserem eigentlichen Aufstieg auf den Batian nehmen würden.

Um zwei Uhr nachmittags waren wir wieder beim »Backenzahn«-Pass und schlitterten von dort eine lange Geröllhalde zum oberen Bergsee hinunter.

Die Farben der beiden Seen hatten sich verändert, weil wir sie jetzt aus einem anderen Blickwinkel sahen, aber der Eindruck von grenzenloser Stille und Schönheit war derselbe wie von oben.

Nachdem wir unseren Durst mit dem kalten Wasser des oberen Sees gelöscht hatten, gingen wir an seinem Ufer entlang zum unteren weiter.

»Ein Traum«, murmelte Giuàn, ebenso überwältigt wie ich von der atemberaubenden Schönheit dieser Landschaft. Zwischen den beiden Seen und um den unteren herum breitete sich ein regelrechter Blumengarten aus, mit zahllosen afro-alpinen Arten, viele davon in Blüte: Geiskraut mit gold-violetten Blütenständen, Riesenkreuzkräuter, einige davon mit einem federartigen Schopf aus jungen lila Blättern ausgestattet, fingerähnliche Lobelien, Moose aller Sorten und Farben, elfenbeinweißes Zwerg-Helichrysum, Skabiosen, Anemonen und viele andere, deren Namen ich nicht kenne. Hier und da war ein graublauer Granitfelsen oder ein langer, buschiger Grasschopf zwischen die wohl geordneten Blumenbeete gestreut, was dem Ganzen noch mehr Harmonie verlieh. Zwischen dem oberen und unteren Bergsee plätscherte der neugeborene Nanyuki dahin, und auf dem Grund seines kristallklaren Wassers konnte man die Steine schimmern sehen.

Ich fühlte mich unwillkürlich an die Gartenkünstler des alten China und ihre Miniatur-Zaubergärten erinnert, von denen ich gelesen hatte. Wieder einmal fand ich angesichts dieses Wunderwerks der Natur, bei dem Farben und Formen sich wie von selbst zu einem unnachahmlichen Ganzen fügten, keinen anderen Vergleich als menschliche Kunstfertigkeit und Künstlichkeit.

Diese zauberhafte Pflanzenwelt gedieh vor einem Hintergrund, der auf den ersten Blick in eigenartigem Widerspruch dazu stand, so kalt und harsch wie er sich darbot, denn zwischen rötlichen Felsen zur Linken und graublauen Wänden zur Rechten hing die Zunge des César-Gletschers. Die wilden Séracs, die einen riesigen vereisten Wasserfall bildeten, endeten in Spitzen, Locken und Stickereien aus grün schattiertem Eis, die aus der Hauptmasse austraten; als mein Blick jedoch ein zweites und drittes Mal von dem Märchengarten im Vordergrund zu der Eis- und Steinwelt dahinter schweifte, stellte ich fest, dass sich dieser scheinbare Widerspruch in dem stillen Spiegel der Bergseen auflöste, in denen Gletscher und Blumen gleichermaßen reflektiert wurden, sodass die Farben ineinander übergingen, die Kontraste gemildert wurden, so wie ein Akkord widerstrebende Töne verbindet und verschmilzt.

Als wir zum Lager zurückkamen, stellte sich heraus, dass Enzo nicht untätig gewesen war. Er hatte die Seile, die das Zeltdach fixierten, verstärkt, einen Graben rings um das Zelt ausgehoben und aus einer leeren Marmeladendose einen Becher für mich gemacht, da ich meinen verloren hatte. Er hatte auch mehrere kleinere Arbeiten in »seinem« Basislager ausgeführt, um uns zu beweisen, dass er trotz seiner Krankheit weiterhin ein aktives Mitglied unserer Seilschaft blieb.

Das Camp sah wohnlicher aus, was aber nichts an unserem größten Problem, den zur Neige gehenden Vorräten, änderte. Unsere Rationen waren nahezu aufgezehrt, und wir teilten uns die vorletzte Cornedbeef-Dose zum Abendessen, gaben die letzten paar Tropfen Olivenöl darauf und aßen ein paar mit Butter bestrichene Kräcker zum Fleisch. Wir hatten zum Glück auf Giuàn gehört und die Butter aufgespart, bis wir in größere Höhen gekommen waren. Er hatte Recht gehabt, denn jetzt lechzten wir geradezu danach, mehr als nach allem anderen.

Es war weiß Gott ein karges Mahl, aber das unvergessliche Panorama, an dem unsere Augen sich weiden konnten, entschädigte uns reichlich für alles, was unseren Mägen entging. Der Tag endete in einem Rausch von Schönheit.

Jenseits des wirklichen Bergs aus Fels und Eis tauchte eine Phantomgestalt auf, ein Feenberg, dessen aufgetürmte runde Haufen, von den Wissenschaftlern »Cumulus« genannt, bei den venezianischen Malern des siebzehnten Jahrhunderts als »Heldenwolken« bekannt waren. Zuerst waren sie so blendend weiß, dass das Auge den Glanz nicht ertragen konnte, aber später, als die Sonne hinter einer Nebelbank über dem Laikipia-Plateau unterging, veränderten sie langsam ihre Farbe und bildeten schließlich einen scharlachroten Glorienschein um die blutroten Spalten des Batian, während die rosigen Gletscher, die über den unsichtbaren Seen hingen, vor Mitleid langsam vergingen.

3. Februar

Dieser Tag war, wie geplant, ganz der Erholung und den letzten Vorbereitungen für unseren Aufstieg auf den Batian gewidmet.

Wir standen spät auf, nachdem wir zwölf Stunden am Stück auf den Grasmatten in unserem engen Zelt geschlafen hatten. Die Nacht war so kalt gewesen, dass das Wasser in unseren Wasserflaschen um neun Uhr morgens noch immer hart gefroren war, obwohl wir die Flaschen gut eingewickelt in unseren Rucksäcken verstaut hatten.

Dieses Eis war die beste Antwort auf eine Frage, mit der ich mich herumgequält hatte: War es leichtsinnig von uns, ohne Wache zu schlafen oder nicht? Im Allgemeinen sind gefährliche Raubtiere wie Löwen und Leoparden nicht in großen Höhen zu finden, aber es gibt Ausnahmen. Eine der Spitzen des »Kibo Crater« auf dem Kilimandscharo heißt »Leopard Point«, zum Gedenken an einen Leopardenkadaver, der dort auf fast 5800 Metern gefunden wurde; der Kadaver eines zweiten Leoparden wurde 1943 nicht viel weiter unten als der erste entdeckt (wie E. Robson in einem Artikel im *East Africa Standard* vom 19. November 1943 schrieb). Auf dem Mount Kenia fand P. Ghiglione Leopardenspuren in der Lobelien- und Riesenkreuzkraut-Zone, was er in seinem Buch *Le mie scalate nei cinque continenti* schildert. *Campi ya simba,* auf 4.500 Metern im hohen Mackinder Valley gelegen, verdankt seinen Namen dem nächtlichen Besuch eines Löwen, wenn man den Erzählungen der Eingeborenen glauben will.

Da es unmöglich war, ohne Feuer Wache zu halten, rang ich mich zu der Erkenntnis durch, dass uns in puncto »Berg steigende Raubkatzen« nichts anderes übrig blieb, als auf unser Glück zu vertrauen.

Um heißes Wasser für den Frühstückskaffee und zum Rasieren zu bekommen, experimentierten wir immer wieder mit vertrockneten Lobelien und Riesenkreuzkräutern, aber wir schafften es nicht, ein Feuer in Gang zu bringen. Warum, das ist uns bis heute ein Rätsel, da alle Seilschaften auf dem Mount Kenia, deren Berichte ich gelesen habe, Riesensenecien verfeuert haben. Denkbar ist, dass einheimische Träger die Fähigkeit besitzen, selbst widerspenstigste Materialien in Brand zu setzen, und alle Seilschaften, die vor uns den Mount Kenia bestiegen haben, hatten einheimische Träger dabei.

Wir aßen also zwei hauchdünne Kräcker mit viel Butter und Fleischextrakt und rasierten uns mit kaltem Wasser. Aber wir gaben die Hoffnung immer noch nicht auf. Wenn die Riesenkreuzkräuter und Lobelien keine Lust hatten, sich von uns verfeuern zu lassen, mussten wir eben anderes Brennmaterial suchen, da Enzo davon ausging, dass wir gerade noch genug Alkohol für den Kocher übrig hatten, um das Frühstück am »Batian«-Tag zu machen. So verbrannten wir schließlich trockenes Gras, das wir zwischen zwei Felsblöcken aufgehäuft hatten, unter unserem geschlossenen Kochtopf. Das Gras schrumpfte zusammen, wurde schwarz und qualmte entsetzlich, ohne dass sich eine Flamme zeigte, aber es entstand Hitze. Nach über einer Stunde fing das Wasser im Topf zu kochen an, und zum Mittagessen gab es guten Tee mit unserer letzten Dose Cornedbeef.

Dann kamen unerwartet ehrgeizige Pläne auf, unseren Speisezettel mit gebratenem »Wild« anzureichern, als die »Ratten« auf der Bildfläche erschienen. Enzo hatte die Entdeckung als Erster gemacht, aber weder Giuàn noch ich hatten ihm geglaubt.

Folgendes war passiert: Als ich vom Waschen und Rasieren an dem eisgeränderten Bach zurückkam, sah ich, wie Enzo unsere Rucksäcke auf halber Höhe an ein paar Riesensenecien in der Nähe unseres Zelts festband. Ich frotzelte: »So ist's recht – peinliche Ordnung und Sauberkeit, wie es sich gehört für ein Basislager, das unter deinem Kommando steht.«

»Das ist nicht zum Lachen«, entgegnete er. »Es gibt auch noch andere Gründe als Ordnung und Sauberkeit, aber welche das sind, darauf kommst du nie!«

Ich tippte erst auf »Feuchtigkeit«, dann auf »plötzlichen Schneefall, gefolgt von Tauwetter und Überschwemmung«. Schließlich kam ich auf »Tiere«, ein Schuss ins Dunkel, der sich als richtig erwies. »Murmeltiere«, war mein nächster Versuch, und endlich »Ratten«.

Enzo antwortete mir mit einem vieldeutigen »Schon möglich«.

»Was soll das heißen, schon möglich? Entweder es sind Ratten, oder es ist was anderes, vielleicht Spitzmäuse oder Backenhörnchen.«

»Keine Ahnung, was es ist. Für mich sehen sie wie Ratten aus.«

»Ratten?«, wiederholte ich und fragte mich, ob Ratten in dieser Höhe leben konnten. Enzo, der meine Skepsis in die falsche Kehle bekommen hatte, weil er genau wusste, dass weder Giuàn noch ich seine Behauptungen allzu ernst nahmen, sagte:

»Ich verstehe nicht, warum du so ein Getue darum machst. Was immer es ist, die Viecher hausen jedenfalls unter den Felsen.«

Triumphierend wandte Giuàn ein: »Wie konntest du sie dann sehen, wenn sie unter den Felsen hausen?«

»Weil sie manchmal rauskommen, so wie gestern, als ihr beide weg wart. Sie haben ein dunkelbraunes Fell und einen weißen Streifen vom Hals bis zur Schwanzwurzel. Das Fell ist sehr, sehr dick.«

»Also ein Pelztier«, sagte ich, immer noch nicht sicher, ob Enzo uns wieder einmal einen Bären aufbinden wollte, oder ob man ihm ausnahmsweise glauben durfte.

»Genau. Ich hab mich gefragt, wie viele von diesen Tierchen ich brauchen würde, um ein Cape für meine Frau zu machen.«

Giuàn und ich setzten dem Gespräch mit lautem Gelächter ein Ende, überzeugt, dass Enzo uns auf den Arm nehmen wollte.

Doch nach dem Mittagessen, als wir alle drei friedlich beim Zelt saßen und uns von der schwachen Sonne bescheinen ließen – Enzo nähte an seiner Fahne, Giuàn befestigte eine neue Schlaufe an seinem Eispickel und ich ölte meine Stiefel –, zeigte Enzo plötzlich auf den nächsten Felsblock. Es war eine Geste des Triumphs, wie ein Magier, der ein Kaninchen aus seinem seidenen Hut zieht, mit dem Finger darauf zeigt und ebenso lässig wie theatralisch »Voilà« sagt.

Da war es, und Enzo, der bewiesen hatte, dass er die Wahrheit sagte, lächelte selbstzufrieden. Seine Beschreibung war treffend gewesen. Der Schwanz des Tieres war rattenähnlich, nicht buschig wie ein Eichhörnchenschwanz. Es saß auf den Hinterbeinen, die Vorderbeine an die Brust gehoben, und beäugte uns halb misstrauisch, halb bekümmert, wie ein alter Anwaltsgehilfe, der einen Eindringling in seinem Büro über seine Brillengläser hinweg mustert.

Das Tier blieb nicht lange, sondern stob bei der ersten Bewegung davon.

Den ganzen Nachmittag über kreisten unsere Gespräche um »Rattenbraten«, und wir überließen es dem findigen Enzo, einen geeigneten Köder aufzutreiben und eine Falle zu bauen, um ein paar von diesen Tierchen zu fangen. Es war allerdings nicht unsere Absicht, ein Cape für Enzos Frau zu machen, auf das Giuàns und meine Frau mit Recht neidisch gewesen wären, sondern wir wollten lediglich etwas zu essen haben, wenn unsere Vorräte aufgebraucht waren. Nicht dass wir besonders erpicht auf Rattenfleisch waren, und wir hatten es auch noch nie probiert, aber im Augenblick kam es uns vor, als könnten wir gleich mehrere Ratten mit Haut und Haar hinunterschlingen.

Unser Ruhe- und Vorbereitungstag verging wie im Flug. Wäsche waschen, Stopfen, Ausbessern, Ersatznägel in die Sohlen unserer Stiefel hämmern, da sich bei dem ständigen Waten etliche gelöst hatten, Stiefel ölen und anderer Krimskrams, was alles sehr zeitraubend war.

Enzo hatte endlich die drei Farben unserer Fahne, die wir getrennt getragen hatten, zusammengenäht. Um zu verhindern, dass die Fahne konfisziert wurde, falls man uns abfangen sollte, hatten wir sie folgendermaßen aufgeteilt: Enzo hatte die rote Stoffbahn getragen, die zugleich als Keksbeutel diente; Giuàn hatte den grünen Streifen in das Futter seiner Mütze eingenäht, als raffinierten Schutz gegen ultraviolette Strahlung, und ich hatte die weiße Bahn mit dem königlichen Wappen in meinem Hemd verborgen.

Ich schrieb eine Botschaft mit unseren Namen auf ein Blatt Papier (aber ohne unsere Kriegsgefangenennummer, denn das wäre gegen unsere Regeln gewesen) und steckte sie in die – leider Gottes! – leere Brandyflasche, die mit Kerzenwachs versiegelt wurde, während Enzo sich um die Fahnenstange kümmerte, die ich in meinem Rucksack tragen würde.

Die etwa 1,50 Meter lange Stange, die Enzo an den Zeltstangen befestigt getragen oder als Wanderstock benützt hatte, wurde in der Mitte durchgeschnitten. Auf die Spitze der unteren Hälfte montierte Enzo ein Zapfenloch, aus einer leeren Corned-beef-Dose fabriziert, in das der Zapfen der oberen Hälfte gesteckt werden konnte, wenn wir die Fahne aufpflanzten. Ans obere Ende der Stange nähte Enzo die Fahne, und ganz oben an der Spitze befestigte er vier Drahtringe, durch die wir eine Schnur ziehen konnten, um die ganze Geschichte zu fixieren.

Wir waren mächtig stolz, weil alles sehr professionell aussah, und gar nicht improvisiert.

Beide Teile der Fahnenstange passten samt Flagge in meinen Rucksack; nur ein paar Zentimeter standen über.

Beim Abendessen schnallten wir unseren Gürtel enger, und gleich danach legten wir uns schlafen, obwohl es noch hell war.

4. Februar

Ich weiß nicht, wie ich es geschafft habe, zur vereinbarten Stunde aufzustehen und meine Kameraden zu wecken.

Es war zwei Uhr morgens, als ich aus dem Zelt kroch, und der Himmel funkelte vor Sternen.

Zelt und Stiefel waren hart gefroren, und wir mussten lange warten, bis Enzo den Eisklumpen in unserem Kochtopf über der schwachen Flamme des Alkoholbrenners zum Schmelzen gebracht hatte und »Frühstück fertig!« rief.

Es war endlich *das* Frühstück an *dem* Tag. Langsam und genüsslich schluckten wir das nahezu feste Kakaogebräu, bestehend aus Ovomaltine, Milchpulver und viel Zucker, gefolgt von zwei dünnen Kräckern mit Butter und Fleischextrakt.

Enzo schüttelte uns die Hand, vielleicht etwas länger als nötig. Wir sagten ihm, er möge sich keine Sorgen machen, wenn wir bis zur Dämmerung nicht zurück seien, weil wir vielleicht auf dem Berg kampieren würden.

Wir rieben uns Gesicht und Hände mit der Sonnencreme ein, die Giuàn zu diesem Zweck zusammengerührt hatte, zogen unsere Handschuhe an und brachen kurz vor drei Uhr in guter Form und zuversichtlich auf, in dem freudigen Bewusstsein, dass dieser Tag den Höhepunkt unserer Reise bedeuten würde, wie immer es auch ausgehen mochte.

Die Sümpfe waren hart gefroren. Das Eis knisterte unter den Nägeln unserer Stiefel, aber es hielt. Die Riesenkreuzkräuter ragten gespenstisch im Mondlicht auf.

Mit langsamen, stetigen Schritten folgten wir dem Nanyuki stromaufwärts und kamen zwischen den beiden pechschwarzen Seen durch. Hoch oben stieg die gewaltige Masse des Batian auf, schwarz und drohend, der Kessel der Nordgletscher nur wenig dunkler gefärbt.

Am oberen Ufer des höher gelegenen Sees ruhten wir uns aus. Reglos spiegelten sich die Zenitsterne im stillen Wasser.

Wir legten uns auf den Boden und tranken feierlich, als zelebrierten wir ein seltsames Ritual, in langsamen, kleinen Schlucken das eiskalte, schwarze, sternfunkelnde Wasser.

Es war zehn nach vier, als wir den mühseligen Aufstieg über den Geröllhang begannen, den wir am Vortag in einer fröhlichen Rutschpartie hinuntergeschlittert waren. Mit einem stetigen, knirschenden Geräusch schabten unsere genagelten Stiefel über die losen Steine und im Lichtkegel unserer Taschenlampe gewannen wir langsam Höhe.

Der »Backenzahn« zeichnete sich als Erstes vor den Sternen ab, wie eine Silhouette an einem fernen Horizont, aber nach und nach nahm er an Größe zu, bis er als Bollwerk vor dem Himmel aufragte, an dem noch immer kein Vorbote der nahen Dämmerung zu sehen war.

Sobald wir den Sattel erreicht hatten, blies uns ein eisiger Wind ins Gesicht. Der »Fliegende Holländer« reckte seinen sturmgepeitschten Wellenbrecher in die Nacht. Er wirkte jetzt noch märchenhafter als bei Tageslicht, nicht nur durch ein Tal, sondern durch Jahrhunderte von uns getrennt. Zwei helle Sterne blinkten als Ankerlaternen an seinen unsichtbaren Masten, wie ewige Lichter für seine reglose Reise durch die Zeit.

Obwohl es erst zwanzig vor sechs war, hätten wir liebend gern eine Rast eingelegt und einen Keks geknabbert, aber der Wind blies so kalt, dass unsere Finger steif wurden, sobald wir die Handschuhe auszogen. Also marschierten wir weiter, stiegen die Geröllhalde östlich des Point Peter hinauf, wo die umgeknickten Riesenlobelien uns den Weg wiesen.

Als wir die Felsen erreichten, die den Beginn des eigentlichen Aufstiegs markierten, brach rasch die Dämmerung jenseits der gezackten Silhouette des Nordwestgrats an. Wir aßen jeder einen winzigen Keks, und sobald es hell genug war, brachen wir auf.

Wir kamen schnell voran, auf die Kerbe unter dem Dutton Peak zuhaltend, die wir bei unserem Erkundungsgang vor zwei Tagen erreicht hatten.

Es war ein schöner Morgen. Kein Wölkchen trübte den Himmel, der jetzt den tiefblau-violetten Farbton hatte, wie man ihn nur in einer Höhe von über 5000 m findet. Auf einmal hatte ich eine Idee: Wenn wir vom Rand des Felsgrats, der vom César-Gletscher abfiel, westwärts über das Aberdare-Massiv hinausblicken würden, könnten wir um diese Stunde und bei diesem traumhaften Wetter vielleicht den Lake Baringo oder sogar den Mount Elgon sehen.

Giuàn war mit meinem Vorschlag einverstanden, und wir verließen unsere Hauptroute und hielten auf den Kammgrat zwischen dem Point Peter und dem Dutton Peak zu. Wir sahen weder den Lake noch den Mount Elgon, da alles unter etwa 2.500 m von einer dicken Nebelbank verhüllt war, aber unsere Mühe wurde mit einem Ausblick belohnt, der mir immer als einer der großartigsten der gesamten Expedition in Erinnerung bleiben wird.

Auf das wogende silbergraue Nebelmeer fiel der Schatten des kuppelförmigen Mount Kenia, überragt von der backenzahnähnlichen Gestalt des Batian, alles in einem stumpfen braunvioletten Farbton. Das Besondere an diesem natürlichen Schattenspiel war, dass von der Spitze des Schattenbildes, das der Batian warf, ein zweiter, nach Westen zeigender Schattenkegel aufstieg, zusammen mit einem genau gleichen, komplementären Lichtke-

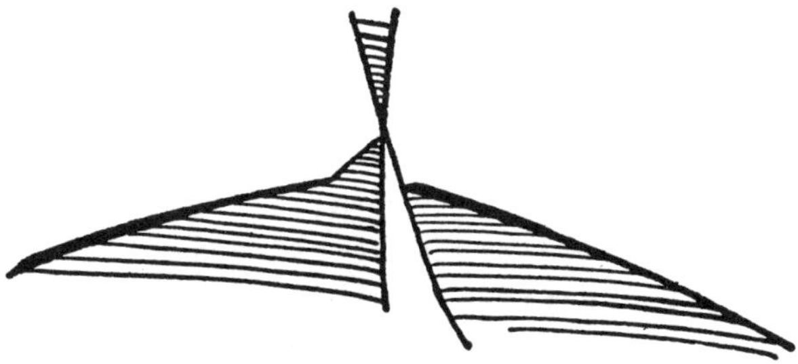

gel, der nach Osten wies. Es war ein Lichtbrechungs-Phänomen, das ich bis heute nicht erklären kann.

Wir starrten gebannt auf dieses Schauspiel und vergaßen einen Augenblick, dass wir hier waren, um den Batian zu besteigen. Es war, als hätte ein Riese mit einer mächtigen Schere einen Keil aus dem Schatten des Bergs geschnitten und diesen um 180° um seine eigene Spitze gedreht, um so den leeren Raum mit einer silbrigen Wolle zu füllen.

Wir drehten wieder um, und nachdem wir eine Zeit lang der Gratlinie gefolgt waren, erreichten wir die Kerbe unter dem Dutton Peak, wo wir uns sofort anseilten.

Wenn ein Bergsteiger seine Memoiren schreibt, nennt er das Seil, dem er oft genug sein Leben verdankt, im Allgemeinen »zuverlässig«. Leider muss ich unserem Seil diese übliche Bezeichnung absprechen. Es sah von Anfang an so wenig vertrauenswürdig aus, dass wir es für besser hielten, uns mit einem Doppelseil zu sichern. Wir hofften, dass zwei »nicht vertrauenswürdige« Seile doppelt genommen, entgegen allen Regeln der Mathematik, ein »vertrauenswürdiges« ergeben würden. Die armen Sisalseile konnten natürlich nichts dafür, dass sie so wenig vertrauenswürdig waren, sondern es war unsere Schuld, dass wir sie überhaupt mitgenommen hatten. Es waren Seile, die dazu dienten, Seilroste an den Pritschen im Lager zu befestigen, und dazu waren sie gut genug.

Giuàn führte, und bis es acht Uhr wurde, kletterten wir bereits stetig aufwärts.

Es war eine Freude, die Nordwand des Dutton Peak mehr oder weniger auf der Höhenlinie zu queren, mit der weißen, rissigen Oberfläche des César-Gletschers tief unter uns. Endlich, nach monatelangen Vorbereitungen, erklommen wir den Batian, das Ziel unserer Träume. Es war fast zu schön, um wahr zu sein.

Der Fels war, obwohl ungeschützt, gesund, und die Griffe, selbst wenn sie klein waren, sicher. Das Gestein, aus dem der Batian bestand (Nephelin-Syenit, wie Gregory herausfand), bot offenbar dasselbe Maß an Sicherheit wie der Granit der Mont-Blanc-Gruppe, und Giuàn, dessen letzte Klettererfahrung in den Alpen eine äußerst schwierige Besteigung der Grandes Jorasses gewesen war, freute sich über die vielen Ähnlichkeiten, die er im Hinblick auf den Fels entdeckte.

Auf unserer Route über die Wand waren wir gezwungen, ein paar Couloirs, die mit extrem hartem Eis gefüllt waren, zu überqueren. Hier erwiesen sich unsere Eispickel als äußerst tauglich und hilfreich.

Wir verließen die Höhenlinie, um auf eine kleine, niedriger gelegene Terrasse hinunterzukommen, die einen Fußhalt für uns beide bot. Hier ließ ich den ersten unserer rot lackierten Papierpfeile zurück, die ich als Wegmarkierungen mitgenommen hatte, falls wir vom Nebel überrascht werden sollten.

Bis jetzt war alles gut gegangen. Wir waren beide voller Energie und in blendender Stimmung, nur die Sisalseile machten uns Sorgen. Sie hatten die unangenehme Eigenschaft, an jeder winzigen Unregelmäßigkeit im Fels hängen zu bleiben, rau und haarig wie sie waren. Ständig verhedderten sie sich, und Giuàn und ich verfluchten sie abwechselnd in den höchsten Tönen, je nachdem wer gerade das Absichern besorgte.

Von der Terrasse aus mussten wir wieder Höhe gewinnen, und das war nur möglich, indem wir einen Kamin hochkletterten, der zu einem Sims ungefähr neun Meter weiter oben führte. Giuàn schaffte es in gutem Stil mit »Klemm«-Technik und rief bald herunter, dass er eine gute Sicherung gefunden hätte und dass ich hinterher kommen sollte.

Ich folgte ihm, aber auf halber Höhe des Kamins erschlafften meine Armmuskeln, und ich spürte, dass ich mich nicht mehr länger würde halten können. Wie erwartet, gab meine linke Hand nach, und einen Augenblick baumelte ich über dem César-Gletscher, nur mit meiner rechten Hand hielt ich mich noch an einem winzigen Vorsprung. Als ich merkte, dass ich mich nicht länger halten konnte, rief ich Giuàn zu: »Gib mir Seil«, und ließ mich auf die untere Terrasse gleiten – oder besser fallen –, die etwa dreieinhalb Meter unter mir und etwas weiter zu meiner Linken war. Ich schaffte es, mich mit letzter Kraft nach links zu schwingen, und landete tatsächlich auf der Terrasse.

Erst jetzt setzte die Panikreaktion ein. Meine Knie schlotterten erbärmlich und ich musste mich hinsetzen.

Giuàn hatte keine genaue Vorstellung, was passiert war, denn er kletterte zum Felsen hin und hatte mich nicht gesehen. Außerdem hatte sich sein Seil zum hundertsten Mal an einem kleinen Felsvorsprung verheddert.

»Hast du genug Seil bekommen?«, fragte er von oben. »Kommst du?«

»Komme«, rief ich zurück, teils weil mir der Atem fehlte, um eine längere Erklärung abzugeben, was unvermeidlich gewesen wäre, hätte ich »Nein« oder »Noch nicht« gesagt; und teils, ich gestehe es, weil ich mich schämte. Warum, kann ich nicht sagen. Wer ist schon fähig seine eigenen Gefühle restlos zu ergründen? Es hatte mit »Gesichtsverlust« zu tun, nehme ich an, weil ich an einem Absturz versagt hatte, den mein Kamerad mit Bravour, ja, mit Leichtigkeit bewältigt hatte; aber zugleich hatte ich auch Gewissensbisse, weil ich mehr riskiert hatte, als ich mir bei meinem Training hätte zumuten dürfen. Ein guter Bergsteiger darf kalkulierte Risiken eingehen, aber er darf niemals waghalsig sein.

Wie auch immer, nach einer Weile atmete ich wieder tief und regelmäßig und sammelte alle meine Kräfte.

»Zieh das Seil hoch«, sagte ich zu Giuàn.

Während ich auf der Terrasse verschnauft hatte, war mir hoch über der linken (oberen) Lippe des Kamins ein kleiner Fingerriss ins Auge gefallen. Dank meiner Größe – gelobt seien wieder einmal meine Eltern! – gelang es mir, mich mit der linken Hand daran festzuklammern, sodass es mir erspart blieb, mich weiter mit Klemmtechnik hinaufzuarbeiten. In ein paar Minuten saß ich auf dem Sims neben Giuàn.

»Du bist ja ganz blass«, sagte mein Freund und Doktor, und ich erklärte ihm, was passiert war.

Nach einer ausgiebigen Rast kletterten wir weiter.

Der Höhenlinie folgend, erreichten wir eine schwarze Felsrippe, die wir bereits bei unserem Erkundungsgang bemerkt hatten. Sie würde uns zum »Schwarzen Zahn« zwischen dem Dutton Peak und dem Petit Gendarme führen. Hinter der Rippe war ein enger Couloir, den wir vertikal bestiegen. Ein paar Abstürze waren mit Eis bedeckt, wiesen aber keine anderen Schwierigkeiten auf. Ich war inzwischen nicht mehr so guter Dinge wie bei unserem Aufbruch. Mein Selbstbewusstsein war erschüttert und ich war nicht mehr im Reinen mit mir. Ein dumpfes, ungutes Gefühl nagte an mir, als hätte ich mir etwas zu Schulden kommen lassen.

Um zehn Uhr waren wir auf dem Felsgrat, der den Northey-Gletscher von den César-Joseph-Gletschern trennt, und bald darauf erreichten wir die Felsen auf dem Grat, den wir unter uns »Schwarzer Zahn« genannt hatten. Wir fanden kein Steinmännchen und fragten uns, ob wir die Ersten waren, die diesen abgelegenen und unwichtigen Teil der Nordwand des Mount Kenia erreicht hatten. Heute bin ich überzeugt, dass er von anderen Seilschaften bei Erkundungsgängen auf dieser Seite des Gipfels bestiegen worden sein muss.

Wir saßen dort eine gute Viertelstunde und studierten wie Schachspieler den nächsten Zug, ohne zu wissen, dass Shipton und Tilman, die doch viel geschickter in diesem Spiel waren als wir, jeden Versuch, den Gipfel von diesem Punkt aus unter »Sommerbedingungen« zu erreichen, als hoffnungslos verworfen hatten.

Gebannt starrten wir auf die gewaltigen, glitzernden weißen Eisklippen des Northey Gletschers. Nein, hier war eindeutig nichts für uns zu holen. Es sah aus, als könnten sie nur mit erstklassigen Steigeisen, Eispickeln, Kletterhaken und Seilen bestiegen werden, nach einem erstklassigen Training und erstklassiger Ernährung; ein unerreichbarer Traum für uns arme entflohene Kriegsgefangene!

Wir studierten wieder den Nordwestgrat, die Route, die wir ursprünglich geplant hatten. Es war ein Furcht erregender Anblick und unter den herrschenden Winterbedingungen technisch sehr schwierig, mit den Eis- und Schnee-Einsprengseln. Die ersten hundertfünfzig Meter von der Felskerbe hinter dem Petit Gendarme aus machten keinen allzu schlimmen Eindruck, aber weiter oben sah es düster aus, obwohl wir zu weit unten waren, um die Einzelheiten selbst mit dem Feldstecher deutlich erkennen zu können. Doch welche Route wir auch immer nehmen würden, wir mussten zuerst die Kerbe hinter dem Petit Gendarme erreichen.

Zu diesem Zweck stiegen wir von unserem Beobachtungspunkt in Richtung Northey-Gletscher hinunter, und ohne weitere Schwierigkeiten erreichten wir auf einem Umweg den Einschnitt zwischen dem »Schwarzen Zahn« und dem Petit Gendarme. Hätten wir bessere und längere Seile gehabt, wären wir schneller gewesen, weil wir uns dann direkt vom »Schwarzen Zahn« abgeseilt hätten.

Um elf Uhr morgens nahmen wir endlich die Felsen am Fuß des Petit Gendarme in Angriff, mit anderen Worten, die Hauptmasse des Batian selber.

Die ersten Seillängen waren ziemlich leicht, obwohl die Felsen verwittert waren und keine gute Sicherung boten. Bald trafen wir auf große Mengen nassen Schnees, hier und da mit einer dünnen gefrorenen Kruste überdeckt. Bei jeder Sicherung ließ ich einen Pfeil zurück.

Zuerst versuchten wir weiter, uns nach links in Richtung der Felskerbe zu schwingen, aber die Felsen wurden glatter und boten bald gar keine Halte mehr. Wir kletterten daher vertikal, in der Hoffnung, weiter oben eine Querungsmöglichkeit nach links zu finden.

Immer mehr Schnee bedeckte die Felsplatten. Wäre er bis in eine ausreichende Tiefe gefroren gewesen, dann hätte er – im Tausch gegen die relativ leichte Arbeit des Stufenschneidens – einen guten und schnellen Weg hinauf geboten; aber das war leider nicht der Fall. Giuàn musste die Schneemassen entfernen, und da ich meistens direkt unter ihm war, stürzten regelmäßig kleine Lawinen auf mich herab. Wenn ich aufschaute, um ihm von meiner Sicherung aus weitere dreißig Zentimeter Seil zu geben, fiel mir der Schnee ins Gesicht, und wenn ich meinen Kopf senkte, landete er auf meinem Hals, drang unter meine Kleider und rutschte an meinem Rückgrat hinunter. Ich tröstete mich mit dem

Gedanken, dass es eine nette Abwechslung zu unseren Lagerduschen war, aber ich konnte es trotzdem nicht angenehm finden.

Zudem mussten wir die traurige Entdeckung machen, dass die Felsen unter der Schneedecke glatte Platten ohne jeden Halt darstellten, nicht anders als die, die wir als Route zur Spalte bereits verworfen hatten. Plötzlich konnte ich Giuàn keine Sicherung mehr geben. Wir riskierten ohnehin schon zu viel, »zogen den Teufel am Schwanz«, wie ein italienisches Sprichwort besagt. Wäre Giuàn gestürzt, hätte er mich mit sich gerissen, und umgekehrt.

Trotzdem arbeiteten wir uns Zentimeter um Zentimeter voran, in der Hoffnung, auf eine Querungslinie oder eine Aufstiegslinie zum Grat zwischen der Spalte und der Spitze des Petit Gendarme zu treffen. Es war fraglos ein harter Kampf. An manchen Stellen konnte ich einen Pfeil zurücklassen und mit einem Stück Schneekruste fixieren. Schließlich mussten wir an unseren Rückweg denken.

Ich fragte mich, ob wir schon auf 5000 Metern waren, was an sich schon eine Leistung für jeden alpinen Bergsteiger gewesen wäre, da der höchste Alpengipfel, der Mont Blanc, nur 4883 Meter hoch ist. (Da Shipton den Dutton Peak auf etwa 16 100 Fuß bestimmte und ich den Eindruck hatte, dass wir ungefähr 300 Fuß höher waren – ich konnte den Gipfel zwischen meinen Beinen sehen –, nehme ich an, dass wir dicht an der 5000 Meter-Marke waren.)

Giuàn war mit einem besonders schwierigen Absturz beschäftigt und die Minuten dehnten sich zu einer Viertelstunde aus, ohne dass er sichtbare Fortschritte gemacht hätte. Meine Finger waren schon taub vor Kälte. Ich konnte die Seile, die zumindest theoretisch unser »Rettungsanker« waren, nur noch mit Mühe manövrieren.

Um 12.30 stellte ich zu meinem Entsetzen fest, dass von Süden her Nebelschwaden aufzogen. In Sekundenschnelle hüllten sie den oberen Teil des Nordwestgrats ein, während andere Fetzen von einem zunehmend starken Wind durch die Spalte geblasen wurden, die wir bis jetzt nicht erreichen konnten, und sich auf unserer Seite des Bergs zusammenballten. Bald hüllten sie den Northey- und César-Gletscher ein, den Dutton Peak, den »Schwarzen Zahn«, alles.

Die Temperatur fiel ab. Ein Eissturm brachte immer mehr Nebelwolken mit. Ich fing an zu zittern. Giuàns gespenstisch graue Gestalt tauchte auf den Felsen über meinem Kopf auf, um im nächsten Augenblick wieder zu verschwinden, dann erneut aufzutauchen und so fort.

Er kam offenbar nicht weiter. Vielleicht war er ebenfalls dabei, die Lage unter diesem Gesichtspunkt neu zu erwägen.

»Hallo!«, rief ich zu ihm hinauf.

»Hallo«, kam seine Antwort, halb vom Pfeifen des Windes erstickt.

»Wie kommst du voran?«

»Überhaupt nicht.«

Ich sagte nichts darauf.

»Ich sehe keine Möglichkeit«, fuhr er nach einer Weile fort, »wie ich auch nur einen Zentimeter vorwärtskommen soll – und womöglich auch rückwärts.« Ich weiß bis heute nicht – genauso wenig wie er selber –, wie er es überhaupt geschafft hat, so weit hinaufzukommen.

Ich kann mich nicht an die genauen Worte erinnern, die wir uns im Brüllen des Sturms zuriefen, aber es war eine sehr kurze Unterhaltung, in der, wie ein Romancier sagen würde, »Leben und Tod sich die Waage hielten«.

Wir einigten uns, den Rückzug anzutreten, sofern das möglich war.

Während Giuàn sich mühsam Zentimeter um Zentimeter abwärts bewegte, stieg die Temperatur, wie mir schien, wieder an, und es hagelte und schneite gleichzeitig. Es wäre der helle

Wahnsinn gewesen weiterzuklettern, und inzwischen war es sogar fraglich, ob wir überhaupt heil zurückkommen würden.

In den folgenden vierzig Minuten – so lange brauchte Giuàn, bis er die Stelle erreichte, an der ich mich immer noch am Felsen anklammerte –, wütete der Sturm erbarmungslos gegen uns. Langsam holten meine tauben Finger, die nach einer Woche Bambusgestrüpp und blankem Fels zerschnitten und zerkratzt waren, das Seil ein, das mich von meinem Kameraden trennte. Zum Glück war der Wind so stark, dass der fallende Schnee nicht sofort die Felsen bedeckte. Wäre das der Fall gewesen, dann wären meine roten Pfeile im Schnee versunken, und wir wären hoffnungslos verloren gewesen.

Als Giuàn endlich meinen unsicheren Halt erreicht hatte, waren seine Augenbrauen, sein Schnurrbart und sein Kletteranzug völlig vereist und seine Lippen beinahe weiß. In Büchern schütteln sich die Protagonisten in einem solchen Moment die Hand. Wir hatten in diesem Augenblick weder die Zeit noch die Lust dazu.

Der Wind ließ etwas nach, aber der Schnee fiel stetiger und dichter. Schneeflocken wirbelten herum, Schnee türmte sich auf jeder Unregelmäßigkeit in den Felsen und überzog den Stoff unserer Mützen, Jacken und Hosen mit einer Eiskruste.

So begannen wir den Abstieg, der doppelt schwierig war, da wir nicht nur vor dem Schneesturm kapitulierten, sondern auch »technisch« von den Felsen besiegt worden waren.

An meine winzigen Griffe geklammert, schaute ich in das Toben der Elemente hinunter und versuchte, in dieser weißen Hölle einen roten Pfeil auszumachen. Endlich sah ich einen, ein willkommenes Hoffnungszeichen in dieser unwirtlichen Welt. Langsam und mit großer Mühe erreichten wir ihn. »Werden wir die Kraft haben, morgen den Lenana zu besteigen, um unsere Fahne wenigstens dort aufzurichten?«, fragte ich mich. »Und werden wir es überhaupt schaffen, heute vom Batian herunterzukommen?«, war die Frage, die ich mir nicht zu stellen wagte.

Unsere Finger waren abgestorben, da wir ständig den Schnee von unseren Griffen wegwischen mussten. Die Sisalseile waren hart wie Eisenstäbe und ihre eisigen Fasern stachen uns wie Nadeln in die Hände.

Die wenigen Seillängen an den Felsplatten des »Petit Gendarmes« hinunter kamen uns in dem wirbelnden Schneesturm endlos vor, und selbst heute, da ich dies hier schreibe, kann ich es kaum glauben, dass ich das alles wirklich erlebt habe. Manchmal glaube ich fast, dass ich es nur geträumt habe.

Als wir endlich die Kerbe zwischen dem Petit Gendarme und dem »Schwarzen Zahn« erreichten, waren wir bis zum Äußersten erschöpft. Wir setzten uns eine Weile nieder, ruhten uns aus und zwangen uns, ein Stück Toffee und die Hand voll Sultaninen zu essen, die meine Mutter mir in ihrem Weihnachtspaket geschickt und die ich für den »Batian-Tag« aufgespart hatte. Wenn ich denke, wie oft ich der Versuchung widerstanden hatte, sie vorher aufzuessen!

Um zehn vor eins banden wir die Seile los und überquerten die leichten Felsen um den »Schwarzen Zahn«. Zum Glück fanden wir den roten Pfeil, der die Stelle markierte, an der wir den Abstieg vom Nordhang des Dutton beginnen mussten. Wir seilten uns wieder an und machten uns an den Abstieg. Es war halb vier nachmittags. Nur dreieinhalb Stunden Helligkeit blieben uns noch.

Als wir die schwierigeren Felsen hinunterkletterten – und der Abstieg ist beim Felsklettern im Allgemeinen schwieriger als der Aufstieg –, merkten wir bei jedem Schritt, wie erschöpft wir waren. Jeder Griff oder Halt musste erst mit der Hand oder dem Fuß vom Schnee befreit und gründlich auf seine Festigkeit geprüft werden. Mehrmals mussten wir Eis von den Felsen hacken oder Stufen in einen Eiscouloir schneiden.

Es hatte beinahe zu schneien aufgehört, aber der Nebel war so dicht, dass wir nicht weiter als fünf bis zehn Meter sehen konnten. Der ganze Berghang, den wir am Morgen davor überquert hatten, kam uns völlig unbekannt vor.

Zum Glück konnte ich einen Pfeil ausmachen, zu dem wir uns durchschlugen und dann dort blieben, bis ich den nächsten entdeckt hatte. Es war eine nervenzermürbende Arbeit. Häufig verwechselten wir einen rötlichen Fleck auf den Felsen mit einem Pfeil, verirrten uns und mussten uns zurückkämpfen. Ich kann mich nicht erinnern, wie oft ich zu der Überzeugung kam, dass wir uns hoffnungslos in dieser feindseligen, schneebedeckten Wand verirrt hatten. Ich weiß nur noch, dass es mir vorkam, als seien nicht Stunden, sondern Wochen vergangen, als ich endlich die Terrasse sah, auf der ich morgens meine »Notlandung« gemacht hatte.

Wir seilten uns auf die Terrasse ab, an dem ominösen Kamin vorbei, und ruhten dort ein wenig aus.

Giuàn starrte auf die Felsspalte und sagte: »Ich weiß nicht, was ich mir heute Morgen dabei gedacht habe.«

»Wem sagst du das!«, antwortete ich.

Der Nebel lichtete sich.

Wir konnten die Kerbe unter dem Dutton Peak ausmachen, ein Anblick, über den wir so erleichtert waren wie eine Bootscrew in stürmischer See über das Blinken eines Leuchtturms. Aber wir brauchten noch über eine Stunde, bis wir tatsächlich dort ankamen.

Als wir unten waren, lösten wir die Seile. Wir hatten das Schlimmste hinter uns.

Ehe wir endgültig den Schauplatz unserer Niederlage verließen, blickten wir noch einmal zurück. Der Nordwestgrat des Batian sah grandios aus, eisgesprenkelt und teilweise in Wolken gehüllt. Mag sein, dass er uns noch imposanter erschien, weil er sich als unbezwingbar erwiesen hatte.

Nun, zumindest hatten wir die Hände nach diesem einzigartigen Ziel ausgestreckt; die Niederlage war zwar schmerzlich, aber wir wussten, dass wir alles getan hatten, was uns in unserer Situation möglich war.

Wie so oft im Hochgebirge änderte sich das Wetter abrupt und die Nebelschwaden stiegen jetzt en masse zur untergehenden Sonne auf. César- und Joseph-Gletscher funkelten zu unseren Füßen, alle Spalten und Risse mit Neuschnee überpudert. Der Point Peter, ebenfalls mit Neuschnee bedeckt, glitzerte in den Sonnenstrahlen wie ein riesiger Zuckerhut. »Das wäre eine gute Klettertour«, dachte ich, denn ein passionierter Bergsteiger ist ein unverbesserlicher Träumer – noch bevor er sich von der einen Niederlage erholt hat, plant er unbewusst bereits den nächsten Versuch. Jedes Quäntchen Energie – und wie es aussah, war nicht mehr viel davon übrig –, musste für den Lenana aufgespart werden.

Ich fragte mich, wohl zum ersten Mal an diesem Tag, wie es Enzo ergangen war; ob es im Basislager auch geschneit hatte und ob Enzo beim Anblick des Schneesturms, der oben auf den Gipfeln tobte, in Angst geraten war.

Wir legten unsere hart gefrorenen Seile zu einem Bündel zusammen und begannen den Abstieg über die leichten Felsen. Wir hatten weder die Zeit noch die Kraft, die Seile aufzurollen, wie es sich gehörte. Wir schlitterten und sprangen hangabwärts, bis wir die mehr oder weniger ebene Geröllhalde erreichten, auf der die letzten Riesenlobelien wuchsen. Als die letzten Felsen hinter uns lagen, brachen wir vor Erschöpfung fast zusammen.

Solange wir auf allen vieren vorwärts geklettert waren, hatten unsere Muskeln und Nerven ihre Funktionen fast automatisch erfüllt; aber wir hatten zwölf Stunden anstrengende Felskletterei hinter uns, und das nicht gerade unter den leichtesten Bedingungen. Jetzt waren wir völlig am Ende.

Wir aßen ein Stück Toffee, aber ich brachte meines kaum

hinunter. Ich lechzte nach Flüssignahrung wie Milch oder Suppe.

Während wir verschnauften, diskutierten wir meinen Vorschlag, in der Nähe des »Backenzahns« zu kampieren und morgen den Lenana in Angriff zu nehmen, denn ich war überzeugt, dass wir den langen Marsch von unserem viel zu tief und zu weit entfernt liegenden Basislager niemals schaffen würden. Giuàn lehnte diesen leichtfertigen Plan ab, mit der Begründung, dass wir nach dem aufreibenden Tag nachts buchstäblich zu Tode frieren würden und dass wir außerdem nach Enzo sehen mussten. Ich gab widerstrebend nach, aber meine Hoffnung, dass wir den Lenana besteigen würden, schwand dahin.

Die nächsten vierzig Marschminuten um den Sockel des Point Peter herum zum »Backenzahn« zeigten mir jedoch, wie Recht Giuàn gehabt hatte, als er meinen Vorschlag ablehnte. Jeder Schritt wurde zur Qual. Meine Ohren summten und ein nervöser Schluckauf schüttelte mich bei jedem Schritt. Giuàn ging es kaum besser. Er fühlte sich den Puls und meinte, er hätte erhöhte Temperatur.

In einer Mulde des »Backenzahns« versteckte ich die Seile und Steigeisen. Falls wir sie für den Lenana brauchen sollten, würden wir hier vorbeikommen und sie mitnehmen. Dann wollten wir die Geröllhalde zu den zwei Seen hinunterschlittern, aber wir waren so erschöpft, dass wir uns nicht im Gleichgewicht halten konnten. Es wurde dunkel und spät.

Bei dem Versuch, eine Abkürzung von der Geröllhalde direkt zum unteren See hinunter zu finden, geriet ich auf einen Hang mit großen Felsblöcken, auf dem wir wieder auf allen vieren weiterklettern mussten. Giuàn, der von Anfang gegen diese Abkürzung gewesen war, brummelte hinter mir gereizt vor sich hin und schimpfte über diese zusätzliche Strapaze in der zunehmenden Dunkelheit, aber wir waren zu müde, um uns zu streiten.

Es war fast völlig dunkel, als wir nach unserem überflüssigen

Umweg endlich nicht den unteren, sondern den oberen See erreichten.

Ein paar Wolken eilten westwärts und ein Rest von Helligkeit tauchte den See in ein schauriges, trübes Licht, wobei ein breiter Eisgürtel um seinen Rand zu Tage trat, während in der Mitte ein paar Eisplatten dümpelten, ein Anblick, der mich an eine abstoßende Hautkrankheit erinnerte. Mürrisch und erschöpft stolperten wir durch die Blumengärten, deren Schönheit uns beim ersten Mal so fasziniert hatte, ohne Begeisterungsfähigkeit, ohne Kraft. Im schwindenden Licht sahen die Riesensenecien wie Monster aus, die mit ihren Tentakeln nach uns griffen.

Ich zitterte und wurde vom Schluckauf geschüttelt. Vor meinen Augen tanzten imaginäre Lichter.

Hin und wieder murmelte Giuàn hinter mir: »Oh, Gott!« Wieder fragte ich mich, wie wir es morgen schaffen sollten, erneut aufzubrechen, um den Lenana zu besteigen. Es war schlicht unmöglich. Wir mussten einen Ruhetag einlegen. Wir konnten uns auch nicht mit Essen regenerieren, weil fast nichts mehr übrig war.

Als wir, dem Abfluss des unteren Sees folgend, den Nanyuki hinabstiegen, drängte der Nebel immer weiter herein. Es war schon tintenschwarz, aber im Licht unserer Taschenlampe konnte ich sehen, wie die Nebelschwaden ihre *Danse macabre* vollführten. Der Nebel wurde dichter und dichter, bis er wie eine weißliche Wand vor mir stand. Wir konnten nicht weiter als ein, zwei Meter sehen. Es war eisig kalt. Jedes Kreuzkrautblatt, jeder Grashalm, jeder Stein triefte vor Nässe.

»Wie lange müssen wir noch gehen, bis wir zum Zelt kommen?«, fragte Giuàn.

»Nicht mehr lange«, erwiderte ich und fügte für mich selber hinzu: »Fragt sich nur, ob wir es überhaupt finden.«

Auf einmal hörte ich ein seltsames Geräusch, wie Glockenläuten. Ja, ich hörte eindeutig Glocken.

»Giuàn!«

Ein Grummeln war die Antwort.

»Hörst du das?«

»Ob ich was höre?«

»Die Glocken.«

»Glocken?«

»Ja, Glocken.«

»Du bist verrückt.«

War ich wirklich verrückt? Aber ich hörte es doch ganz deutlich – wie die Kuhglocken der Sommerherden auf den Almwiesen oder wie das Geläut der kleinen spitzgiebeligen Kirchen, die aus den Häuserknäueln der höchsten Dörfer in den Alpentälern emporragten. Es war, als wollte das Geläut mir sagen, dass ich mich niedersetzen und ausruhen sollte, aber ich wehrte mich gegen seine sanften Lockungen. Anhalten und ausruhen hätte vielleicht bedeutet... nun, heute bin ich überzeugt, dass es nur unser tief verwurzelter Selbsterhaltungstrieb war, der uns in jener Nacht vorwärtstrieb.

Nach einer Weile zuckte ein Gedanke durch meinen halb betäubten Kopf: »Und wenn wir schon an der Findlingslinie vorbei sind, an der unser Zelt steht?«

Ein Blick auf meine Uhr zeigte mir, dass das nicht möglich war, aber wir hielten uns jetzt dichter am Bach, um nicht vom Weg abzukommen, und dort, wo er durch Sumpfgebiet strömte, gingen wir mitten im Wasser, an der Stelle, an der es am schnellsten dahinsprudelte.

Wir waren durchgefroren, erschöpft und nass und die Plackerei war immer noch nicht zu Ende. Ich beneidete die Bergsteiger in den Alpen, die nach einer missglückten Tour zumindest eine Schutzhütte vorfanden, in der sie ihre Kleider trocknen und ein Feuer anzünden konnten, um sich zu wärmen.

Unsere Füße platschten im Bachwasser oder quatschten durch das sumpfige Gras. Wie wir es schafften weiterzumachen, daran kann ich mich heute kaum noch erinnern. Wir fielen hin und standen wieder auf. Zum Glück ließen uns die Taschenlampen nie im Stich. Ich weiß nur eins: Ich muss im Delirium gewesen sein, weil ich Menschen »sah« und »hörte«. Es waren Gestalten aus den Büchern, die ich vor der Flucht gelesen hatte. Thomas Buddenbrook aus dem berühmten Roman von Thomas Mann tauchte vor mir auf, mit einem kleinen Spitzbärtchen in seinem blassen Gesicht und einer dünnen russischen Zigarette zwischen den Lippen. Dann kamen zwei Gestalten von Charles Morgan, Piers Lord Sparkenbroke nach einem Angina-pectoris-Anfall, eben erst zurück von der Schwelle seiner Platonischen Welt, und Mary; obwohl die Gestalten nicht in dieselbe Geschichte gehörten, redeten sie miteinander über ferne und letzte Dinge wie Tod, Liebe und Ewigkeit.

Endlich tauchten die Findlinge vor uns auf. Wir riefen Enzo. Wir schrien aus vollem Hals. Es kam keine Antwort.

Mir fiel ein, dass es zwei Findlingsreihen gab und dass das Zelt hinter einem Fels in der zweiten Reihe war. Wir gingen weiter.

Alles tanzte vor meinen Augen. Hin und wieder schluchzte Giuàn. Jeder Schritt war eine Tortur, von der ich glaubte, dass ich sie nicht wiederholen könnte. Wir marschierten und marschierten und die zweite Findlingsreihe tauchte immer noch nicht auf.

Dann sackte mir das Herz in die Stiefel, denn mir wurde blitzartig klar, dass die Reihe, die wir gesehen hatten, die zweite Reihe war, und dass wir in dem dichten Nebel die erste passiert hatten, ohne es zu merken.

Ich machte kehrt. Giuàn folgte mir automatisch, ohne auch nur zu fragen, warum ich den Rückzug antrat.

Jene letzten Minuten waren die schlimmsten. Ich weiß nur noch, dass es lange, unerträglich lange dauerte, ehe wir die Felsen wieder erreichten.

»War das die erste oder die zweite Linie?«

Ich wusste es nicht, aber ich konnte mir allmählich vorstellen, wie es ist, wenn man den Verstand verliert.

»Enzo!«, schrie ich wieder.

Keine Antwort.

Riesenkreuzkräuter, vor Nässe triefend, standen um uns herum. Keiner der Felsblöcke hatte eine vertraute Form. Welche Reihe war es? Und wo war die andere? Auf der linken oder der rechten Seite?

Ich ging an der Reihe entlang, leuchtete jeden Felsblock mit meiner Taschenlampe an und hielt nach Fußspuren Ausschau. Alles erschien mir neu und fremd.

Dann sah ich – ja, tatsächlich, es war keine Fata Morgana – das Zelt. Es war fast unsichtbar, niedrig und klein, wie geduckt unter dem großen Felsen; und doch war es alles für uns.

»Enzo!«, riefen wir mit neuer Kraft.

Dumpfes Gebrummel drang aus dem langen, flachen Sack, der sich eine Weile hin- und herwarf, bis er schließlich ein zappelndes Etwas, in eine Decke gehüllt, ausspuckte: Enzo. Er hatte sich einfach schlafen gelegt, und das zu Recht, denn wir hatten ihm ja gesagt, dass wir wahrscheinlich auf dem Berg kampieren würden.

»Ist noch ein Tropfen Alkohol zum Teekochen da?«

»Gerade noch so viel, dass es für einen Topf Wasser reicht.«

Er zündete den Kocher an, während Giuàn zum Zelt wankte, auf allen vieren hineinkroch, sich umdrehte und einschlief.

Ich zerrte meine Wickelgamaschen herunter, die innen mit Wasser voll gesogen und außen mit einer hart gefrorenen Schlammkruste bedeckt waren. Wickelgamaschen, Hände, Beine, alles schlotterte und bebte. Es war die letzte harte Arbeit des Tages.

»Wie spät ist es?«, fragte Enzo.

»Zehn vor neun«, sagte ich. Wir waren fast achtzehn Stunden unterwegs gewesen.

Enzo stellte keine weiteren Fragen.

Er hatte die Fahnenstangen gesehen, die noch immer aus meinem Rucksack ragten. Er wusste, dass wir geschlagen waren, und er wusste auch, dass wir in diesem Zustand am nächsten Morgen auf keinen Fall den Lenana in Angriff nehmen konnten. Glasklar erkannte er, dass sein Martyrium sich um weitere achtundvierzig Stunden in die Länge ziehen würde. Er hatte den ganzen Tag keinen Bissen gegessen. Er war höhenkrank und halb verhungert. Es war ihm klar, dass wir nach dem Lenana den Abstieg praktisch ohne Essen bewältigen mussten. Sein Zustand würde sich nicht verbessern, sodass ihm nichts übrig blieb als zu warten, und Warten ist das Schlimmste auf dieser Welt, wie jeder Kriegsgefangene weiß; aber Enzo beklagte sich nicht.

Ich hatte ihn vor der Flucht nicht gekannt. Auf unserer Reise hatte ich ihn als verrückten Spaßvogel, als lebhaft und abenteuerlustig kennen gelernt. Ich hatte ihn vor allem amüsant gefunden. Jetzt aber wusste ich ihn wirklich zu schätzen. Er war nicht mit Gold aufzuwiegen.

5. Februar

In stillschweigender Übereinkunft wurde dieser Tag ganz dem Ausruhen gewidmet.

Unsere Stiefel waren so durchgeweicht, dass wir sie nicht anziehen konnten, und unsere Kleider waren immer noch feucht, obwohl wir sie in der Nacht nicht ausgezogen hatten. Wir waren erschöpft und schrecklich hungrig.

Als ich mich an dem eisgeränderten Bach wusch und rasierte, sah ich im Spiegel ein derart ausgemergeltes Gesicht, dass ich erschrak. »Wenn uns ein Büffel angreifen würde«, dachte ich, »hätten wir nicht einmal die Kraft, auf den nächsten Baum zu klettern, wie wir es uns vorgenommen hatten.«

Nachdem wir unseren letzten Haferbrei und je zwei winzige Kräcker, nicht größer als 2,5 cm x 5 cm, mit Butter und Fleischextrakt gegessen hatten, die gesamte Ration dieses Tages, machten wir eine sorgfältige Bestandsaufnahme des verbliebenen Proviants: drei kleine Tütchen Salz, Kaffee und Tee; die Überreste aus unserem »Klettersack« (aus einem abgeschnittenen, an einem Ende zugenähten Pyjamabein), bestehend aus Schokoladenstückchen, Toffee und einem Dutzend Sultaninen; außerdem vier Teelöffel Zucker; etwa 120 Gramm Gerstenzucker; ein halbes Pfund Reis; zehn Kräcker; eine gehäufte Messerspitze Fleischextrakt; rund 150 Gramm Butter.

Auf dem Papier hört sich das nach ziemlich viel an, aber wir hätten es alles auf einmal hinunterschlingen können. Stattdessen mussten wir mindestens vier Tage damit auskommen.

Um zehn Uhr fertigte ich eine Skizze unseres Basislagers mit dem Batian im Hintergrund an. Während ich zeichnete, tobte ein neuer Sturm auf dem Gipfel los. Enzo, der »unseren« Schneesturm am Vortag beobachtet hatte, meinte, dieser sei schlimmer gewesen; aber ich weiß nicht, ob es die Wahrheit war oder ob er uns nur schmeicheln wollte.

Noch bevor es dunkel wurde, lagen wir im Zelt und warteten darauf, dass der Schlaf uns Hunger und Kälte vergessen lassen würde.

6. Februar

Wir standen um ein Uhr morgens auf, nachdem wir nur wenige Stunden geschlafen hatten. Auf der letzten flackernden Flamme des Kochers schmolz Enzo den Eisklumpen, der sich im Topf gebildet hatte. Als das Wasser warm wurde, erlosch die Flamme. Der Alkohol war ausgegangen.

In dem lauwarmen Wasser wusch Enzo die Innenseite der leeren Ovomaltine-, Milchpulver- und Kakaosäckchen aus, fügte die restlichen vier Teelöffel Zucker und ein paar Teeblätter hinzu und servierte das Gebräu fast kalt. Es schmeckte dennoch köstlich. Wir aßen jeder einen Kräcker mit dem restlichen Fleischextrakt dazu.

Um 1.50 Uhr in der Nacht brachen Giuàn und ich auf. Die Taschenlampe gab nur ein trübes, versiegendes Licht ab und spiegelte so den Zustand wider, in dem unsere Seilschaft sich befand.

Es war kälter als in der Nacht vor unserem Aufstieg auf den Batian, und falls in Kenia dieselben Wetterregeln galten wie in den Alpen, stand uns ein schöner Tag bevor.

Obwohl wir eineinviertel Stunden früher aufgebrochen waren als am »Batian-Tag«, erreichten wir den unteren See erst um drei Uhr morgens. Wir verirrten uns mehrmals zwischen den Felsen, und nachdem wir auf Grund des schwachen Lichts unserer Taschenlampen einen längeren Umweg zwischen den beiden Seen gemacht hatten, erreichten wir nur vierzig Minuten früher als am Vortag den oberen See.

Überrascht stellten wir fest, dass die ganze Oberfläche des Sees vereist war. Es war ein traumhafter Anblick im Licht der Sterne. Noch besser, wenn auch nicht unbedingt nötig, da wir überhaupt keinen Durst hatten, war die neue Erfahrung, die jetzt folgte. Mit der Spitze unserer Eispickel schlugen wir ein Loch ins Eis, legten uns auf die glatte Fläche und schlürften Wasser aus dem Loch heraus.

Der Aufstieg auf den Steilhang unter dem »Backenzahn« war besonders hart. Um den Fehler zu vermeiden, der uns beim Abstieg vom Batian unterlaufen war, als wir in einer Schlucht auf der linken Seite des Tals gelandet waren, verirrte ich mich diesmal in die entgegengesetzte Richtung, ein Phänomen, das man nicht nur vom Bergsteigen kennt. Wir kamen so weit nach rechts ab, dass wir uns auf der Endmoräne des Joseph-Gletschers wiederfanden.

Als wir unseren Fehler bemerkten, kletterten wir eine steile Schlucht hinunter und auf der anderen Seite zum Geröllhang hinauf. Wir waren sehr aufgebracht über diese neuerliche Zeitverschwendung. Wir wollten bis um zehn Uhr die Spitze des Lenana erreichen, da am vorigen Tag um diese Zeit der Sturm auf den Gipfeln losgebrochen war, und wir hatten Angst, dass sich das wiederholen könnte.

Wir hatten kaum den Geröllhang in Angriff genommen, als unsere Taschenlampe den Geist aufgab und der trübe Lichtschein vollends erlosch. In pechschwarzer Dunkelheit stolperten wir weiter, wobei wir oft mehrere Meter bergab schlitterten, nachdem wir uns einen Schritt aufwärts gekämpft hatten.

Es war eine lange, ermüdende Prozedur, und wir atmeten auf, als wir endlich den »Backenzahn« erreichten. Ich holte die Steigeisen und Seile aus ihrem Versteck und langsam stiegen wir den Hang des Mackinder Valleys hinauf. Die Sterne leuchteten hell und gaben uns etwas Licht, aber da wir noch nie hier gewesen waren, mussten wir diesen Nachtmarsch über *terra incognita* sehr vorsichtig angehen.

Die Luft war beißend kalt und wir froren bis ins Mark. Wir waren auf über 4.500 Metern und es war die Stunde vor der Dämmerung, die kälteste der Nacht. Der Himmel war klar: Das Kreuz des Südens hing strahlend über dem Point Piggot und die Magellansche Wolke ging am westlichen Horizont unter, aber nicht einmal in dieser Höhe konnten wir den Polarstern sehen.

Wir erreichten zwei kleine Seen auf der Moräne des Northey-Gletschers. Jenseits davon war der Boden felsig und wir hielten es für besser, Rast zu machen und das Tageslicht abzuwarten.

Das düstere Vorderdeck des Fliegenden Holländers wurde blasser und blasser, und um die Seen herum konnten wir Lobelien erkennen, die im ersten trüben Licht des Tages wie Begräbnisfackeln oder Steine auf einem arabischen Friedhof aussahen.

Endlich färbte sich der Himmel zwischen dem Sendeyo, unserem »Fliegenden Holländer«, und dem Lenana rosa. Kein Windhauch ging. Die Stille war grenzenlos.

Schon immer, und besonders im Gebirge, habe ich den Tagesanbruch mit tiefer Ehrfurcht erwartet. Es ist ein Wunder, alt wie die Welt, das sich immer wieder neu ereignet, jeden Tag gleich und doch immer anders. Es ist die Stunde der Schöpfung.

Dann erhob sich auf dem hohen Bugspriet des »Fliegenden Holländers« eine flammend rote Fahne, während die steinerne Schiffswand in blassem Rosa aufschimmerte. Eine Brise wehte über die Felsen hinweg und kräuselte das Wasser der Seen.

Es wurde Tag und wir konnten weitermarschieren.

Der Morgen war prachtvoll, und während wir geradewegs der aufgehenden Sonne entgegengingen, hüllte sich das ganze Mackinder Valley in goldenes Licht. Die gezwirbelte Spitze in der Nähe des Lenana-Gipfels, die am Horizont über dem violett schattierten Gregory-Gletscher funkelte, sah fröhlich und einladend aus.

Wir kamen dicht am Fuß des gewaltigen Nordostgrats vorbei und arbeiteten uns zwischen Felsblöcken aller Größen und Formen hindurch. An einen davon erinnere ich mich besonders, weil er exakt die Größe und Form eines Konzertflügels hatte. Zu unserer Linken wurde das Tal enger und an seinem Ende sahen wir den glatten grünblauen Spiegel eines Gebirgssees (*Campi ya Simba Lake*). Der Bach, der den Abfluss dieses Sees bildete, donnerte ins Tal hinunter, ein Geräusch, das mich, wie ein Gruß aus einer anderen Welt, an die Züge erinnerte, die durch manche Alpentäler fahren.

Oft schauten wir auf den Westhang des Sendeyo, der noch nicht von der Sonne erfasst war und düster und schrecklich aussah, und wir fragten uns, ob jemals ein Bergsteiger die Kühnheit besessen hatte, diese faszinierenden Felsen von unserer Seite aus zu erklettern. (Die Felsen wurden am 16. Februar 1945 von Olimpio Gabrioli und J. W. Howard bezwungen.)

Wir taten unser Bestes, uns entlang der Höhenlinie am Fuß des Nordosthangs des Batian zu halten, aber bald merkten wir, dass wir notgedrungen an Höhe verlieren mussten, weil einer der Pfeiler, der die gigantischen Wände abstützte, bereits unter uns begann. Während wir leicht bergab stiegen, konnten wir uns dem Bann dieser Nordostwand nicht entziehen. Es war noch jungfräuliches Terrain, da bisher keine Seilschaft den Versuch gemacht hatte, den Batian-Gipfel von dieser Seite aus zu erreichen. Erst am 31. Juli 1944 gelang es Arthur H. Firmin aus Nairobi und Peter Hicks aus Eldoret, die Nordostwand in einem brillanten Aufstieg zu bezwingen.

Dutton verglich diesen Anblick mit gigantischen Orgelpfeifen. Ich hatte zu diesem Zeitpunkt Duttons Buch noch nicht gelesen, fühlte mich aber an eine abgelegene Talspitze unter dem senkrechten 1200-Meter-Absturz des Westhangs des Jôf Fuart in den westlichen Julischen Alpen erinnert, wo die Hirten einen solchen Ort seit alters her »lis altaris« nennen – »die Altäre«. Nicht zufällig denkt der Bergsteiger an Orgelpfeifen oder Altäre, wenn er an diesen hoch aufragenden Felsen emporschaut; es ist ein religiöses Gefühl, das ihn in diesem Moment erfüllt.

Als wir den Rand des Vorsprungs erreichten, der uns abwärts gezwungen hatte, standen wir wieder vor einem kleinen Wunder, das uns an heimische Gebirglerbräuche erinnerte. Etwa in Mannshöhe befand sich eine abgerundete Nische im Fels, wie von Menschenhand gemacht. Am Fuß der Nische und um sie herum war der Fels mit Strohblumen bewachsen, die sich in dichten Büscheln anklammerten und in der Sonne badeten. Man konnte sich kaum vorstellen, dass die Pflanzen hier von selber wuchsen; es war, als hätte ein einsamer Wanderer sie hierher gebracht, ergriffen von der Majestät der Berge, in denen er die Allmacht des Schöpfers verkörpert sah, und als Huldigung an eine unsichtbare Madonna in einem Felsenschrein.

Wir gewannen wieder Höhe und betraten die Moräne eines

kleinen Gletschers, der nach dem Entdecker des Mount Kenia »Krapf« getauft worden war. Später querten wir den Geröllhang, der vom Point Thomson herunterkommt, und fanden bald ein großes, fast horizontales Felsenband, teilweise von Schluchten durchzogen, das wie eine alte Straße aussah. Es führte geradewegs zu einem flachen Sattel, dem »Flake Col«, wie ich glaube, obwohl er auf Duttons Karte keinen Namen hat.

Wir hielten nicht auf den Pass zu, sondern kletterten leichte, teilweise eisbedeckte Felsen hinauf, den Grat des Lenana selber anvisierend. Nur der Wunsch, bis zehn auf dem Gipfel des Lenana zu sein, verlieh uns Tempo. Wir waren schwach und jeder Schritt eine Strapaze.

Um acht Uhr, sechs Stunden, nachdem wir vom Basislager aufgebrochen waren, standen wir oben auf dem Grat. Wir setzten uns nieder, ließen uns von der Sonne aufwärmen und leerten den Inhalt unseres Klettersacks: Schokoladenkrümel, Toffee und Sultaninen.

Ein grandioser Ausblick entschädigte uns jedoch reichlich für das karge Essen. Zu unseren Füßen lag das Nithy Valley zwischen sanften Hängen, dazwischen lagen verstreut Felsblöcke, Riesenkreuzkräuter und mehrere schimmernde Seen.

Weiter unten glitzerten die Wasser der Hall-Seen und wir sahen den scharfkantigen Absturz über dem dunkelgrünen Lake Michaelson; jenseits davon verhüllte ein wirbelndes Wolkenmeer die Ebenen, aber zwei dunkle Bergzüge ragten daraus hervor, wie Wale aus den Meereswellen. Ich glaube, es waren der Mount Ithungani und Mount Fangani. Fast an der äußersten Grenze des Sichtfelds am nordwestlichen Horizont stieg ein schwarzer Tafelberg auf, wie man ihn häufig in Äthiopien sieht. Vielleicht war es der »Marsabit«, das Paradies der Großwildjäger.

Der Osthang des Batian bot einen völlig anderen, aber ebenso prachtvollen Anblick. Er war von einem geradezu unwirklichen, leuchtenden Ockergelb. Hätte ein Maler ihn so wiedergegeben, so würde man ihn der Übertreibung bezichtigen, aber vermutlich wäre kein Maler der Welt in der Lage, dieses unglaubliche Gelb zu reproduzieren.

Nach einer kurzen Ruhe- und Skizzierpause folgten wir dem Grat zum Gipfel hin. Der Fels hat eine rötliche Färbung, ganz anders als der Batian, und sein »Verhalten«, insofern es den Kletterer betrifft, ist ebenfalls völlig anders. Auf dem Nordhang des Batian hatten wir einen soliden, verlässlichen Fels vorgefunden, der manchmal fast zu glatt war. Der Lenana bestand aus rissigem, verwittertem Gestein. Sobald der Bergsteiger danach greift, besteht die Gefahr, dass ganze senkrechte Platten schon bei leichtem Zug wegbrechen.

Seit ich Gregorys *The Great Rift Valley and Geology of East Africa* gelesen habe, weiß ich, dass das andersartige Verhalten der Felsen auf den beiden Gipfeln einem unterschiedlichen geologischen Ursprung zuzuschreiben ist. Der Batian ist wie der Nelion, Piggot, Dutton und Peter aus der Gesteinsmasse plutonischen Ursprungs (Nephelin-Syenit) entstanden, die den Krater des absterbenden Vulkans erstickte. Der Sendeyo – wie meines Wissens zum ersten Mal E. E. Shipton feststellte – ist vulkanischen Ursprungs und sein Fels eine Lava-Art, die Gregory selber entdeckte und »kenitisch« nannte.

Als wir den Lenana-»Henkel« erreicht hatten, versuchten wir zuerst ihn von der Gletscherseite her zu umgehen, aber wir waren so erschöpft, dass uns die Felsen zu schwierig erschienen und wir einen kleinen Umweg nach Osten machen mussten. Hier hätten wir nach Duttons Karte auf den Kolbe-Gletscher stoßen müssen; da jedoch alle Gletscher auf dem Mount Kenia (wie auch auf dem Kilimandscharo und Ruwenzori) auf dem Rückzug waren, fanden wir nicht einmal einen kläglichen Rest davon.

Auf dieser Route erreichten wir die Schulter über dem »Henkel«.

Giuàn zeigte mir ein paar Steine, die er gesammelt hatte. Sie waren mit seltsamen, ovalen Kristallplättchen überzogen, die wie Briefmarken aussahen. Bei dem Versuch, seine neue Briefmarkensammlung zu erweitern, entdeckte er eine Sonnenbrille, deren einst weiße Blende vergilbt und verwittert war. Wir waren jedoch nicht gut auf den Besitzer dieser Brille zu sprechen. Statt ihn dafür zu segnen, dass er etwas verloren hatte, was uns noch gute Dienste leisten konnte – ein Kriegsgefangener kann einfach alles gebrauchen, und eine Ausnahme von dieser Regel ist mir bisher nicht zu Ohren gekommen –, ärgerten wir uns, dass er nur seine Brille verloren hatte. Hätte er nicht zum Beispiel eine Dose Sardinen oder Fleisch oder Käse verlegen können? Wir hätten etwas Essbares auf der Stelle verschlungen, denn in dem »Kühlschrank« auf fast 5000 Meter Höhe hätte es sich mehrere Jahre lang gehalten.

Nachdem wir ein paar Meter entlang der breiten Schulter zurückgelegt hatten, sahen wir den Steinhaufen, der die Spitze markierte, nicht weit von uns.

Ich wartete eine Weile auf Giuàn, der immer noch damit beschäftigt war »Briefmarken« zu sammeln – vielleicht in der Hoffnung, dass der Besitzer der Brille oder jemand anderer etwas Essbares hatte fallen lassen –, und zusammen erreichten wir, von einem seltsam feierlichen Gefühl erfüllt, den Gipfel.

Wir ließen unsere Rucksäcke und Eispickel fallen, setzten uns nieder und schauten uns um. Es war 10.05 Uhr morgens. Ein tiefer Frieden lag über der weiten Bergwelt. Unter dem samtig dunklen Himmel erstrahlte die wunderbare Landschaft zu unseren Füßen in einem eigenartigen Glanz.

Das war der Höhepunkt von acht Monaten Vorbereitungszeit und zwei Wochen Plackerei. Beides hatte sich gelohnt.

Der einzige Wermutstropfen in unserem Glück war der Gedanke, dass wir auf dem Lenana standen und nicht auf dem Batian. Und dort ragte er auf, durch einen breiten Eissattel von uns getrennt, über seinen gelben Grundpfeilern thronend. Der Aufstieg von dieser Seite würde mit Sicherheit anders ausgehen als unser missglückter Versuch.

Etwa hundert Meter südlich unter dem Gipfel des Lenana entdeckten wir eine Schutzhütte, ein sicheres Zeichen, dass dies hier die Standardroute zum Batian hinauf war. Die Hütte stand neben einem gefrorenen See.

Der eigentliche Aufstieg von Südosten war viel kürzer als der auf der Nordseite, da der Beginn der senkrechten Wand dort auf einem tieferen Niveau lag als im Südosten.

»Die Standardroute ist wahrscheinlich ein schwieriger Aufstieg«, stellten wir fest, als wir den Hang studierten, »aber zumindest hat der Bergsteiger, der sich hinaufwagt, Träger dabei und genug im Magen, und vielleicht hat er in der Hütte geschlafen, die gut sechshundert Meter höher liegt als unser Basislager. Er hat vermutlich Berichte über frühere Besteigungen gelesen, selbst wenn er nicht von einem professionellen Bergführer begleitet wird. Wenn er in der Wand ist, kann er sich damit beruhigen, dass andere es vor ihm geschafft haben, Männer, die vielleicht mehr Erfahrung und Wissen hatten, aber dennoch Menschen aus Fleisch und Blut waren, so wie er selber.«

Ja, wir waren glücklich, dass wir auf dem Lenana standen, aber zugleich schmerzte uns der Gedanke, dass wir den Batian nicht erreicht hatten.

Nach einer kurzen Rast kletterten wir in den Felsen herum und suchten nach den Überresten des Kreuzes, ein Geschenk des Papstes, das am 30. Januar 1934 von den Patres der *Consolata Mission* von Nyeri hier aufgerichtet worden war, wie wir in Pater Cagnolos Buch gelesen hatten. Wir fanden nichts, und es war uns unerklärlich, wie ein großes Kreuz – wir hatten es auf einem Foto in dem Buch gesehen – in zehn Jahren so gänzlich verschwinden konnte. Wir wussten damals nicht, dass das Kreuz nach wie vor existiert, gut erhalten, und dass es nicht auf dem

Lenana, sondern auf dem Südgrat ungefähr 150 Meter weiter unten errichtet worden war.

Wie Giuàn, der bei der Suche nach »Briefmarken« auf die Brille gestoßen war, entdeckte ich bei der Suche nach dem Kreuz eine andere Trophäe, eine hölzerne Zeltstangenspitze, die einst rot bemalt gewesen war und die Buchstaben »J.H.H. – F.L.V.« trug sowie das Datum »11.IX.37«. Ich habe sie bis heute als Souvenir behalten und über so manchen Transfer von einem Lager ins nächste gerettet, zum großen Befremden der Offiziere, die meine Sachen durchsuchten. Auf den ersten Blick kann niemand erkennen, was das verflixte Ding darstellen soll, zumal es entfernt an eine Handgranate erinnert.

Es wurde spät und die Nebelbänke in der Ferne drängten jetzt rasch herein. Nebel im Süden hatte uns den Blick auf den Kilimandscharo verwehrt, der hier von privilegierteren Seilschaften schon mehrmals gesichtet worden war. Der Nebel brodelte und kochte wie eine Brandung, aber hin und wieder, wenn die Vorhänge sich teilten, erhaschten wir einen Blick auf stille Bergseen in entlegenen Tälern oder zackige Felsengipfel.

Plötzlich waren wir mittendrin. Wolkenschwaden erreichten die Felsen zu unseren Füßen, um dann auseinander zu reißen und sich aufzulösen wie zerstochene Seifenblasen.

Es war Zeit, die Flagge zu hissen.

Wir rammten die untere Stange in den Steinhaufen und passten den oberen Teil, an dem die Fahne bereits befestigt war, in das blecherne Zapfenloch ein; dann banden wir die vier Schnüre an vier Felsen fest, die in etwa nach Norden, Süden, Osten und Westen zeigten. Es sah stabil und solide aus, gar nicht »improvisiert«, wie es in der Zeitung hieß, als eine Seilschaft aus Nairobi kaum eine Woche später die Flagge entdeckte. Und sie hing auch nicht »verkehrt herum – ein Hilferuf?«, wie der Verfasser des nämlichen Artikels behauptete.

Wir fragten uns, wie lange unsere Fahne dort wohl wehen

würde, denn wir hatten sie ja schließlich hier aufgerichtet, damit sie gefunden wurde. Wir konnten natürlich nicht wissen, dass der Lenana nur wenige Tage später, am Ende der Wintersaison, von einer anderen Seilschaft bestiegen werden würde, die unsere Fahne mit dem Feldstecher vom Basislager beim Thompson Lake aus sichten sollte.

Noch während ich auf dem Felsen saß und die Gipfelszene mit wehender Fahne, den Höhepunkt unserer Expedition, skizzierte, hüllten uns die Nebel ein. Der Wind blies zuerst sachte, blähte die Fahne nur leicht, aber bald wurde er stärker und hob die Stoffbahnen hoch, bis sie flatterten, peitschten, flogen.

Falls jemand sich fragt, was es für ein Gefühl war, die Fahne unseres Landes unter freiem Himmel zu sehen, nachdem wir sie zwei Jahre lang nicht zu Gesicht bekommen hatten – stattdessen weiße Fahnen die Menge –, so kann ich nur sagen, es war ein wahrhaft erhebender Anblick.

Wir hinterließen eine Botschaft mit unseren Namen in der versiegelten Brandyflasche, hoben unsere Rucksäcke und Eispickel auf und tauchten in die wirbelnden, tosenden Nebelmassen ein.

Wir hatten vorgehabt, eine längere Rast bei den Seen einzulegen, an denen wir die Dämmerung abgewartet hatten, denn von dort würden wir einen letzten Blick auf den Northey-Gletscher und Nordwestgrat werfen können, aber da die Nebel jetzt auch den Batian verhüllten, mussten wir unser Marschtempo beschleunigen. Wir machten rasch den Abstieg über die Lenana-Felsen zu einem See, dem Harris Tarn auf Duttons Karte, glaube ich, dann schlitterten wir einen langen Geröllhang bis zum Grund des Mackinder Valleys hinunter.

Dort legten wir eine Verschnaufpause ein, die wir bitter nötig hatten, ehe wir langsam den Aufstieg über das Joch zu unserem unmittelbaren Ziel begannen. Hinter uns war der Lenana längst in einem grauen Mantel verschwunden und die Schönheiten des Nordosthangs des Batian waren bereits unseren Blicken entzogen.

Bis wir die Seen erreichten, ragte nur noch die Spitze des Northey-Gletschers aus der Wolkendecke heraus. Sie sah wie ein weißer Drache aus, der sich in den Rauch aus seinem eigenen Schlund hüllte. Der Nordwesthang war völlig unsichtbar. Da es erst halb eins war, konnten wir uns eine ausgiebige Rast gönnen.

Wir hatten uns gerade an einer Stelle niedergelassen, die uns einen Blick auf das lobeliengesäumte Ufer des einen Sees mit den Eiszacken des Northey-Gletschers im Hintergrund gewährte, als die Nebel sich noch mehr verdichteten und es zu schneien begann.

Es war kein Schneesturm wie der gestrige, der schließlich unsere Niederlage auf dem Batian besiegelt hatte. Es begann sachte und ging sachte weiter, ohne einen Windhauch. Der Schnee fiel so still und freundlich, dass wir dachten, es würde nicht lange anhalten. Wir einigten uns daher, eine geschützte Stelle zu suchen und zu warten, bis es aufhörte. Wir fanden auch bald einen Unterschlupf unter dem Überhang eines großen Felsens, aber was den Rest des Programms anging – nun, das war eine andere Geschichte.

Geduld ist eine Tugend, die einem gut gedrillten Gefangenen besser ansteht als jede andere, und ich kann sagen, dass es uns nicht daran mangelte. Wir machten das Beste aus einer schlechten Lage, indem wir jeden Kleiderfetzen überzogen, den wir bei uns hatten, und uns einfach ins Warten fügten. Wir hatten wenig Lust, im Schnee zu marschieren und wieder so durchgeweicht im Lager anzukommen, dass wir eine zweite Nacht in den nassen Kleidern verbringen mussten.

Wir verputzten jeden Krümel, den wir in den Tiefen unseres »Klettersacks« finden konnten, wir teilten uns einen Kräcker und aßen eine halbe Stunde daran, während ich in der Zwischenzeit emsig wie eine Ameise mit meiner Messerspitze in der

Bovrilflasche herumstocherte. Das Ergebnis meiner Präzisionsarbeit reichte immerhin aus, dass wir unsere Kräckerhälften, die selber nur Briefmarkengröße hatten, mit einer hauchdünnen Schicht Fleischextrakt bestreichen konnten.

Der Sturm machte keine Anstalten nachzulassen. Schnee türmte sich stetig, hartnäckig auf, an den Eisrändern der Seen, auf den Felsen, auf jedem Stein, ja sogar auf den Wipfeln der Riesenlobelien.

Überall zog Nebel auf, als käme er aus dem Boden. Von der wilden Kulisse des Northey-Gletschers war nichts zu sehen. Hin und wieder vernahmen wir das Grollen herabstürzender Eiszacken, gefolgt von dem Schwirren kleinerer Eispartikel, die hoch in die Luft geschleudert wurden, aber das Schweigen, das darauf folgte, war um so Ehrfurcht gebietender. Von dem großen Zerstörungswerk, das Zeit und Wetter pausenlos auf den Eisfeldern des Bergs anrichten, sahen wir nichts, aber die Geräusche waren eindrucksvoll genug.

Stunden vergingen.

Wir waren durchgefroren, doch keineswegs unglücklich. Eine Zeit lang sangen wir sogar ein paar Alpenlieder, um uns die Langeweile zu vertreiben.

Die weißen Hauben der Lobelienwipfel wuchsen zusehends. Die Pflanzen sahen bizarrer aus denn je und erinnerten uns, da unser Unterbewusstsein ständig mit Essen beschäftigt war, an Schokoladeneiswaffeln, dick mit Sahne überzogen. Wir fühlten uns wie Charlie Chaplin im »Goldrausch«.

Wir hofften, dass das Wetter noch vor Nachteinbruch aufklaren würde, sodass wir unser Lager erreichen konnten. Von Nanyuki aus hatten wir beobachtet, dass die Nebel sich in der Trockenzeit meistens gegen Sonnenuntergang verzogen, aber niemand konnte sagen, wie es nach schweren Stürmen und während der Regen war.

Endlich hörte es auf zu schneien, doch der Nebel wollte sich immer noch nicht lichten. Wir gingen trotzdem los und wärmten uns beim Aufstieg zum Backenzahn auf.

Als wir oben waren, hielten wir an. Da wir beschlossen hatten, jedes Gramm überflüssigen Gewichts abzuwerfen, machten wir ein Bündel aus allen Seilen, außer einem, das wir zum Abstieg durch den Couloir brauchten, legten die Steigeisen und sogar die restlichen Papierpfeile dazu und steckten alles in das Loch des »Backenzahns«, das am Hang des Mackinder Valleys gelegen war. Ich kritzelte ein paar Zeilen auf ein Blatt Papier und steckte es in die Bovril-Flasche: »Bergsteiger-Utensilien, im Kriegsgefangenenlager angefertigt, bei einer Expedition auf den Mount Kenia verwendet. Viel Glück dem werten Finder, der vielleicht Verwendung dafür hat.« Soweit ich weiß, sind die Sachen immer noch dort, unter den Steinen begraben, mit denen ich sie beschwert habe, denn als der Spitzbergen-Bezwinger Oberstleutnant G. Sora den Nelion 1945 bestieg, hatte er keine Zeit, danach zu graben, und niemand sonst wusste etwas darüber. Ich glaube nicht, dass sich auf dem Mount Kenia viele Schatzsucher herumtreiben, und nur ein Schatzsucher oder Zahnarzt würde auf die Idee kommen, im »Backenzahn« herumzustochern.

Inzwischen hatte sich der Nebel über dem Mackinder Valley gelichtet, und wie aus einer stürmischen See auftauchend, sagte uns der »Fliegende Holländer« Lebewohl. Er sah noch prachtvoller aus als beim letzten Mal. Die gespenstischen weißlichen Nebelschwaden vor dem Hintergrund des stürmischen Himmels standen ihm ausgezeichnet. Aufgetürmte Wolken hingen um ihn herum wie langsam abziehender Pulverdampf nach einer Seeschlacht, während die träge dahindriftenden Wolken über seinen Spitzen wie schlaff herunterhängende, zerfetzte Segel unter der ramponierten Piratenflagge aussahen.

Es gab mir einen Stich, als ich auf diesen seltsamen Berg zurückblickte. Das Wort »Ende« schwebte bereits über unserem Abenteuer.

Wir liefen den Geröllhang zu unseren Seen hinunter und gerieten in Nebelschwaden, die wie Wattewölkchen in einem Puppentheater vom Hausburg Valley heraufzogen.

Die eisbedeckten Seen funkelten im plötzlich durchbrechenden Sonnenlicht, als wir unten ankamen. Es war wie ein letzter, freundlicher Abschied: »Lebt wohl, kleine Gefangene! Vergesst uns nicht!« Hatten sie nicht getreulich unsere Stimmung widergespiegelt, wann immer wir vorübergekommen waren?

Bevor wir ihnen endgültig Lebewohl sagten, sammelten wir ein paar Blumen, die wir mitnehmen wollten, wenn wir nach Hause zurückkehrten, wo immer das auch sein würde. Die Sonne ließ das eisgesprenkelte Wasser der Seen aufleuchten, als ich sie zum letzten Mal sah, und so gruben sie sich für immer in mein Gedächtnis ein.

Wir liebten diese Seen, denn sie hatten uns so viel Schönheit mitgegeben, unerschöpfliche Reichtümer, von denen wir in den Jahren hinter Stacheldraht zehren konnten, die auf unser Abenteuer folgen würden. Ich werde sie nie wieder sehen, aber ich werde sie nie vergessen.

Der Nanyuki stürzte schäumend dahin, während wir seinem Lauf zurück in die Ebenen, zu dem unausweichlichen Stacheldraht folgten. Wir waren seltsam bewegt, traurig und glücklich zugleich.

Plötzlich standen wir vor den beiden Findlingsreihen, wo an einer gewaltigen Riesensenecie das einstmals weiße Handtuch wehte, und bald tauchte zwischen den Felsen Enzos blasses, abgezehrtes Gesicht mit dem grauen Bart auf. Er hatte nach uns Ausschau gehalten.

Giuàn und ich spannten ihn so lange wie möglich auf die Folter. Wir machten tief traurige Gesichter und stellten uns, als hätten wir es auch diesmal nicht geschafft, die Flagge zu hissen. Aber er ließ sich davon nicht beirren. Da es erst früher Abend war – nicht später als sechs Uhr –, konnte er sich denken, dass zumindest der Lenana unseren schwachen Kräften nicht widerstanden hatte. Enzo war kein Dummkopf. Giuàn und ich mussten alle unsere Reserven aufbieten, und davon war nicht mehr viel übrig, um das Spiel nicht zu verderben.

Auf dem Grasstreifen neben den Felsblöcken kam Enzo uns entgegen und versuchte sofort, um mich herumzugehen, um sich zu überzeugen, dass die Fahnenstangen nicht länger aus meinem Rucksack ragten. Ich drehte mich mit ihm, sodass es ihm nicht gelang.

Endlich wichen Giuàn und ich ein paar Schritte zurück und salutierten vor dem »Oberkommandeur des Basislagers«, indem wir unsere Eispickel präsentierten.

»Sir«, sagte ich feierlich, und Enzo erwiderte zackig meinen Gruß, »bitte holen Sie Ihr schmutziges Banner ein, da seit heute Morgen zehn Uhr dreißig eine weitaus bessere Flagge, die unsere, auf dem Gipfel des Lenana weht.«

Wir hatten versucht, das Ganze ins Scherzhafte zu wenden, aber die übermütige Laune hielt nicht vor. Enzo konnte seine Gefühle nicht länger verbergen. Er nagte an seiner Lippe, biss die Zähne zusammen, und wenn mich nicht alles täuscht, liefen zwei dicke Tränen über seine eingesunkenen Wangen, als er sich auf uns stürzte und uns beide umhalste.

Nicht ganz so gerührt, aber dennoch frohgemut feierten wir unseren Sieg, indem wir das Abendessen ausließen.

Kapitel VI

Der Fluss

In welchem unsere Seilschaft vom »eskapistischen Bergsteigen« zu anderen Sportarten überging, wie zum Beispiel »Den Gürtel enger schnallen« oder »Mahlzeiten auslassen«, und von einer denkwürdigen Begegnung mit zwei Eingeborenen berichtet wird.

7. Februar

Ein schwacher Vorbote der Dämmerung erhellte den Himmel über dem »Backenzahn«, aber wir waren bereits auf den Beinen und aufbruchbereit.

Der Morgen war grau und kalt, und der Batian zeigte sich als schlechter Gastgeber, da er immer noch unter seinen weichen Wolkendecken verborgen war und es verschmähte, seinen scheidenden Gästen Lebewohl zu sagen. Die Landschaft war mit einem Film aus weißem Raureif überzogen.

Meine Kameraden hatten sich bereits in Marsch gesetzt, als ich mich umdrehte, um einen letzten Blick auf unsere verlassene Lagerstätte zu werfen. Von unserem Biwak selber zeugten nur noch ein paar Überbleibsel – leere Dosen, Säcke, Schnur und der ausrangierte Alkoholkocher. Ein klar umrissenes, dunkles Rechteck, umgeben von weißem, raureifüberzogenem Gras, markierte die Stelle, an der das Zelt gestanden hatte. Die Szene erinnerte mich an einen verschneiten Friedhof, mit einem frisch aufgeworfenen Grab im Vordergrund. Ein Motiv, das bei französischen Romanautoren sehr beliebt war: »Es war ein düsterer Morgen. Das Grab auf dem Friedhof war eben erst mit Erde aufgefüllt worden …«

Mir war jedoch nicht nach Scherzen zu Mute. Es kam mir vor,

als hätten wir hier tatsächlich etwas begraben. Jedem Abschied, und sei er noch so sehnlich herbeigewünscht, haftet ein Hauch von Traurigkeit an. Der Ort hier war schließlich das Sprungbrett zu den Bergen gewesen, dem Ziel unserer Träume und Hoffnungen. Aber jetzt war nicht der Moment für rührselige Abschiedsszenen. Wir durften keine Zeit verlieren, wenn wir unser ehrgeiziges Programm bewältigen wollten.

Wir hatten neun Tage gebraucht, um unser Basislager zu erreichen. Wir waren der Meinung, dass wir den Rückweg in drei Tagen schaffen konnten, wenn wir jeden Tag drei Etappen zurücklegen würden. Heute zum Beispiel wollten wir Lagerplatz Nummer acht (»Die Finger«) und Nummer sieben (die Heide) auslassen und bei Lagerplatz Nummer sechs (wo Giuàn sich von seinem Fieberanfall erholt hatte) kampieren. Das war leichter gesagt als getan, aber es musste sein, denn andernfalls war die Strafe zu grausam – wir würden regelrecht verhungern.

Ein alternativer Plan, der darin bestand, die Schutzhütte zu besetzen, die wir am Vortag entdeckt hatten, die Vorräte zu essen, die wir dort vielleicht finden würden, und noch einmal den Batian in Angriff zu nehmen, diesmal auf der Standardroute, wurde umgehend verworfen. Enzo war als Erster mit diesem Vorschlag gekommen, als wir ihm von der Hütte erzählten, aber seine anfängliche Begeisterung legte sich schnell, und er wollte selber nichts mehr davon wissen, da, nach genauer Prüfung, fünf Gründe dagegen sprachen:

1. Es wäre zu riskant für Enzo gewesen, noch sechshundert Meter höher zu steigen.
2. Es war keineswegs sicher, dass wir in der Hütte Vorräte oder Berichte früherer Expeditionen finden würden, die es uns möglich machten, der Standardroute zu folgen.
3. Wir wussten nicht, ob die Hütte zugesperrt war, und wenn wir sie mit Gewalt öffneten, würde das einem Einbruch gleich-

kommen. Wenn wir Vorräte finden würden, könnten wir sie nicht bezahlen, da wir alle zusammen nur zehn Shilling Bargeld besaßen. Wir hätten den geschuldeten Betrag natürlich per Zahlungsanweisung in einem langwierigen und komplizierten Verfahren begleichen können, aber es hätte verdächtig nach einem vertuschten Diebstahl ausgesehen.

4. Bevor wir die Standardroute zum Batian-Gipfel in Angriff nehmen würden, müssten wir die Fahne vom Lenana herunterholen, um sie auf dem Batian zu hissen; sollte auch dieser Versuch am Ende fehlschlagen, müssten wir die Flagge wieder auf den Lenana zurückbringen, was eindeutig zu viel des Guten war.
5. Wir hatten »die Flagge unseres gedemütigten Vaterlandes trotz britischen Stacheldrahts« gehisst, wie wir in der Flaschenbotschaft geschrieben hatten. Es wäre ein Widerspruch und absolut unsportlich gewesen, hätten wir jetzt eine britische Schutzhütte in Anspruch genommen.

So marschierten wir flussabwärts, in dem wahrhaft paradoxen Bestreben, so schnell wie möglich wieder hinter Stacheldraht zu kommen. Und tatsächlich, als wir von den heidebewachsenen Hängen in der Nähe der »Finger« das Gefangenenlager mit dem Feldstecher erblickten, war es nicht länger eine Vision des Horrors, sondern der Ort, an dem wir uns satt essen konnten. Es war, als riefe es uns zu: »Kommt! Kommt schnell! Ihr werdet Bohnen und Kohl die Menge bekommen, aber zumindest müsst ihr nicht verhungern.« Wir ließen die »Finger« zu unserer Rechten und stiegen durch vom Regen ausgewaschene, heidegesäumte Schluchten, bis wir die Talspitze des Nebenarms erreichten.

Gegen neun Uhr waren wir bereits im »elenden« Tussockgras, in der Nähe des gewaltigen Felsens mit den Heidebäumen auf der Kuppe. Wir rasteten am Ufer des Nebenarms und aßen unsere letzten Gerstenzuckerkrümel, das erste »Essen«, das wir zu uns nahmen, seit ich am vorigen Tag im Schneesturm die Bovril-Flasche ausgeschabt hatte.

Wir durchsuchten uns sorgfältig nach Essen, obwohl wir wussten, dass dies vergebliche Mühe war, und unser ganzer Vorrat belief sich auf etwa 50 bis 100 Gramm Butter, die Giuàn in einem Glasgefäß trug; ein knappes halbes Pfund Reis, von mir getragen; je ein Keks pro Mann, den der Besitzer selber mitführte und essen durfte, wann er wollte; drei kleine Tütchen Salz, Kaffee und Tee, ebenfalls von mir getragen.

Unser wichtigstes Gesprächsthema an diesem Tag waren der Reis und die Butter, die wir am Abend kochen würden.

Ich musste oft an Shackleton's Südpol-Tagebuch denken. Die Entdecker redeten stundenlang von den Mahlzeiten, die sie essen würden, wenn sie wieder zu Hause waren, während sie ihre Rationen immer weiter reduzieren mussten. Als ich das Buch vor vielen Jahren zum ersten Mal gelesen hatte, fragte ich mich, warum die Entdecker ihren Hunger mit dieser subtilen Folter, die ich geradezu für sadistisch hielt, noch verschlimmert hatten. Jetzt, da ich eine ähnliche Erfahrung machte – wenn auch in geringerem Maß –, verstand ich dieses Verhalten. Ich glaube jedenfalls nicht, dass es Sadismus oder Masochismus war, was uns dazu trieb, trotz unseres peinigenden Hungers die ganze Zeit vom Essen zu reden. Ich war der Meinung – und bin es immer noch –, dass das Reden über Essen ein natürliches Ventil ist, wenn man sich buchstäblich nach einer Mahlzeit verzehrt; man kann einfach nicht dagegen an. Und warum sollte man darauf verzichten, wenn man mit absoluter Sicherheit weiß, dass die Kameraden an genau dasselbe denken? Es ist nur menschlich und ehrlich, sich über einen Gegenstand auszutauschen, der im Augenblick bei allen die *idée fixe* ist.

Während wir dem Nebenarm flussabwärts folgten, spürte ich, wie ich allmählich schläfrig wurde. Ob es an der Luft lag, die bei jedem Schritt stickiger wurde, sodass man nur mühsam atmen konnte? Der Rucksack kam mir noch schwerer vor als auf dem Weg nach oben, obwohl wir einiges von seinem Inhalt aufgegessen oder ausrangiert hatten; ich war daher geneigt zu glauben, dass es vor allem meine eigene Schwäche war, die mir zu schaffen machte.

Wir verloren eine gute halbe Stunde, indem wir ein paar Baumheidewurzeln sammelten. In Stockleys Artikel hatten wir gelesen, dass die Wurzeln der *Erica Erborea* ein ideales Pfeifenholz abgeben sollen, und wir wollten uns diese Chance nicht entgehen lassen. Natürlich brachten wir nicht die Spur einer Pfeife aus unserem Holz heraus, da dieses durch die Hitze in den Arrestzellen, in denen wir nach unserer Rückkehr schmorten, elend brüchig wurde.

Um die Mittagszeit kamen wir unter den Steilhängen der Anhöhe vorbei, auf der wir nach dem Gewitter mitten im Heidegürtel kampiert hatten, und eine halbe Stunde später nahmen wir die Felsstufe neben dem Wasserfall im Couloir in Angriff. Wir fanden den Seilring in gutem Zustand vor und ließen uns samt unseren Besitztümern rasch hinunter. Am Fuß des Absturzes war ich in Versuchung, das Seil wegzuwerfen, aber schließlich behielt ich es doch. Es konnte uns notfalls als improvisierte Trage dienen, falls einem von uns etwas passieren sollte, ehe wir zurück waren.

Wir durchquerten den natürlichen Tunnel und trafen auf den »botanischen Garten«, wo wir den Strohblumen und Moosen Lebewohl sagten. Auf den glatten, nassen Felsen glitten wir aus und stürzten häufiger, als es uns auf dem Weg nach oben passiert war, aber wir trösteten uns mit dem Gedanken, dass wir zumindest in die gewünschte Richtung rutschten und stolperten, und nicht zurück, so wie beim Aufstieg.

Um drei Uhr nachmittags erreichten wir den Lagerplatz, in dem Giuàn sich von seiner Unpässlichkeit erholt hatte. Bevor wir das Zelt aufbauten, rasteten wir eine gute Weile, um unsere letzten Kraftreserven zu sammeln.

Wir stellten das Zelt an derselben Stelle auf wie beim letzten Mal, was uns viel Mühe und Zeit ersparte, weil wir so den Zeltplatz nicht freihacken und einebnen mussten. Der Nachteil war allerdings, dass wir sämtliches Feuerholz in erreichbarer Nähe auf unserem Weg nach oben verbraucht hatten und jetzt gezwungen waren, weiter weg danach zu suchen. Es war harte Arbeit. Nur mit vereinten Kräften – oder vielmehr mit vereinter Mattigkeit – gelang es uns, einen Stamm zum Zelt zu schleppen, den jeder von uns vor einer Woche mit Leichtigkeit allein hochgewuchtet hätte, und wir brauchten länger dazu. Jede Minute, die wir vergeudeten, bedeutete, dass wir eine Minute länger auf den heiß ersehnten gekochten Butterreis warten mussten. Nur dieser Gedanke verlieh uns die Kraft zum Durchhalten.

Endlich loderte das Feuer neben einem reichlichen Vorrat an Brennmaterial, das Zelt war aufgebaut, und der große Augenblick rückte näher. Das Wasser kochte, und ich schüttete zwei Hände voll Reiskörner in den Topf, die sich darin verloren wie eine Prise Sand im Meer.

»Gib mir bitte die Butter, der Reis ist gleich fertig«, sagte ich zu Giuàn.

»Hier ist …«, fing Giuàn an, während er mit der Hand in die Außentasche seines Rucksacks fuhr. Dann verstummte er. Gebannt starrten Enzo und ich ihn an. Er wurde blass und verlegen. Er suchte und suchte, stülpte schließlich den ganzen Rucksack um und breitete den Inhalt aus. Von Butter keine Spur.

»Ich glaube«, stammelte er, »ich glaube, ich habe sie verloren.«

»Du willst uns nur auf den Arm nehmen«, rief Enzo, der schon ganz außer sich war.

»Mit so was macht man keine Witze«, fügte ich hinzu, »und schon gar nicht in so einem Moment.« Ich sah meine Hoffnung auf eine anständige Mahlzeit bereits dahinschwinden.

»Ich mache keine Witze«, versicherte Giuàn tief bekümmert. »Das Butterglas war in einer der Außentaschen. Ich habe es verloren, vielleicht als wir uns beim Wasserfall abgeseilt haben.«

Enzo und ich starrten einander sprachlos an. Jetzt mussten wir unseren Reis ohne Butter essen.

»Vergiss wenigstens das Salz nicht«, ermahnte mich Enzo.

»Ja, richtig.«

Ich machte meinen Rucksack auf und wühlte darin herum; Stiefel, Kaffee- und Teesäckchen, schmutzige Socken, der Kompass, diverser Krimskrams kamen unter den wachsamen Augen meiner Kameraden zum Vorschein. Ein Schauder lief mir über den Rücken. Es war kein Salz da. Ich hatte alles herausgenommen und der Rucksack lag leer und eingesunken vor uns.

»Wahrscheinlich hab ich das Salzsäckchen an der Stelle zurückgelassen, an der wir heute Morgen unseren Proviant begutachtet haben«, erklärte ich mit bebender Stimme.

»Das darf doch nicht wahr sein«, rief Enzo verzweifelt.

Giuàn lächelte. Jetzt waren wir quitt.

Und so aßen wir Löffel für Löffel das heiße, fade Wasser, in dem melancholisch ein paar aufgeweichte Reiskörner dümpelten.

Danach tranken wir Tee ohne Zucker. Enzos Versuch, das Gebräu zu süßen, indem er das leere Gerstenzuckersäckchen mitkochte, zeigte keinerlei Wirkung. Und das Menü für den folgenden Tag würde dasselbe sein – je nach Wahl zuckerfreien Tee oder Kaffee. Es klang trostlos.

Wir zündeten ein großes Feuer an. Die Wärme war behaglich und angenehm, da es unser erstes Feuer seit einer ganzen Woche war und unsere ausgehungerten Körper zumindest ein paar Kalorien von außen bekamen.

Während meiner Wache musste ich die ganze Zeit gegen den Schlaf ankämpfen. Die paar Stämme, die wir mit letzter Kraft zum Lager geschleppt hatten, waren bald zu Asche verbrannt, und die Bambusstangen gingen noch schneller in Rauch auf.

Ich konnte kaum den Bleistift in meinen wunden Fingern halten, als ich versuchte, die Hauptereignisse der letzten paar Tage in mein Notizheft einzutragen. Die Expedition war keineswegs schon zu Ende, da wir mindestens zwei weitere Tage und eine Nacht marschieren und zwei der gefährlichsten Zonen durchqueren mussten, das »Tal der Dickhäuter« und das letzte Stück bis zum Lager. Und doch hatte ich das Gefühl, dass unser Abenteuer mit Riesenschritten dem Ende zuging, was mich seltsamerweise traurig stimmte.

Das tiefe Grollen des Flusses; die flackernden Lichter der Sterne; die dünne Sichel des Neumonds, der zwischen den Baumästen hindurchschimmerte; es war, als riefe alles mir zu: »Zum letzten Mal …« Selbst das Knarzen von »Stich das Schwein« griff mir ans Herz; es klang wie das Weinen eines verlassenen Kindes.

War es bereits Zeit, Bilanz zu ziehen? »Nein«, sagte ich mir. »Das ist nicht das Ende, auch wenn es mir momentan so vorkommt.« Nur eines war mir jetzt schon klar: dass diese Zeit, so intensiv gelebt, nicht spurlos an uns vorübergehen würde. So viel Schönheit konnte nicht vergeblich gewesen sein.

Ich war grenzenlos erschöpft, wusste aber, dass alles, was wir erlitten hatten, selbst der peinigende Hunger, den ich jetzt, in diesem Moment verspürte, in der Erinnerung verklärt sein würde.

8. Februar

Enzo hatte wieder den leeren Gerstenzuckerbeutel in unserem Frühstückstee mitgekocht. Das Gebräu war dadurch wieder kein bisschen süßer geworden. Außerdem konnten wir uns ein paar traurige Kommentare zu dem Fiasko des gestrigen Abends nicht verkneifen – eine Sache, die nicht so leicht zu verschmerzen war.

Finster und mürrisch brachen wir auf. Der Marsch durch den

Bambuswald am vorigen Tag war ein Albtraum gewesen, daher folgten wir heute dem Bach, wann immer es möglich war. Bald jedoch war ich durch diese Strategie gezwungen, in eine Grotte vorzudringen, aus der ich blitzartig den Rückzug antrat, als ich Stroh darin entdeckte, wie für einen Wurf ausgebreitet, und beißenden Raubtiergestank wahrnahm; ich war offensichtlich in eine Raubtierhöhle geraten. Vielleicht hatte ich unwissentlich einem Leoparden einen Besuch abgestattet und damit die geltenden Anstandsregeln verletzt, da voreilige Avancen eines Neuankömmlings in Raubtierkreisen nicht gerade die feine Art sind.

Jetzt blieb uns nichts anderes übrig, als durch den Wald zu gehen. Riesennesseln, trügerische Blätterteppiche, Dornen jeglicher Art taten ihr Bestes, uns aufzuhalten. Unsere Finger, zerschnitten und zerschunden wie sie waren, konnten sich kaum an den Bambusstängeln festklammern. Zum Glück ging es ohnehin abwärts, sodass wir uns nicht beschweren konnten, wenn wir ausrutschten und hinfielen. Wir hatten uns darauf geeinigt, dass jeder, der einen größeren Satz machte, die anderen mit einem Tarzanschrei warnen sollte. Heute kommt mir das albern vor; aber damals trug es nicht unwesentlich dazu bei, uns bei Laune zu halten.

Als wir uns dem Bach näherten, kamen wir an einen Steilhang, auf dem der Bambus auffallend spärlich wuchs. Dort schlitterten wir auf dem laub- und astbedeckten Boden hinunter. Der vorderste Mann hatte es noch einigermaßen gut, denn falls er das Gleichgewicht verlor und im Sitzen hinunterrutschen musste, wurde er auf einem »Fließband« aus Blättern und Zweigen nach unten befördert; der zweite jedoch, und erst recht der dritte, hatten nicht nur harte Erde unter sich, sondern überstehende Steine und Wurzeln, die nur darauf warteten, ihm die Hose zu zerfetzen.

Kurz nach neun Uhr stießen wir am Fuß des Couloirs wieder an den Bach, wo wir zum Glück einige Markierungen erkannten, die uns die Nähe von Lagerplatz Nummer fünf signalisierten – die Nacht unter dem feuchten Felshang, die Giuàn so schlecht bekommen war. Wir passierten die Stelle, dann rasteten wir eine Weile auf einem Felsen, wo das Sonnenlicht durch die Wölbung aus Ästen und Zweigen sickerte. Nachdem wir uns gesäubert hatten – denn bei dem Gang durch den Wald waren Waldabfälle aller Art an unseren Kleidern und Rucksäcken hängen geblieben –, saßen wir reglos da und ließen uns von der Sonne wärmen.

Bald merkten wir, dass wir nicht die Einzigen waren, die sich diese Stelle zum Rastplatz auserkoren hatten. Ein Schwarm bunter Schmetterlinge kam auf uns zugeflogen. Sie waren handtellergroß, samtschwarz mit blauen Streifen und hatten schwalbenschwanzähnliche Hinterflügel. Ich glaube, es waren *Papilio Nireus*, aber ich kann nicht sagen, ob es ein migrierender Schwarm war oder ob sie zufällig auf diesem sonnigen Fels im Bachbett zusammengekommen waren.

Um halb elf erreichten wir die Mündung des Nebenarms und den Hauptarm des Nanyuki. Ich war begeistert von unserem zügigen Marschtempo und schöpfte allmählich Hoffnung, dass wir noch an diesem Tag Lagerplatz Nummer drei, das »Leoparden-Camp«, erreichen würden. Diese Hoffnung wurde kurz darauf durch eine Begegnung zunichte gemacht, die uns viel Zeit kosten sollte.

In dem stillen Wasser des kleinen Beckens, das der Nanyuki bildete, sahen wir eine schwarze Bachente schwimmen, gefolgt von zwei Entenküken. Als wir näher kamen, strich die Mutter schwerfällig davon, laut quakend, doch sie überließ die Jungen ihrem Schicksal.

Uns lief das Wasser im Mund zusammen bei dem Gedanken an gebratene Entenküken – sogar ohne Salz –, aber die Vögelchen waren leider viel zu schlau, um sich fangen zu lassen, und legten uns gründlich herein. An einem der Ufer des Beckens hatte eine Stromschnelle eine ausladende Masse aus Schwemmholz, Ästen und Blättern aufgetürmt, unter dem die Entenküken wegtauchten. Wir stürzten uns in eine wilde Suche, verloren jedoch nur kostbare Zeit. Die Entenküken waren nirgends zu finden und wir mussten aufgeben.

Als wir das nächste Bachbecken durchwateten, kam uns das Wasser viel wärmer vor als auf dem Weg nach oben. Auch die Luft wurde so heiß, dass wir in unseren schweren Kletteranzügen fast verschmachteten. Sobald wir das andere Ende des Beckens erreicht hatten, legten wir eine lange Rast ein.

Es war herrlich, sich zurückzulegen und in den Himmel hochzuschauen, der zwischen raschelnden Zweigen durchschimmerte, zumal wir wussten, dass dieser Frieden und diese Freiheit bald nur noch ein Traum für uns sein würden. Die Trostlosigkeit des Barackenlebens holte mich bereits ein.

Unsere Hoffnung, Lagerplatz drei zu erreichen, hatte sich längst in Luft aufgelöst, und ich fragte mich, ob wir es schaffen würden, den langen Marsch von Lagerplatz vier zur Sägemühle und von dort zurück zum Gefangenenlager in der folgenden Nacht zurückzulegen.

Es war halb zwei, als wir Lagerplatz vier, Enzos Unterstand, erreichten, zu spät, um weiterzumarschieren, da wir viel Zeit zum Feuerholzsammeln einplanen mussten. Zum Glück war der Bambusunterstand noch völlig intakt, sodass wir den ganzen Nachmittag zur Verfügung hatten, um Brennmaterial herbeizuschaffen. Wir fanden ein paar gute Stämme, hatten jedoch nicht mehr die Kraft, sie zum Lagerplatz zu schleppen; wir mussten uns mit Bambus begnügen.

Unsere so genannte Mahlzeit bestand aus einer Tasse bitteren Tees. Ich hatte noch meinen Keks, den ich meinen beiden Kameraden am nächsten Morgen als Überraschung präsentieren wollte.

Das Wachen war eine Prüfung, so ausgelaugt wie wir waren.

Wieder erschienen mir, wie in der Nacht nach der missglückten Batian-Besteigung, Gestalten aus Büchern, die ich vor der Flucht gelesen hatte. Ich hielt mich mit Rauchen wach und war bald in einem überwachen, hellsichtigen Zustand, in dem ein Gedanke den anderen jagte.

Ich brauchte mich kaum zu rühren, weil ich den ganzen Bambus in Reichweite aufgestapelt hatte.

Ich war mir schmerzlich bewusst, dass dies die letzte Nacht war, die ich in Freiheit am Lagerfeuer verbrachte, das letzte Mal, dass ich dem Lied des Baches lauschte, der in unstetem Rhythmus bald donnernd dahinjagte, bald leise murmelte. Das Wort »letztes Mal« flocht sich in alle meine Gedanken ein.

Und die »Bilanz« unserer Expedition?

Vom rein bergsteigerischen Standpunkt aus gesehen war es ein Fehlschlag gewesen oder bestenfalls eine »ehrenvolle Niederlage«, denn der Lenana hatte sich als »Touristenberg« entpuppt und der Batian hatte uns die Tür vor der Nase zugeknallt. Aber schließlich war unser Vorhaben nicht nur eine Bergtour mit patriotischem Einschlag gewesen, sondern in erster Linie ein Aufbegehren gegen die Lager-Lethargie, ein Willensakt inmitten all dieser lähmenden Tatenlosigkeit. War unser Ausflug unter diesem Blickwinkel ein Erfolg gewesen?

Nur die Zukunft konnte mir eine Antwort darauf geben, aber ich glaubte fest daran, dass dieses Abenteuer sich nachhaltig auf unser Dasein als Kriegsgefangene auswirken würde, ja vielleicht sogar auf unser späteres Leben als freie Menschen.

Endlich war das Tageslicht stärker als die Flammen des Lagerfeuers. Die Dämmerung unseres letzten Tages in Freiheit war angebrochen. Es wurde Zeit, meine Kameraden zu wecken, bitteren Kaffee zu trinken und zu den Menschen in den Tälern zurückzukehren, in den Alltagstrott des Lagers.

Jeder Schritt würde uns der nächsten Mahlzeit, zugleich aber auch der Gefangenschaft näher bringen.

9. Februar

Wir brachen spät auf, um halb neun, um nicht auf Raubtiere zu stoßen, die vielleicht noch beim Morgentrunk weilten. Tatsächlich waren keine zu sehen.

Wir kamen noch langsamer voran als am Vortag. Ständig stürzte jemand hin – fast unweigerlich ins Wasser – und rappelte sich wieder auf, was eine mühselige und langwierige Angelegenheit war.

Schwarze Schatten tanzten vor meinen Augen und ein hartnäckiges Rauschen in meinen Ohren ließ mich ständig das Gleichgewicht auf den nassen, glatten, runden Steinen verlieren. Ich marschierte ganz mechanisch und kann mich daher nur vage an die Dinge erinnern, die ich wahrgenommen habe.

Wir kamen durch die Höhlen mit den Schlingpflanzenvorhängen, das Felsenbecken mit dem Umweg durch den Wald, die Stelle, an der wir den Elefanten gesehen hatten (und wo jetzt frische Fußspuren waren), wir passierten den »Elefantentanzplatz«, den Baum, an dem das Nashorn – falls es eines war – sich gerieben hatte, und andere vertraute Orte. Die tief eingetretenen Tierpfade stanken wieder nach Zoo, und wir hielten uns sorgfältig am Flussufer; wir rutschten und fielen, wurden nass, ließen uns trocknen und wurden wieder nass.

Enzo, der unter ein umgestürztes Bambusrohr gekrochen war, ließ die elastische Stange los, ohne Giuàn zu warnen, der dicht hinter ihm war. Das Bambusrohr schlug Giuàn die Brille von der Nase, sodass sie an den Steinen in tausend Stücke zersprang.

Zu jeder anderen Zeit hätte dieses Missgeschick schallendes Gelächter oder einen endlosen Streit ausgelöst, aber jetzt passierte nicht viel. Wir waren zu schwach, um uns aufzuregen, und nachdem wir uns ein paar »Komplimente« an den Kopf geworfen hatten, machten wir weiter, als wäre nichts gewesen.

Die einzigen Lebewesen, die wir zu sehen bekamen, waren pfeifende und kreischende Papageien. Wir bedauerten es zutiefst, dass wir keine Schleudern mitgenommen hatten.

Wir kauten wilde Oliven, bitter wie Galle, und kamen sogar in Versuchung, die bohnenartigen Früchte eines Strauchs zu essen, fürchteten aber, dass sie giftig sein könnten. Und doch gab es Nahrung in Hülle und Fülle, hätten wir uns nur besser ausgekannt. Wie ich später in H. W. Tilmans *Ascent of Nanda Devi* las, schmecken junge Bambussprossen ganz ausgezeichnet und hatten sich als wahres Manna für die ausgehungerte Seilschaft des Autors entpuppt.

In der Nähe des Lagers, an dem uns im Morgengrauen ein nicht identifiziertes Raubtier besucht hatte, stürzte ich und zog mir eine üble Prellung am Knie zu. Es war ein richtiger Schock für mich, obwohl Giuàn meinte, es sei nichts, nachdem er das Knie sorgfältig untersucht hatte. Da ich eine Weile rasten und mein Knie massieren musste, hielt ich den Augenblick für gekommen, meinen Keks hervorzuholen.

Meine Kameraden waren sprachlos, als ich ihnen meinen Schatz präsentierte, und Enzo bat, den Keks in drei genau gleiche Stücke zu teilen. Sie starrten mich an, als trauten sie ihren Augen nicht. Die drei Stücke waren nicht größer als ein normaler Fingernagel. Ich tunkte meines ein bis zwei Minuten in eine Tasse Wasser und ließ es aufquellen, bis es so groß wie ein Daumennagel war. Es schmeckte himmlisch. Es war die erste feste Nahrung, die wir seit unserem trostlosen Abendessen vor zwei Tagen zu uns genommen hatten. Wir untersuchten sorgfältig den Stein, auf dem Enzo den Keks zerteilt hatte, und überzeugten uns, dass wir auch wirklich kein Krümelchen übrig gelassen hatten, das mit bloßem Auge erkennbar war, dann brachen wir wieder auf.

Ich hinkte jetzt beim Gehen, und da ich bald genug von den ständigen Stürzen hatte, nahm ich einen Elefantenpfad, der eine

Biegung im Bach kreuzte. Meine Kameraden protestierten gegen diesen Leichtsinn, hielten mir vor, dass es idiotisch sei, jetzt am Ende der Reise das Schicksal herauszufordern, nachdem wir bisher die größte Vorsicht hatten walten lassen. Also machte ich kehrt und folgte wieder dem Bachbett.

Während wir nach einer meiner unzähligen »Bruchlandungen« auf einem Stein rasteten, glaubte ich, in der Ferne das Dröhnen eines Motors zu hören. Zuerst wollte ich meine Entdeckung für mich behalten, weil ich befürchtete, dass es sich um eine Halluzination handelte, so wie die Glocken in der »Batian-Nacht«; aber dann sah ich, dass Enzo ebenfalls aufmerksam lauschte, ohne etwas zu sagen, weil er vielleicht dieselbe Befürchtung hegte wie ich.

»Motor?«, fragte ich.

»Flugzeug«, antwortete er.

Wir lauschten eine Weile, aber das Motorengeräusch wurde weder schwächer noch stärker. Es konnte kein Flugzeug sein.

Wir gingen weiter, und jetzt wurde das Motorengeräusch zusehends lauter, was uns zu neuen Spekulationen Anlass gab. Wir lokalisierten es schließlich als von dem Ufer gegenüber der Sägemühle kommend – dasselbe Dieselrattern, das wir an jenem denkwürdigen Morgen in der Nähe der Brücke gehört hatten.

Wir vermuteten, dass der Sägemühlenbesitzer den Traktormotor in einen Generator umfunktioniert hatte, der dazu diente, Bauholz im Wald zu sägen, aber wir waren überrascht, dass wir der Zivilisation bereits so nahe waren. Wir hatten damit gerechnet, die Brücke etwa um fünf Uhr nachmittags zu erreichen, und jetzt war es erst drei. Das hier war das erste Anzeichen menschlichen Lebens, auf das wir nach vierzehn Tagen Einsamkeit trafen, außer jenem flüchtigen Blick auf die Schutzhütte an der Südseite des Mount Kenia.

Wir einigten uns, sofort zur Brücke weiterzugehen und dort anzuhalten, um uns zu waschen und zu rasieren. Nach Einbruch der Dunkelheit wollten wir die Sägemühlenstraße nehmen und uns zum Lager durchschlagen, wo wir mit einigem Glück noch in derselben Nacht ankommen würden.

Wir waren an eine Flussbiegung gekommen, an der wir das Dieselgeräusch ganz nahe zu unserer Rechten hörten, als ich etwa zweihundert Meter von uns entfernt – ja, tatsächlich, es war keine Halluzination – einen Eingeborenen am Waldrand stehen sah. Er wartete offenbar auf uns. Was jetzt?, fragte ich mich. Der Afrikaner würde auf Anhieb erkennen, dass wir entflohene Kriegsgefangene waren, da wir ohne Träger und in jämmerlicher Verfassung unterwegs waren.

Unsere Kontakte zur schwarzen Bevölkerung Kenias waren – vor unserer Flucht – nur sehr spärlich gewesen, aber wir hatten uns bemüht, so viel wie möglich über ihre Sitten und ihre Sprachen zu lernen, da es uns, wie wir vorausgesehen hatten, auf unserer Flucht noch nützlich sein konnte.

Ich übergehe diverse unerfreuliche Begegnungen mit einigen unserer schwarzen Wachposten und will hier nur ein paar typische Beispiele anführen, wie wir unser Suaheli gelernt haben.

Die folgende sehr aufschlussreiche Szene habe ich mehrfach in den Kriegsgefangenenlagern in Kenia miterlebt:

Wache (*winkt Gefangenen zum Stacheldraht her*): »Kuja! (Komm!)«

Gefangener *erschrickt, da er nicht weiß, was auf ihn zukommt, und antwortet mit einem unverfänglichen* »Hm«.

Wache *macht weiterhin unmissverständliche Zeichen, dass der Gefangene näher treten soll*: »Kuja!«

Gefangener *wird neugierig, kommt näher.*

Wache: »Taliani mzuri. (Italiener gut)«, *oder, falls der Gefangene den Anschein erweckt, dass er nicht einmal dieses rudimen-*

täre Suaheli versteht, hebt der Wachposten die Hände hoch, um zu zeigen, wie »großartig« die Italiener sind.

Gefangener, *immer noch misstrauisch, schweigt.*

Wache: »Angleza mbaya! (Engländer schlecht)«, *oder spuckt, falls der Gefangene auch das nicht versteht, auf den Boden und signalisiert auf andere Weise seine Verachtung. Gefangener, dem die Sache allmählich Spaß macht, lacht.*

Wache, *nachdem er sich auf diese Weise eingeschmeichelt hat, kommt jetzt zur Sache.* »Nipa cigarra! (Gib mir Zigarette).«

Gefangener, *höchst amüsiert, wirft ihm in neun von zehn Fällen eine Zigarettenkippe hin.*

Wache *hebt die Kippe auf, inspiziert sie sorgfältig, wechselt abrupt den Ton und sagt*: »Sasa kwenda! Hau ab!«

Es kann aber auch sein, dass der Gefangene von sich aus dem Wachposten eine Zigarette anbietet, und dieser ist in neun von zehn Fällen bereit, ein kurzes Gespräch in Suaheli zu führen, wobei er manchmal sein Gewehr an den Stacheldraht lehnt.

Das sind im Allgemeinen die ersten »praktischen« Suaheli-Lektionen eines Kriegsgefangenen.

Unsere Gespräche waren jedoch nicht allein auf die Wachen beschränkt.

Einmal beobachtete Giuàn ein paar Askaris, die direkt vor dem Stacheldraht Gras mähten. Sie sangen, wie Afrikaner es beim Arbeiten zu tun pflegen. Giuàn lauschte eine Weile und stellte fest, dass sie das bekannte katholische Kirchenlied »Tantum ergo« sangen. In dem darauf folgenden Gespräch fragte Giuàn einen von ihnen, ob er katholisch sei. Der Afrikaner antwortete voller Stolz, dass er »nicht nur katholisch, sondern auch protestantisch sei«. Offenbar nahm er an Gottesdiensten beider Konfessionen teil.

Während der Zeit im Lager hatten wir kaum Gelegenheit gehabt, unser Suaheli zu praktizieren, nicht einmal auf unserem

Ein-Meilen-Freigang. Es waren Wachen am Weg entlang postiert, die jeden Schwarzen verscheuchten, der Miene machte, uns anzusprechen. Trotzdem tauchte gelegentlich ein Mann, der Eier verkaufte, aus dem Gras auf, wenn der Wachposten den Rücken kehrte, und dann wurde das Geschäft getätigt und zugleich Suaheli praktiziert.

Einmal hörte ich, wie ein Gefangener den Preis von einem Dutzend Eiern in seinem sardinischen Dialekt – der eng mit dem Spanischen verwandt ist – aushandelte. Ich hielt an, weil ich mich wunderte, wie der Afrikaner ihn verstehen sollte, der jedoch zu meiner Verblüffung in Portugiesisch antwortete, das dem Spanischen sehr ähnlich ist. Die beiden Männer verstanden einander problemlos. Wie sich herausstellte, hatte der Afrikaner mehrere Jahre in Portugiesisch-Ostafrika gearbeitet.

Einmal hatten Giuàn und ich das Glück, auf einen alten Hirten zu stoßen, der nicht wusste, dass es ihm verboten war, den Weg während des Freigangs der Gefangenen zu benützen. Der Mann war so freundlich, mit uns über den Mount Kenia zu sprechen. Nicht dass wir viel aus ihm herausbekommen hätten, da er praktisch nichts wusste, aber wir hörten und sprachen ein bisschen gebrochenes Suaheli. Er schüttelte den Kopf, als Giuàn ihn fragte – wie er meinte –, ob wir auf Tiere stoßen würden.

»Dann gibt es also keinen *simba* (Löwe), *chui* (Leopard), *kifaro* (Nashorn) oder *tembo* (Elefant)?«, hakte Giuàn schließlich nach.

»Oh, ja, davon gibt es viele«, antwortete der Mann.

»Aber Sie haben doch gerade gesagt, es gibt dort keine Tiere?«, wandte Giuàn ein, doch der alte Mann brach das Gespräch ziemlich abrupt ab.

Erst später wurde uns klar, dass Giuàn statt *nyama,* »Tiere«, das Wort *nyana,* »Tomaten«, verwendet hatte.

Als wir weiter fortgeschritten in unseren Studien waren, lasen wir eine suahelische Zeitung, *Baraza,* die auf mysteriöse Weise in die Baracke eingeschleust worden war, wie so vieles andere. Abgesehen von dem pädagogischen Wert der Zeitung ergötzte ich mich an den Leserbriefen, besonders einem, in dem der Schreiber den Herausgeber der Zeitung bat, ihm das Gehalt des Papstes mitzuteilen.

Auf jeden Fall konnten wir uns notdürftig in Suaheli verständigen, als wir auf den Eingeborenen am Nanyuki River trafen, fürchteten nun aber, dass wir am letzten Tag unseres Ausflugs noch geschnappt würden.

Wir hatten gehört, dass die britische Behörde jedem Afrikaner, der einen entflohenen Kriegsgefangenen zur nächsten Polizeistation brachte, zehn Shilling bezahlte. Zehn Shilling ist nicht viel Geld, und ich persönlich bin der Meinung, dass ich mindestens drei Halfpence mehr wert bin, aber für einen Schwarzen in Ostafrika war es eine Menge. Daher hatte ich unseren Mann stark im Verdacht, dass er bereits nachrechnete, wie viel dreimal zehn ist und sich mit dem Gedanken trug, die Arbeiter der Sägemühle zu alarmieren, um uns mit ihrer Hilfe einzufangen.

Als wir die Stelle erreichten, an der er stand, beantwortete ich seinen Gruß und ging weiter, so wie meine Kameraden auch.

Unser Auftauchen erschien ihm jedoch so bemerkenswert, dass er sich gedrängt fühlte, seine Neugierde zu befriedigen, indem er uns ein paar Fragen stellte.

»Woher kommen Sie?«

»Vom Berg herunter«, erwiderten wir.

»Und wohin gehen Sie?«

»Nach Nanyuki.«

»Was geben Sie mir, wenn ich einen von Ihren Rucksäcken trage?«

»Nichts«, sagten wir. Hatten wir die Rucksäcke nicht von der ersten Sekunde unserer Flucht an getragen, auch wenn sie noch so schwer waren?

»Warum nehmen Sie nicht den Sägemühlenweg? Das ist viel besser, als am Bachbett entlangzulaufen.«

»Weil es uns so lieber ist«, sagten wir. Jetzt war die Reihe an uns, Fragen zu stellen, und wir erkundigten uns, ohne jedoch anzuhalten, wo er herkam.

»Von der Sägemühle.«

In diesem Augenblick tauchte ein anderer Afrikaner aus dem Wald auf. Während der erste Afrikaner in Shorts und Hemd ging und einen Hut in europäischem Stil mit einer Feder im Hutband trug, war sein Freund nur mit einer groben, ockerfarbenen Stoffbahn behängt. Er trug eine Halskette aus roten Glasperlen und hielt einen langen Speer in der Hand. Er passte viel besser in die Umgebung und zu einem Abenteuer à la »Flucht in die afrikanische Wildnis« als sein Kamerad, und wir hielten an, um ihn zu bewundern.

Der europäisch gekleidete Schwarze nützte die Gelegenheit, um uns zu fragen, ob wir durstig seien. Unsere Augen funkelten vor Gier, denn jemand, der sich nach unserem Durst erkundigte, würde vielleicht auch auf die Idee kommen, dass wir hungrig sein könnten. Noch ehe wir antworten konnten, schickte er seinen »wilden« Freund fort und sagte uns, dass wir warten sollten. Wir warteten voller Hoffnung. Die Aussicht, etwas zu essen zu bekommen, hatte die ganze Situation verändert.

Der andere Bursche kam bald zurück, den Speer in der rechten Hand und einen Topf in der linken. Da ich an der Spitze gegangen war, hielten mich die Afrikaner für die Nummer eins unserer Seilschaft, und nachdem sie ein paar Sätze in einer unbekannten Sprache gewechselt hatten, wurde mir der Topf unter die Nase gehalten. Enttäuscht stellte ich fest, dass keine feste Nahrung darin war, sondern eine Flüssigkeit von undefinierbarer Farbe, die angenehm nach vergorenem Honig roch. Ich trank ein bisschen; es schmeckte süß und war ziemlich stark.

Nachdem Enzo und Giuàn ebenfalls getrunken hatten, baten

wir Enzo, dem Mann ein paar Zigaretten als Bezahlung zu geben, und gingen weiter.

Mein Kopf war angenehm umnebelt und der nagende Hunger wich einer wohligen Wärme. Ich war betrunken, aber nicht so sehr, dass es mich kalt ließ, als ich zufällig über die Schulter zurückschaute und unsere schwarzen Wohltäter erblickte. Sie folgten uns auf dem Fuß und bombardierten Giuàn mit Fragen, auf die er keine Antwort gab, weil er möglicherweise in demselben schwebenden Glückszustand war wie ich.

Schließlich hielt Giuàn mich an und sagte: »Ich habe diese Leute so satt, ich kann einfach ihr Geschwätz nicht mehr ertragen.«

»Was bist du auf einmal so heikel?«, bemerkte Enzo.

»Sie möchten unbedingt, dass wir das Bachbett verlassen und in Richtung Sägemühle gehen. Sie wollen uns einen guten Weg zeigen. Ich schlage vor, wir tun so, als ob wir ihren Rat befolgen, damit sie uns in Ruhe lassen. Sobald wir sie los sind, können wir wieder zum Bach runtergehen.«

Ich war dagegen, denn ich bezweifelte, dass unsere beiden Freunde die Absicht hatten, uns in Ruhe zu lassen. »Wenn ich an ihrer Stelle wäre ...«, fing ich an, aber Enzo unterbrach mich.

»... dann hättest du einen vollen Bauch.«

»Ich an ihrer Stelle«, fing ich wieder an, »würde alles tun, um uns zur Sägemühle zu locken, und dann würde ich die Polizei alarmieren und schleunigst die dreißig Shilling kassieren. Ich finde, es wäre ziemlich dumm von uns, auf ihr Manöver einzugehen.«

Da Enzo jedoch Giuàns Vorschlag unterstützte und ich folglich zwei zu eins überstimmt war, musste ich zähneknirschend nachgeben.

Der europäisch gekleidete Schwarze übernahm die Führung, sprang wie ein Buschbock durch das dichte Unterholz und zeigte uns ein paar Minuten später einen Weg, der hangaufwärts in Richtung des jetzt sehr laut dröhnenden Dieselmotors führte.

Ganz anders als ich befürchtet hatte, sagten die beiden Männer uns jetzt höflich Lebewohl und zogen sich in den Dschungel zurück.

Nachdem sie verschwunden waren, zu Giuàns und Enzos großer Genugtuung, da sie wider Erwarten Recht behalten hatten, verließen wir den Pfad und drangen wieder in den Wald ein. Es war kein leichtes Gehen, aber nachdem wir eine Viertelstunde lang im rechten Winkel zur Sägemühle marschiert waren, kamen wir wieder zum Bach hinunter.

Unterwegs beschloss Enzo, sein Buschmesser (den *panga*) wegzuwerfen, da wir der bewohnten Welt zusehends näher rückten und fortan keine Verwendung mehr dafür hatten. Er schleuderte ihn in ein dichtes Gebüsch, heilfroh, dass er ein weiteres Pfund Ballast losgeworden war, und wir stolperten todmüde zum Bachbett hinunter, nachdem der Marsch durch den Wald unsere letzten Kraftreserven aufgezehrt hatte.

Wir gingen langsam am Bachufer entlang, in der Annahme, dass wir nahe bei der Brücke sein mussten, da wir den Motorlärm bereits hinter uns gelassen hatten. Ich hielt nach einer geeigneten Stelle Ausschau, an der wir uns säubern und ausruhen konnten, bis die Dämmerung hereinbrach und wir die Sägemühlenstraße nach Nanyuki nehmen konnten.

Dann erlebte ich eine böse Überraschung: Die beiden Schwarzen waren uns schon wieder auf den Fersen, sie hielten sich nur ein paar Meter hinter Giuàn. Der europäisch Gekleidete trug stolz Enzos *panga* in seinem Gürtel.

Schlimmer hätte es nicht kommen können; wir waren am Boden zerstört, drei verzweifelte Kriegsgefangene, verraten und verkauft, überzeugt, dass wir jeden Moment geschnappt werden würden. Wir ließen unsere Rucksäcke fallen und setzten uns stumm auf die Steine.

Anscheinend hatten die zwei Männer uns die ganze Zeit heimlich beobachtet. Ich war tief beeindruckt, denn ich konnte mir beim besten Willen nicht erklären, wie sie es geschafft hatten uns so dicht zu folgen, dass sie Enzos *panga* auflesen konnten. Wie auch immer, sie waren da.

Ich war überzeugt, dass jeden Moment einer von ihnen weggehen und die Leute von der Sägemühle rufen würde, um uns mit ihrer Hilfe festzuhalten und die berühmten dreißig Shilling Belohnung zu kassieren, während der andere sicherlich hier bleiben und uns bewachen würde.

»Darf ich Sie fragen, was Sie von uns wollen?«, sagte Giuàn schließlich.

Der Bursche mit dem malerischen Umhang stand da, ein Bein um seinen Speerschaft geschlungen. Der europäisch Gekleidete hielt sich neben ihm. Er war derjenige, der uns antwortete.

»Mit Ihnen zu Bwana Tumbo gehen. Wir haben Ihnen den Weg gezeigt, aber Sie sind ihm nicht gefolgt.«

»Was bedeutet Bwana Tumbo?«, fragte Enzo, der nur bruchstückhaft Suaheli beherrschte.

»Mister Dickbauch. Anscheinend ist der Engländer von der Sägemühle besser genährt als wir.«

Als der Afrikaner uns über den Spitznamen des Sägemüllers reden hörte, sagte er beruhigend:

»Bwana Tumbo ist ein guter Mann.«

Wir glaubten ihm aufs Wort. Dicke Leute sind im Allgemeinen gutmütig. Bwana Tumbo würde uns bestimmt nichts Böses tun, ja, vielleicht würde er uns sogar zum Abendessen einladen; aber wir zogen es eigentlich trotzdem vor, unbemerkt ins Lager zurückzukehren, so wie wir es verlassen hatten, anstatt auf Bwana Tumbos Lastwagen offiziell dort »abgeliefert« zu werden, was uns leicht passieren konnte, wenn wir ihm unter die Augen kamen.

Wir ließen den Dingen ihren Lauf.

Mag geschehen, was will, es lässt sich doch nichts daran ändern, dachten wir, und widmeten uns unverzüglich unserer Toilette. Wir wuschen und rasierten uns besonders sorgfältig, denn wir wollten so zivilisiert und respektabel wie möglich aussehen, falls wir – *par force* – mit Bwana Tumbo dinieren würden. Ein zugegeben recht verlockender Gedanke.

Der Afrikaner fragte wieder: »Kommen Sie mit zu Bwana Tumbo?«

»Später«, antwortete ich, »seht ihr nicht, dass wir uns *maridadi* (schön) für den Besuch bei ihm machen?«

Sie redeten eine ganze Weile unter sich weiter. Ich war überrascht, dass sie nicht die erwartete Kriegslist anwandten – einer, der den Bwana oder die Sägemühlenarbeiter rief, und einer, der da blieb und auf uns aufpasste –, aber endlich wurde mir klar, worauf sie es abgesehen hatten. Sobald wir mit unserer Toilette fertig waren, traten sie näher und baten um Seife und Rasierklingen. Wir gaben ihnen großzügig die ersehnten Gegenstände und Enzo fügte sogar noch ein paar Zigaretten hinzu. Beide Afrikaner waren hoch erfreut und dankten uns immer wieder.

Eine Horde Paviane kam am anderen Flussufer vorüber. Ein paar alte Männchen übernahmen die Führung, gefolgt von mehreren Weibchen, die ihre Jungen auf dem Rücken trugen, während am Schluss des »Konvois« wieder ein paar Männchen kamen, die die Nachhut bildeten. War die ganze Sippe unterwegs zu neuen Nahrungsgründen oder handelte es sich um einen strategischen Rückzug? Oder vielleicht sogar eine Evakuierung von Zivilpersonen? Das Urwaldleben ist voller Rätsel.

Der europäisch gekleidete Afrikaner sagte uns, dass die Paviane sehr gefährlich werden könnten und dass sie einmal einen *mazungo*, einen Weißen, mit Steinen getötet hätten.

Endlich fragte der Bursche mit dem Speer: »Kommt ihr jetzt mit uns?«

»Geht nur voraus, wir kommen später nach«, erwiderten wir.

Und tatsächlich, die beiden Männer sagten »Auf Wiedersehen« und gingen fort.

Sobald sie um die Biegung des Flusses in Richtung Motorgeräusch verschwunden waren, nahmen wir die Beine in die Hand und rannten davon. Wer weiß, ob sie nicht doch mit den Sägemühlenleuten zurückkommen würden, um sich die »dreißig Silberlinge« zu verdienen, ungeachtet der Geschenke, die sie von uns bereits bekommen hatten. Woher wir die Kraft dazu nahmen, weiß ich bis heute nicht, aber wir rannten den Bach hinunter wie Marathonläufer. Wir erreichten die Brücke, liefen unten durch und fragten uns, warum wir sie nie in Ruhe überqueren durften, sondern immer nur in Hast und Eile. Ein paar Minuten später waren wir gut eine halbe Meile von dem Ort entfernt, an dem die beiden Schwarzen uns zurückgelassen hatten.

In einem kleinen Wäldchen, immer noch in Sichtweite der Sägemühlenstraße, hielten wir an. Wir konnten nicht mehr.

Ungefähr zwanzig Minuten vergingen, bis wir wieder Luft bekamen, dann zog Giuàn seine triefend nassen Kleider aus – er war auf einem glitschigen Stein ausgerutscht und der Länge nach in den Fluss gefallen. Ich war entsetzt, wie mager er war. Als ich ihn darauf hinwies, sagte er:

»Giovanni Rossi wird froh sein.«

»Was hat Giovanni Rossi damit zu tun?«, fragte ich verblüfft. Giuàn klärte mich auf: »Eine Stunde vor unserer Flucht, als ich zum letzten Mal geduscht habe, hat Rossi mich von oben bis unten gemustert und gemeint: ›Giuàn, du wirst allmählich fett. Du musst dich mehr bewegen.‹«

»Und was hast du ihm gesagt?«

»Keine Sorge, ich fange heute noch damit an.«

Es war erst sechs Uhr, und wir mussten noch mindestens eineinhalb Stunden warten, bis es so dunkel war, dass wir die Sägemühlenstraße nehmen konnten. Wir waren keineswegs froh über diese erzwungene Ruhepause. Unsere Nerven waren so zerrüttet, dass wir unfähig waren, eine friedliche Siesta zu genießen, und am liebsten wären wir sofort weitermarschiert.

Während Giuàn sich trocknen ließ, schnitzte Enzo an einem Gehstock, den er bei unserem Nachtmarsch ins Lager benützen wollte, und ich streunte in dem Wäldchen herum. Nach einer Weile fand ich einen guten Ausguck, von dem ich meinen Kameraden die neuesten Entwicklungen auf der Straße durchgeben konnte, ohne selber gesehen zu werden, da ich hinter einer Blätterwand versteckt war.

Ich musste nicht lange warten. Das Geräusch des Motors kam näher und näher und bald hörte man die Raupenketten rattern. Der Traktor kehrte nach der Arbeit nach Hause zurück.

Endlich tauchte er in meinem Blickfeld auf und ich hielt meine Kameraden mit einer Nonstopp-Berichterstattung auf dem Laufenden, wie ein Fußballreporter, der im Radio ein Fußballspiel für seine Zuhörer kommentiert:

»Ah, jetzt – da fährt ein Traktor langsam den Hang herauf, mit einem Weißen am Steuer.«

»Ist das Bwana Tumbo?«, fragte Enzo.

Giuàn konterte prompt: »Geh doch hin und frag ihn!«

»Er sitzt und ich kann seinen ›tumbo‹ nicht sehen«, fuhr ich fort. »Neben ihm sitzt ein Schwarzer …«

»Unser Schwarzer vielleicht?«, fragte Enzo.

»Ich kann nicht sagen, ob er es ist oder nicht. Sie sind zu weit weg. Ein paar Schwarze gehen neben dem Traktor … mehrere Schwarze … viele Schwarze … Der Traktor schleift ein paar lange Stämme hinter sich her, wahrscheinlich auf niedrigen Rädern, aber ich kann es nicht sehen. Auf den Stämmen sitzen noch mehr Afrikaner. Der Traktor fährt in Richtung Sägemühle. Jetzt ist er verschwunden.«

»Noch was?«

»Nichts … nein, warte … da kommen noch mehr Afrikaner hinterdrein – viele Afrikaner, dreißig oder vierzig, alle mit Arbeitsgeräten über der Schulter, Äxte, Schaufeln, Schrotsägen. Sie singen, wie ihr hören könnt.«

Während der Zug der Sägemühlenarbeiter, die auf dem Weg nach Hause waren, unter meinen Augen vorüberparadierte, verstummte der Motor. Vermutlich hatte der Traktor seinen Bestimmungsort erreicht, der nicht weit entfernt liegen konnte.

»Es kommen immer mehr Schwarze. Sie singen wie die Sieben Zwerge in Schneewittchen, wenn sie von der Arbeit nach Hause marschieren. Kein Wunder, dass wir dachten, es müssten ganze Dörfer in der Nähe sein, als wir auf dem Weg nach oben hier vorbeigekommen sind.«

»Noch was?«

»Nein, Ende. Sie hörten soeben die Reportage: *Heimkehr der Sägemühlenarbeiter*. Hier ist die Rundfunkstation Mount Kenia. Wir wünschen Ihnen allen eine gute Nacht.«

Sobald die »Vorstellung« vorüber war, kehrte wieder Ruhe auf der Straße ein. Die Abendschatten krochen über eine stumme Landschaft. Wir ertrugen das Warten nicht länger.

Wir stiegen zum Fluss hinunter, füllten unsere Wasserflaschen ein letztes Mal und waren bald auf der Straße, auf der sich die Traktorspuren und zahlreiche Fußabdrücke abzeichneten, endlich wieder menschliche. Es war eine Wohltat, eine richtige, glatte Straße unter den Füßen zu spüren, nachdem wir zwei Wochen lang in der weglosen Bergwildnis herumgeklettert waren.

Nach kurzer Zeit wurde die Straße eben, und wir schlossen daraus, dass wir die Kuppe des Hügels erreicht hatten, auf dem die Sägemühle lag. Die Luft war feucht und heiß. Das goldene Mondviertel stand tief am westlichen Himmel, warf aber genug Licht, dass wir gesehen werden konnten. Als wir zu einem Haus kamen, das in europäischem Stil gebaut war, hielten wir vorsichtshalber an, um abzuwarten, bis die Bewohner ins Bett gegangen waren. Plötzlich hörten wir Stimmen und das Gelächter von Frauen im Innern des Hauses. Es war erst acht Uhr.

»Nur noch ein kleines bisschen Geduld«, sagten wir uns und marschierten auf ein kleines Zypressengehölz zu. Ich war so erschöpft, dass ich von einem unwiderstehlichen Schlafbedürfnis übermannt wurde, sobald ich mich hinsetzte. Ich schlüpfte in meinen Schlafsack und schlief sofort ein. Ich erwachte von einem unangenehm klammen Gefühl. Der Mond stand immer noch am Himmel. Es war erst neun Uhr, aber ich konnte nicht mehr länger warten. Wir hatten alle genug davon, einfach nur dazusitzen und zu schlottern, und um Viertel nach neun brachen wir wieder auf. Das Haus war jetzt dunkel und still, und wir waren froh, dass seine Bewohner früh zu Bett gegangen waren.

Wir folgten der Straße, so dicht hintereinander, dass ich Enzos gedämpftes Gekicher kaum einen Schritt hinter mir hörte. Warum er lachte, das wissen die Götter. Vielleicht fand er es komisch, dass wir so im Gänsemarsch dahintrotteten, wie kleine Kinder, die Zug oder Tausendfüßler spielen.

Der Weg war mit Sägemehl bedeckt, aber es war nicht derselbe, den wir bei unserem Weg nach oben genommen hatten. Ich fragte mich, ob wir den anderen finden würden, da wir dann einem leichten, vertrauten Pfad folgen konnten, oder ob wir wieder in einer Sackgasse landen würden. Im Augenblick spürte ich weder Hunger noch Erschöpfung. Das Abenteuer rief noch immer; auch jetzt noch beflügelte mich der Gedanke an das Unvorhergesehene. Vielleicht erlebte ich es zum letzten Mal, bevor ich in die Gefangenschaft zurückkehrte, aber aufregend war es trotzdem.

Plötzlich zischte mir Enzo eine Warnung zu. Ich hielt an. »Was ist los?«, wisperte ich, auf einen seiner verrückten Einfälle gefasst.

»An eurer Stelle würde ich die Eispickel am Hang tragen«, sagte er.

»Warum?«

»Dann denken die Schwarzen, dass wir Gewehre dabeihaben, und überlegen es sich zweimal, ehe sie uns angreifen.«

Es war kein dummer Gedanke und er wurde prompt in die Tat umgesetzt. »Bravo!«, sagte ich, als wir die »Waffen aufpflanzten«.

Wir erreichten einen breiten, offenen, rechteckigen Platz, der ringsum von Eingeborenenhütten gesäumt war. Bei einigen der Hütten stand die Tür auf und Leute gingen ein und aus. Wir hörten Reden, Lachen und die Klänge von Musikinstrumenten. Ein Mann kam an uns vorüber, kaum zehn Meter entfernt, aber ich kann nicht sagen, ob er uns tatsächlich nicht bemerkte, oder ob er, eingeschüchtert von Enzos List, so tat, als hätte er uns nicht gesehen. Auf jeden Fall ging er an uns vorbei, ohne uns zu behelligen.

Sollte sich bei den Bewohnern der unteren Hänge des Mount Kenia im Lauf der nächsten Jahre eine Legende von einem seltsamen Monster mit sechs Beinen und zwei Eisenspitzen herausbilden – ein Monster, das in mondhellen Nächten durch die Wälder streift, um die Kinder der Kikuyu zu verschlingen –, dann möge man sich die Mühe sparen, Suchtrupps auszusenden, um ein Exemplar dieser neuen Spezies für das Britische Museum oder einen amerikanischen Zoo zu ergattern, denn das Monster wird bereits hinter Gittern und – so hoffe ich jedenfalls – gut erhalten sein. Weitere Informationen über das rätselhafte Tier können bei der Zentralverwaltung der Kriegsgefangenenlager unter der Adresse *A.D.P.W., P.O. Box 4000 Nairobi*, erfragt werden, wo man in der Lage sein dürfte, Auskünfte über die Bewegungen der Kriegsgefangenen Nr. 762, Nr. 41303 und Nr. 41304 in der Nacht des 9. Februar 1943 zu erteilen.

Der Platz wurde noch breiter. Eine mannshohe Nebeldecke raubte uns die Sicht. Ich ertastete die Kettenraupenspuren mit meinen Füßen, den Kopf vorgereckt wie eine Schildkröte. Trotz all dieser Vorsichtsmaßnahmen schrammte ich um Haaresbreite an dem Traktor vorbei, der mitten im Sägemühlendorf abgestellt war.

Da wir nicht länger der Traktorspur folgen konnten, wussten wir nicht, in welche Richtung wir gehen mussten, und wir konnten auch nicht warten, bis Bwana Tumbo uns aus seinem Reich hinauszuführen geruhte. Ich wandte mich daher nach Westen, in Richtung des untergehenden Mondes, und bald fand ich unter meinen Sohlen eine andere Traktorspur; älter diesmal, denn sie war mit getrockneten Schlammrücken gesäumt. Ich folgte dieser Spur, und sie mündete bald in eine Straße ein, die zwischen zwei Gebäuden hindurchführte. Hier endeten die Spuren, und wir standen vor der Abzweigung eines Pfades, der wieder in den Wald hinaufführte.

Jetzt, wo wir das Licht dringend brauchten, war der Mond hinter dem Horizont verschwunden. Trotzdem hatten wir Glück gehabt, dass wir unbemerkt durch das Sägemühlendorf gekommen waren.

Unser Weg verzweigte sich und wir bogen nach rechts ab. Der linke Pfad hätte uns zu weit nach Westen geführt und Nanyuki lag unserer Berechnung nach west-nord-westlich. Die Straße, die wir genommen hatten, war so wenig frequentiert, dass sie zu einem bloßen Pfad wurde, der, wie ich befürchtete, jeden Moment an einem Abholzplatz im Wald enden würde. Den Weg mit meinem Eispickel ertastend, arbeitete ich mich weiter voran. Wir wollten Enzos Taschenlampe nicht benützen – die letzte, die wir noch hatten –, solange wir so nahe am Dorf waren.

Wieder war der Wald um uns voller Stimmen und Geräusche, während wir durch die tintenschwarze Nacht marschierten, aber jetzt hatte ich keine Angst; es war das letzte Mal, dass ich in Freiheit auf diese Laute lauschen konnte.

Ein umgestürzter Baum versperrte uns den Weg, und wir knipsten kurz die Taschenlampe an, um das Hindernis zu überwinden. Wie eng wirkte der Weg in dem trüben Licht! Zum

Glück führte der Pfad ohne große Abweichungen nord-nord-westlich, wie ich feststellte, indem ich mich am Rigel, einem Stern im Orion, orientierte.

Wir gingen schnell. Wir konnten nicht sagen, wie viel Zeit vergangen war, seit wir das Dorf verlassen hatten, wir wussten nur, dass wir vor Tagesanbruch wieder im Lager sein mussten, wenn wir nicht einen weiteren Tag hungern wollten.

Wahrscheinlich wurde mein Tempo zu anstrengend für Enzo, denn er bat, ja, er bettelte um einen Halt – und sei es nur eine ganz kurze Verschnaufpause. Ich zwang mich, hart zu bleiben. Es war mir klar, dass er noch viel schlimmer dran war als ich, denn er hatte kein Training für die Expedition gemacht, war schlecht ausgerüstet und lange krank gewesen. Trotzdem durfte ich keine Verzögerung riskieren, solange wir nicht sicher waren, ob wir das Lager vor Tagesanbruch erreichen würden.

»Wir werden eine Stunde schlafen, wenn wir den Wald hinter uns gelassen haben«, versprach ich ihm schließlich.

Weiter ging es. Fast unmerklich bewegten wir uns jetzt abwärts, während der Pfad sich wieder zu einer Fahrspur verbreiterte, oder vielleicht war er in eine Fahrspur gemündet, ohne dass wir es gemerkt hatten. Enzo bestand darauf, dass wir wenigstens langsamer gehen sollten, was wir auch machten.

Plötzlich gingen wir auf ebenem Boden. Wie lange wir gebraucht hatten, um bis hierher zu kommen, weiß ich nicht, denn wir wagten es nicht, Licht zu machen, und so konnte ich meine Uhr nicht ablesen; aber auf jeden Fall hatten wir die Ebene erreicht.

Zu unserer Rechten ragte der Wald noch immer wie eine schwarze Wand auf, aber links von uns ging er in breite Schneisen über. Plötzlich sahen wir am Horizont die Lichter der Township von Nanyuki und das rote Licht des Flughafens. Wenn wir uns an letzterem orientierten, würden wir das Lager genau lokalisieren können.

Es war uns zu gefährlich, weiter der Fahrspur zu folgen. Und tatsächlich tauchten die ersten Autoscheinwerfer auf. Wir versteckten uns hinter einem Busch und schauten zu, wie die Scheinwerfer näher und näher kamen. Sie hatten etwas seltsam Faszinierendes für uns. Der Wagen kam nicht bis zu uns, sondern bog nach Süden ab und war im Nu verschwunden. Wir warteten noch einen Augenblick, falls er zurückkommen würde, aber nichts geschah. Die Dunkelheit blieb ungestört und inzwischen war Enzo eingeschlafen.

Wir weckten ihn, was nicht ganz einfach war, und gingen geradewegs auf das rote Licht des Flughafens zu, das noch immer über zehn Meilen entfernt war, wie uns schien. Das Gras war brusthoch, und ich schob es mit meinem Eispickel beiseite, während ich mit den Füßen nach Löchern tastete. Enzo folgte mechanisch. Ich stand jetzt selber kurz vor dem Zusammenbruch. Das rote Licht tanzte vor meinen Augen und oft war es völlig von grauen Schatten verwischt. Der bohrende Schmerz in meinem Magen machte sich auch wieder bemerkbar.

Plötzlich holte Enzo tief Luft und stotterte: »Du hast es versprochen … wenn wir aus dem Wald heraus sind …«

Ich hatte nur auf einen Vorwand gewartet, um das Zeichen zum Ausruhen zu geben – ich war selber völlig am Ende. »Du hast Recht«, sagte ich nur, ließ den Rucksack fallen, setzte mich hin und schlief ein.

10. Februar

Als ich aufwachte, sah ich an den Sternen, dass es lange nach Mitternacht sein musste. Wahrscheinlich blieben uns nur noch wenige Stunden Dunkelheit.

Ich ließ ein paar weitere Minuten vergehen, weil ich es nicht übers Herz brachte, meine Freunde aus ihrem friedlichen

Schlummer zu reißen. Ich lag da und blickte zu den Sternen auf, und der Himmel war so hell, dass man Sterne über Sterne bis ganz zum Horizont hinunter sehen konnte. Wo sonst als in den Hochländern des Äquators kann man ein derartiges Schauspiel genießen?

Endlich erfüllte ich meine traurige Pflicht, rüttelte Giuàn und Enzo wach, und wir gingen weiter, langsam und mühevoll. Durch hohes Gras zu gehen ist eine anstrengende Sache, selbst bei Tag und unter normalen Bedingungen. Hin und wieder tauchten dunkle Baumgruppen wie Inseln in dem Meer aus Elefantengras auf. Unter einem dieser Olivenbäume, nicht weit von hier, hatten wir unsere erste Nacht »draußen« verbracht. Es kam mir vor, als sei das siebzehn Jahre her und nicht nur siebzehn Tage.

Wir schleppten uns weiter durch das Gras. Oft fiel einer von uns hin, und die anderen nützten sofort die Gelegenheit, sich ebenfalls hinzusetzen und einen Augenblick auszuruhen. Ich fragte mich, wie wir jemals das Lager erreichen sollten, aber plötzlich sah ich etwas, das mir wieder Hoffnung machte.

»Giuàn!«

»Hm«, brummelte er.

»Siehst du den hohen, abgestorbenen Baum dort?«

»Ja.«

»Kommt er dir nicht bekannt vor? Erinnerst du dich noch an den einen, den wir bei unserer Schmetterlingsjagd als Markierung genommen haben?«

»Ja. Wenn es der ist, dann müssten ein paar Hütten zu unserer Linken sein.«

»Genau. Wir werden ja gleich sehen, ob wir Recht haben.«

Wir hatten tatsächlich Recht, denn im selben Moment hörten wir Hunde zu unserer Linken bellen. Ein anderer Hund antwortete von weit rechts. Ein Pferd wieherte und stimmte in das Konzert mit ein. In der Nähe des toten Baums hatten wir bei unserem Erkundungsgang einen Mungo gesichtet. Damals war das

Gras hoch gewesen und hatte zahlreiche Löcher und Furchen verdeckt, aber jetzt stellten wir zu unserer Erleichterung fest, dass es vor kurzem abgebrannt worden war, was das Gehen enorm erleichterte.

Ich weiß nicht mehr, wie weit wir auf der pechschwarzen, verbrannten Erde gingen, aber endlich konnten wir einen dunklen Waldstreifen erkennen, vielleicht eine Meile weit weg.

»Das ist der Wald neben der Kirche«, verkündete ich, erfreut über diesen weiteren vertrauten Markierungspunkt, da wir auf dem flachen Terrain nicht länger die roten Lichter des Flughafens sehen konnten.

Wäre mein Kopf nicht so schwer gewesen, mein Magen nicht ganz so leer und meine Knie nicht so wackelig, dann hätte es ein Vergnügen sein können, auf dem kurzen, abgebrannten Gras zu gehen, nachdem wir uns stundenlang im Elefantengras abgerackert hatten. Aber es war kein Vergnügen, auch wenn wir jetzt eine gute Markierung hatten, an die wir uns halten konnten. Einmal fiel ich in ein Loch, und bevor ich an der anderen Seite wieder herausklettern konnte, stürzte Enzo, der mir mechanisch auf dem Fuß folgte, über mich und landete auf meinem Rucksack. Ich wurde wütend: »Kannst du nicht aufpassen, wo du hintrittst? Du musst doch gesehen haben, dass ich hier reingefallen bin! Wenn du schon unbedingt in ein Loch fallen musst, dann such dir gefälligst selber eins, verflixt noch mal!«

»Ich hab nichts gesehen«, murmelte Enzo kläglich und schlief einfach an Ort und Stelle ein. Giuàn und ich zogen ihn heraus und hievten ihn auf die Füße, aber nach ein paar hundert Metern fiel er wieder um und wollte einfach nicht mehr aufstehen. »Ich kann nicht mehr«, sagte er. »Lasst mich hier. Geht ihr nur allein ins Lager zurück. Morgen kann mich dann jemand reinbringen.«

Ich war außer mir. »Sind wir nicht achtzehn Tage zusammen marschiert? Und da meinst du, wir lassen dich jetzt hier liegen, nur ein paar Meilen vom Lager weg? Steh auf. Wir gehen gemeinsam zurück, so wie wir aufgebrochen sind.«

Vergeblich appellierten wir an seinen Stolz und seinen sportlichen Ehrgeiz. Er weinte fast wie ein Kind. »Ich kann einfach meinen Rucksack nicht mehr tragen.«

»Na wenn schon. Ist mir ganz egal. Du marschierst, und wenn du dich weigerst, kriegst du einen Tritt in den Hintern oder wir hauen dir unsere Eispickel um die Ohren.«

»Also gut, ich marschiere – aber der Rucksack …«

»Wenn du ihn nicht auf dem Rücken tragen kannst, dann setz ihn doch auf den Kopf.«

Dieser Gedanke war verrückt genug, um Enzo sofort einzuleuchten, und nachdem er seine Last auf den Kopf gewuchtet hatte, gingen wir weiter.

Der Wald bei der Kirche kam einfach nicht näher. Mich hielt nur die Tatsache wach, dass ich führte und den richtigen Weg finden musste. Wäre ich an Enzos oder Giuàns Stelle gewesen, dann hätte ich vielleicht keinen Schritt mehr gemacht.

Als wir schon ziemlich nahe an dem Wald waren, stießen wir auf einen Stacheldraht, der uns zwang, einen langen Umweg zu machen, ehe wir wieder auf die Hauptstraße kamen. Wir gingen auf die andere Seite, Enzo noch immer mit seinem Rucksack auf dem Kopf – er bot ein seltsames Bild des Jammers und der Erschöpfung. Aber es war niemand da, um sich an dem Anblick zu ergötzen.

Während der ganzen Zeit, in der wir uns über den Geländestreifen zwischen der Straße und der Bahnlinie schleppten, lag oder saß mindestens einer von uns am Boden. Es war eine Tortur.

Vorsichtig überquerten wir die Gleise und dann legten wir eine lange Rast vor der letzten Etappe ein. Da mein Kochtopf, der außen am Rucksack hing, das Licht der hellen Sterne reflektierte, steckte ich ihn in den Sack, den ich für diesen Zweck gemacht hatte. Wir inspizierten sorgfältig unsere Rucksäcke, um alles, was beim Gehen klappern oder klirren konnte, festzuzurren, und dann sammelten wir noch einmal unsere Kräfte und gingen auf unser letztes Ziel zu – das Lager.

Zuerst gingen wir aufrecht, wenn auch langsam, doch nach einer Weile robbten wir auf dem Boden vorwärts. Jetzt stiegen die Wachtürme entlang des doppelten Stacheldrahts über dem nahen Horizont auf, und dahinter die Silhouetten der düsteren, verpichten Baracken.

Mit angehaltenem Atem krochen wir über das breite Gelände, das die äußere Grenze des Lagergartens bildete. Dieses Gelände wurde tagsüber regelmäßig patrouilliert, und soweit wir wussten, gab es auch nachts Patrouillen. Selbst wenn die Wachen bei Nacht nicht allzu gewissenhaft in der Erfüllung ihrer Pflichten waren, so war das Terrain, durch das wir robbten, doch immer in unmittelbarer Reichweite der Wachtürme.

Dornen bohrten sich in meine Hände und Knie, die ohnehin schon zerkratzt und zerschunden waren. Jeder Meter kam mir wie ein Kilometer vor, aber wir bewältigten auch diesen letzten Härtetest und erreichten die Gärten, ohne Schüsse oder Alarmpfiffe ausgelöst zu haben.

Wir waren in Sicherheit, aber auch wieder Gefangene.

Trotz der Dunkelheit fanden wir mühelos das Versteck, wo wir unseren ersten Nachmittag in Freiheit verbracht hatten. Als Nächstes überzeugten wir uns, ob unsere Kameraden wie vereinbart Proviant und Wasser für uns dagelassen hatten.

Wir tasteten, ja gruben mit unseren Händen herum, fanden aber nichts. Erst als wir unsere Kameraden wieder sahen, erfuhren wir, was passiert war. Am zwölften Tag unserer Flucht hatten sie eine Flasche Wasser und einen Karton Kräcker hergebracht. Am nächsten Tag war beides verschwunden gewesen, und da wir uns nicht zurückgemeldet hatten, war es offensichtlich nicht von uns genommen worden. Sie brachten noch eine Flasche Wasser und noch einen Karton Kräcker hinaus, nur um am nächsten Tag feststellen zu müssen, dass die Vorräte schon wieder verschwunden waren. So machten sie bis zum fünfzehnten Tag weiter, als sie keine Kräcker mehr übrig hatten. Sie fragten sich, ob das Versteck heimlich beobachtet wurde, aber auf jeden Fall hatten sie keine Lust, einen rätselhaften Unbekannten mit Essen zu versorgen, der noch nicht einmal den Anstand besaß, eine Nachricht mit einem Dankeschön für den großzügigen Spender zu hinterlassen.

Das war der Grund, warum wir am achtzehnten Tag unserer Flucht mit leeren Händen dastanden.

Während Enzo sofort einschlief, vergruben Giuàn und ich an einer leicht identifizierbaren Stelle unsere kostbarsten und »gefährlichsten« Besitztümer: Kompass, Feldstecher, Skizzen und Tagebuch. Als wir fertig waren, blies ein kalter Wind von Osten her, der uns die nahende Dämmerung anzeigte, und wir legten uns neben Enzo nieder, um noch eine Mütze voll Schlaf zu erhaschen.

Das Ende unseres Abenteuers, dem ich in den letzten Tagen mit gemischten Gefühlen entgegengesehen hatte, war jetzt fraglos gekommen. Aber in diesem letzten Moment fühlte ich weder Trauer noch Erleichterung, sondern nur absolute, grenzenlose Erschöpfung.

Kapitel VII

Der Wind

In dem wir Bekanntschaft mit den Arrestzellen machten und andere Konsequenzen unseres Abenteuers.

Am nächsten Morgen erwachten wir spät und stellten zu unserer Enttäuschung fest, dass ein Wachposten in Erfüllung seiner Pflicht langsam an der äußeren Grenze des Gemüsegartens und über die offene Fläche patrouillierte, die wir vor wenigen Stunden auf allen vieren überquert hatten. Etwa alle drei bis vier Minuten kam er nur knapp zehn Meter entfernt an unserem Versteck vorüber.

Während er uns den Rücken kehrte, schlüpfte ich schnell hinaus und mischte mich unter andere Gefangene, die in den Gemüsegärten arbeiteten; ich war in Kriegsgefangenenkluft wie sie und fiel daher nicht weiter auf.

Einer der Gefangenen erkannte mich und starrte mich an, als sei ihm ein Geist erschienen.

»Du? Was machst du hier? Bist du nicht in Mogadischu?«

»Ja, ganz recht – ich bin's, aber warum in aller Welt sollte ich in Mogadischu sein?«

»Alle haben gesagt, du kommst bestimmt nie zurück – dass du deinen Freunden bloß erzählt hättest, du würdest auf den Mount Kenia klettern, um die Lagerleitung irrezuführen …«

»Wie du siehst, bin ich hier.«

Zwei Stunden später marschierten Giuàn, Enzo und ich mit einem Arbeitstrupp zum Haupttor hinein; drei Männer dieses Trupps hatten sich freundlicherweise bereit erklärt, nicht zum

Mittagessen ins Lager zurückzukehren. Ich weiß nicht, wie sie an jenem Abend ins Lager zurückgekommen sind, aber sie haben es geschafft.

Am selben Tag kamen unsere Rucksäcke, Kletteranzüge, Stiefel und Eispickel ins Lager zurück, in einem Lastwagen unter Steckrüben und Kohlköpfen verborgen. Außerdem ging einer unserer Kameraden mit dem Nachmittags-Arbeitstrupp hinaus und holte unsere vergrabenen Schätze herein.

Wir waren wieder »drin«.

Als Erstes verschlangen wir unsere Post, und dann gaben wir uns die größte Mühe, an einem einzigen Nachmittag alles nachzuholen, was uns in den letzten Wochen an Essen entgangen war.

Wir wurden von den meisten Mitgefangenen ziemlich kühl empfangen, da sie unseretwegen einige Einschränkungen – die allerdings schnell wieder aufgehoben wurden – erlitten hatten. Viele von ihnen glaubten uns nicht, dass wir auf dem Mount Kenia gewesen waren und piesackten uns mit hämischen Kommentaren.

Wir versteckten uns beim Abendappell, ließen uns die Haare schneiden und schliefen selig in unseren Kojen.

Am nächsten Morgen zogen wir saubere, frisch gebügelte Kleider an, erst dann meldeten wir uns beim britischen Blockoffizier zurück. »Guten Morgen!«, sagten wir fröhlich.

Wir wurden in Arrestzellen gesteckt und gründlich durchsucht.

Der *East African Standard* vom 20. Februar brachte einen Bericht, wie unsere Fahne gefunden worden war. Es war eine recht merkwürdige Geschichte, in der nicht nur unwahre, sondern auch widersprüchliche Behauptungen aufgestellt wurden. So erzählte der Berichterstatter – ein Mitglied der Seilschaft, die unsere Fahne eingeholt hatte – die Fahne sei »falsch herum« aufgerichtet gewesen, während ein Foto die Fahne *auf dem Felsen ausgebreitet* zeigte, mit der Unterschrift: »Die improvisierte Fahne in der Position, in der sie gefunden wurde.«

Nun, das sind alles Haarspaltereien, aus Gefühlen und Ressentiments entstanden, die mit dem Krieg und der Kriegsgefangenen-Mentalität zu tun haben. Die Geschichte unseres Abenteuers und die tiefe Bedeutung, die das Ganze für uns erlangte, bleibt davon unberührt. Was für uns letztendlich zählt, ist der Gewinn, den wir daraus zogen, und nur deshalb habe ich die ganze Geschichte niedergeschrieben.

Wir kehrten also wohlgemut in unsere Zellen zurück. Das Leben war ein Fest.

Ich teilte meine Zelle mit Giuàn. Enzo war mit einem anderen Gefangenen zusammen, der wegen unerlaubter Tauschgeschäfte mit Eingeborenen zu achtundzwanzig Tagen Arrest verdonnert worden war; wenn ich mich recht erinnere, hat er ihnen selbst gemachte Holzkoffer verkauft.

Wir waren, wie erwartet, zu achtundzwanzig Tagen verurteilt worden, verbrachten aber nur sieben davon in den Zellen, da der Lagerkommandant uns freundlich gesinnt war und, wie er es ausdrückte, unsere »sportliche Leistung zu würdigen wusste«. Erst später, als der Skandal mit der Flagge auf dem Mount Kenia unversehens von Presse und Rundfunk hochgejubelt wurde, schickte man uns in ein Lager, in dem die »Bösen« isoliert wurden.

In den Zellen war es ziemlich heiß, da die Dächer und Wände aus Wellblech bestanden, und es gab massenhaft Flöhe, aber anfangs merkten wir nichts davon, weil wir die ganze Zeit nur schliefen und aßen, schliefen und aßen. Unsere Freunde hatten für uns »organisiert«, dass wir zwei- oder dreimal so viel Essen bekamen wie unter normalen Umständen.

Wir durften weder Bücher noch Zigaretten bekommen, aber während unseres Hofgangs, von sieben bis acht Uhr morgens und von fünf bis sechs Uhr nachmittags, gelang es unseren Kameraden, diese Regelung zu umgehen. Ich habe zum Beispiel Knut Hamsuns *Vagabunden* gelesen, und zwar mit großem Genuss, und wir hatten so viele Zigaretten, dass wir sie nicht nur an unsere Mitgefangenen in den Zellen verteilten, sondern auch an unsere schwarzen Wachen.

Zu dieser Zeit herrschte im Lager 354 Wasserknappheit, eine Folge der Trockenzeit, und die Männer stellten sich schon vor Tagesanbruch für Trink- und Kochwasser an. Es gab nie genug Wasser in den Blöcken, um Wäsche zu waschen oder zu baden, aber wir Glückspilze in den Arrestzellen hatten es besser getroffen. Die Wasserleitungen des Lagers waren so installiert, dass die Hähne in dem kleinen Zellenblock genug Wasser zum Duschen und Wäschewaschen lieferten, während die Gefangenen, die sich im Gegensatz zu uns nichts zu Schulden hatten kommen lassen, leer ausgingen.

Wenn Inspektionen stattfanden, begannen sie am anderen Ende der Zellen, und wir hörten an dem Lärm, den die Askaris machten, und am Türenknallen, was vorging. Wir hatten Zeit genug, unsere Zigaretten, Streichhölzer und Bücher in einem vorbereiteten Loch in dem Lehmfußboden zu verstecken und Asche und Zigarettenkippen verschwinden zu lassen.

Mit anderen Worten, jene sieben Tage in den Arrestzellen waren fast so schön wie unser Abenteuer selber.

Zu guter Letzt war einer der Vorteile unseres Zellenlebens, und nicht der geringste, der Ausblick, den wir durch unser kleines Gitterfenster genießen konnten. Was wir dort zu sehen bekamen, hatte unmittelbar mit uns und dem eigentlichen Grund unserer Arretierung zu tun: der Mount Kenia.

Eines Nachts war mir, als sei ein starker Wind aufgekommen. Das Gefühl vermischte sich mit meinen Träumen.

Zuerst war es, als sei ich zu Hause; die Winterwinde bliesen eisig von den Julischen Alpen und Vorbergen herunter, peitschten das Meer auf, ratterten an den Fensterläden und pfiffen auf die vertraute, heimelige Art im Schornstein. Dann war ich plötzlich wieder auf dem Gipfel des Lenana und verfolgte die turbulente Spur des Windes durch die Wolkendecke zu meinen Füßen. Er strich durch die silbrig schimmernden Blätter des alten Olivenbaumes und ließ sie leise erschauern, er seufzte am geheimnisvollen Reich der Elefanten vorbei, fuhr durch die bizarre Welt der morschen Bambusstängel und ließ sie klappern wie ein tanzendes Skelett. Im Heidegürtel rührte er die Zweige und nadelspitzen Blätter der Baumheide an und entlockte ihnen himmlische Harfenklänge, dann fauchte er über die Hochmoore hinauf und kräuselte die stillen Bergseen. Schließlich griff er mit der Wucht eines Hochgebirgssturms den Gipfel des Lenana an, riss unsere Landesfarben hoch und öffnete uns den Geist für ein neues Leben und Denken.

Als ich erwachte, war die Zelle in gespenstisches Mondlicht getaucht. Ein starker, kalter Wind blies. Das Wellblechdach des Gefängnisses ratterte. Ich setzte mich auf meiner Holzpritsche auf und versuchte, Traum und Realität voneinander zu trennen.

Eine Ratte huschte lautlos über den Schatten der eisernen Gitterstäbe, den das Mondlicht scharf und klar auf den Lehmboden warf.

Giuàn schlief friedlich.

Ich stand auf, und die Ellbogen gegen den Fensterrahmen gestützt, schaute ich durch das Gitter hinaus. Ich war immer noch nicht sicher, ob ich das hier wirklich erlebte oder ob ich noch träumte.

Dort, am fernen Horizont, lag der Mount Kenia; seine blendend weißen Gletscher schimmerten im zauberischen Mondlicht, und der Batian-Gipfel, den wir nicht bezwungen hatten, war von einer Aureole von Sternen umgeben.

Der Berg sah genauso aus, wie ich ihn häufig vor meiner Flucht gesehen hatte. Langsam drang ein Gedanke in mein Bewusstsein vor: »Kann es sein? Waren wir wirklich dort? Oder war vielleicht alles nur ein Traum, ein wunderschöner Traum?«

Und dann war es, als würde mir der Wind von dem Berg unserer Träume eine Antwort bringen, indem er mir in einer Sprache, die nur ich verstand, zuwisperte: »Es ist, wie du glaubst. Nur in euren Träumen könnt ihr Menschen euch mir nähern, nur in euren Träumen ist es euch gestattet, einen flüchtigen Blick in meine tiefsten Geheimnisse zu erhaschen. Du hast also nur geträumt, dass du meine Wunder, meine unvergleichlichen Schönheiten gesehen hast: die smaragdgrünen Seen, die endlosen Horizonte, die ständig wechselnden Wolkengebirge, die tiefdunklen Himmel und leuchtend gelben Wände meines Nordosthangs, die wundersame Harfenmusik und das Glockengeläut im Nebel, die gespenstischen Silhouetten der Riesenlobelien und Riesenkreuzkräuter, die Lieblichkeit der Helichrysumblüten, die sturmgepeitschte Gestalt des Fliegenden Holländers, das geheimnisvolle Reich der Elefanten, das Spiel von Licht und Schatten im Angesicht des Batian, die seltsamen Nachtstimmen im Regenwald, der Geruch des Lagerfeuers und Heideharzes, das Gefühl völliger Abgeschiedenheit, fern vom Rest der Menschheit und der bewohnten Welt, die Fülle des Lebens und Handelns, das tiefe Wissen, dass es Abenteuer noch gibt und Schönheit sich dem offenbart, der sie liebt, selbst Menschen wie euch, die im Lager zu einer bloßen Nummer degradiert wurden.

In deinem Traum habt ihr mich nicht bezwungen, aber ihr habt euch selbst bezwungen.

Ihr werdet wieder hinter Stacheldraht leben, von den Bayonetten der Wachen in Schach gehalten, unter Menschen, die einen schwarzen Fleck auf ihrem Hemdrücken tragen, die zermürbt sind von Krieg und Gefangenschaft und schlimmen Nachrichten von zu Hause, Menschen, in ihrem Leid verstummt, ohne Grund zur Hoffnung, und doch weiter hoffend, entgegen aller Vernunft. Ihr aber werdet sein wie Kinder, die in einer Traumwelt leben, während die Erwachsenen um sie herum von den finsteren Realitäten des Lebens niedergedrückt werden.

Ihr werdet nicht länger dieses Elend teilen, denn in meinen einsamen Höhen habt ihr den Schatten der Ewigkeit gesehen.

Ich habe euch Reichtümer geschenkt, die euch niemand nehmen kann, mögt ihr noch so sorgfältig durchsucht werden: Selbstvertrauen und ein Gefühl für das rechte Maß.

Die harte Gegenwart, die ihr zuerst gefürchtet und dann zu bezwingen versucht habt, ist weder alles noch nichts; sie ist nur ein Teil der *Zeit*, und das werdet ihr später erkennen.

Die Jahre in der Gefangenschaft werden euer Leben in einem Maß beeinflussen, das ihr euch heute nicht vorstellen könnt. Die Gefangenschaft wird, so paradox es klingen mag, ein unverzichtbarer Teil eurer Erfahrung sein, denn ohne Schatten gibt es kein Licht.«

So sprach der Wind, der vom Berg herunterkam und mich in meiner Zelle aufspürte, zu mir.

Und es war, als hätte ich etwas gefunden, das ich an jenem letzten Abend vergeblich gesucht hatte, als ich nachts allein am Feuer saß.

Und der Wind flüsterte mir noch zu:

»Der Traum, den ihr geträumt habt, wird in eurer Erinnerung leben, ein Zauber, der niemals verblasst; er wird eure Inspiration in den bitteren Jahren sein, die euch bevorstehen. Aber nehmt euch in Acht! Denn was ihr gewonnen habt, habt ihr teuer erkauft, doch es ist nur für euch bestimmt. Behaltet eure kostbaren Geheimnisse für euch und verratet sie nicht an andere.«

Ich, eigenmächtig wie ich bin, habe ein Buch darüber geschrieben.

Kriegsgefangenenlager 336, Gilgil (Kenia), Juli 1946

Mein Dank

geht zuallererst an meine Kameraden Dr. med. Giovanni Balletto aus Dodoma, Tanganyika Territory, und Enzo Barsotti aus Mombasa, Kenia, die in diesem Buch als Giuàn und Enzo auftreten und ohne die weder unser Abenteuer möglich gewesen wäre noch dieses Buch hätte geschrieben werden können;

des Weiteren an unsere Mitgefangenen im Lager 354, die uns bei der eigentlichen Flucht geholfen und während unserer Vorbereitungszeit großzügig und loyal unterstützt haben;

an R.M. Graham vom A.C.F. in Nairobi, Kenia, der mir nicht nur wertvolle Informationen verschaffte, sondern auch mein Englisch in eine lesbarere Form brachte, sowie an Mrs. Graham, Dr. J. D. Melhuish und E. Robson, M.P.S., die mir mit ihrem Rat zur Seite standen;

an den Mountaineering-Club von Ostafrika, der mir freundlicherweise die Erlaubnis erteilte, einige Auszüge aus seiner Zeitschrift »Ice Cap« wiederzugeben. F. B.

Das Zitat auf Seite 33 stammt aus: *John Steinbeck*: Früchte des Zorns
Paul Zsolnay Verlag, München/Wien, Deutsch von Klaus Lambrecht.